Ⅲ. 事業計画の検討（F/S レベル）　　90

1　コンセッション基本計画の主要要素 —— 90

2　コンセッションの目的 —— 94

3　コンセッション期間 —— 95
 3.1　現実的な期間 —— 95

4　コンセッション対象分野 —— 97

5　コンセッション価格 —— 99
 5.1　コンセッション・フィーに関する一般的な考え方
  —— 100
 5.2　受忍しうるコンセッション・フィーのレベル
  —— 101
 5.3　コンセッション・フィーの試算例 —— 103

6　プロジェクトコストの推計 —— 110
 6.1　必要投資額 —— 110
 6.2　運営コスト —— 114

7　運営収入の推計 —— 118
 7.1　港湾におけるタリフ構造 —— 118

8　政府の支援策 —— 128

9　プロジェクト評価 —— 129
 9.1　収益性（プロジェクトの採算性） —— 129
 9.2　債務弁済の安全性 —— 130
 9.3　運営の効率性：運営主体の財務的健全性
  —— 130
 9.4　VFM (Value for Money) —— 131

Ⅳ. Due Diligence　　　　　　　　　　　152

1　リスク管理 ―― 156

    1.1　原則 ―― 156
    1.2　カントリーリスクの性格と可能性 ―― 157
    1.3　プロジェクトリスクの性格と可能性 ―― 161
    1.4　営業取扱いリスクの性格と可能性 ―― 164
    1.5　契約リスクの性格と可能性 ―― 168

2　リスクシェアリング・スキームの事例と解説：
　　　　　　契約書によるリスクシェアリング ―― 170

    2.1　コンセッションの仕組み ―― 170
    2.2　コンセッショネアーの性格・資格・要件 ―― 172

3　リスクシェアリング・スキーム ―― 178

    3.1　カントリー・リスク ―― 178
    3.2　プロジェクトリスク ―― 182

4　コンセッション財務分析と需要予測 ―― 200

    4.1　財務分析の目的 ―― 200
    4.2　財務分析の手順と概要 ―― 201
    4.3　財務予測事例 ―― 203

5　PPPビジネスプラン ―― 214

    5.1　マーケティング計画 ―― 214
    5.2　開発計画 ―― 215
    5.3　財務計画 ―― 217
    5.4　管理運営計画 ―― 220

  6 プロジェクト・ファイナンス —— 221

  7 契約書案の作成 —— 225

    7.1 契約書の構成要素 —— 225

    7.2 ドラフティングのための法律知識 —— 228

    7.3 コンセッションの標準的手順と契約書の構成
      —— 231

V. 入札手順とプロポーザル　　　234

  1 入札手順 —— 234

    1.1 事前資格審査（PQ） —— 234

    1.2 入札評価 —— 237

用語解説 —— 240

参考文献 —— 254

はじめに

　港湾の民営化は、道路や鉄道等他のインフラの民営化とは異なり、建設されたターミナルを運営していくためには、単にターミナルを利用して貨物の積み下ろしを行うだけではなく、国際条約や国内法で定められた出入国手続き、関税業務、検疫業務等の貨物の輸出入に関わる国の手続きを始め、船舶を安全に離着岸させるための、パイロット、タグ等航行安全業務、船舶が次の航海に出るための、給水・給油、船食・船具等の補給業務（シップチャンドラー業務）等多数の関係者と業務を必要とする。

　これら業務のうち、いわゆるターミナル・オペレーターの業務といわれているのは、船舶が岸壁に着岸してから、離岸するまでの貨物の取扱い業務のことをいっているが、コンテナターミナルの場合、積み下ろしされる貨物がコンテナ1個に満載して荷主と受け渡しされる（いわゆるFCL（Full Container Load））貨物と埠頭上（正確にはCFS（Container Freight Station））でLCL（Less than Container Load）にコンテナから取り出され、個々の荷主別に配送準備を行う（De-vanning）作業に伴う業務も必要となる。

　従って、具体的にターミナルの運営を民間オペレーターに任せる場合、国によって、民間オペレーターに全ての業務を任せられる法的な仕組みになっているか、あるいは、公的機関でなければできない業務が指定されているか（多くの場合、航行援助、水先案内（パイロット）、曳航（タグ）や、離着岸（指示）や貨物の検査（検数・検量：課税目的で行われる）業務は公的機関が実施する場合が多い）によって、民間オペレーターとの契約の方法も異なってくる。

　平成27年には政府の肝いりで、株式会社海外交通・都市開発事業支援機構が発足し、民間企業と共同で海外でのPPP（Public-Private Partnership Project）スキームによるインフラ整備・運営事業への進出を支援することとなった。

　港湾の分野では途上国ではすでに、ターミナルの建設・運営に民間資本を導入し、いわゆるコンセッションによる建設運営が行われている。私が初めてこのような港湾ターミナルのPPPプロジェクトに接したのは、JICAによる開発調査がきっかけである。中東のオマーン国において、サラーラ港のマスタープラン調査を実施したとき、同港のコンテナターミナルの開発にあたり、当時のマースク、シーランド両社（その後シーランド社はマースク社に吸収合併された）がオマーン政府と共同で

ターミナルの建設・運営を行おうとしていた。我々が調査に入ったときにはすでに開発・運営のための MOU が交わされ、建設着工寸前の状態であった。さらに同グループは在来ターミナルについても、その運営コンセッションを行おうとしており、我々調査のカウンターパートであるオマーン国運輸省から、このコンセッション契約案に対するコメントを求められ、オマーン政府の立場に立ち、契約に関し、気が付いた点をコメントとして提出した。

　このことが契機となり、これからの港湾ターミナルの建設・運営はコンセッションが主流となるだろうという思いが募り、私が在籍していた財団法人国際臨海開発研究センターで、世界の港湾ターミナルのコンセッションの実態を研究し、オペレーター選定のためのコンサルタント業務のマニュアル作りを始めた。

　これ以降、我々はベトナムにおいて港湾の民営化のための技術指導を 5 年間にわたり実施、その後 ODA 資金で整備されたカイメップ・チーバイ港でのオペレーター選定の支援業務を相手国から受注し、コンセッション計画の作成から入札資料、契約書案の作成までフルセットの業務を実施した。

　その後、途中で政権の交代によりプロジェクト自体が実現されなかったが、ブルガリアにおけるコンテナターミナルのオペレーター選定支援業務のプロポーザル作成、インドネシアにおける港湾 PPP のための制度作りの技術支援、エルサルバドルにおける PPP 導入によるターミナル運営のための助言、ケニアモンバサ港のコンセッション入札支援業務のためのプロポーザル作成及び実施等の業務を行ってきた。

　電力、資源等への PPP に関する参考書類は多々出版されているが、港湾の場合は民間側に立った解説書はほとんどない。その理由の一つには、港湾の建設から運営まで数多くのプレーヤーの存在と国際条約も含む、関係法令による規制等が介在するため、港湾に関する知見はもとより、オペレーター業務の経営方法、ファイナンスの手段から始まり、国際契約作成に至るまで多岐にわたる知見を必要とするからである。

　本著は、我々が国際臨海開発研究センター及び株式会社 Ides において、海運業、港運業、建設業及び国際契約等の分野におけるそれぞれの専門家とともに実施したオペレーター選定支援業務の現場経験をもとに、我が国の企業がターミナルオペレーター業務に参入しようとする場合に必要となる基礎的な知見と、実施に当たっての

重要なポイントを取りまとめたものである。

　もとより浅学の身である我々が港湾PPPに関する知見を深めることができたのは、ベトナムを始めチームの一員としてご活躍いただいた、K-Lineのアメリカ法人である、International Transportation Service, Inc. 元副社長及びOCDI調査役の故武富次郎船長、OCDI理事でもある西村あさひ法律事務所（現渥美坂井法律事務所）前田博弁護士諸氏からはそれぞれ、オペレーターの実務と経営、契約書作成の実務等に関する深い知見をご教示いただいたことである。これら諸氏に深く感謝の意を表する次第である。

I. 港湾PPP概論

1　港湾の業務と関係機関

　港湾は、輸出入を始めとする国の重要な経済活動の場であるため、その建設から運営には様々な機能・業務と関係機関が絡んでいる。表1は日本の港湾を事例に関係機関とそれぞれが担っている業務をまとめたものである。国の基本的な業務としては、税関、検疫、海上保安等の業務の他、運輸に関係する行政機関では、港湾や海岸保全に関する政策決定と法令整備、SOLAS、MARPOL等の国際条約の締結等の業務、関係業の許可や監督等がある。

　港湾管理者はしばしば海運業及び港湾オペレーションの双方に関連する広い規制権限を有している。管理者は、国際条約、法律、規則、規制に適応しなければならない責務を有する。一般に、公的な組織として、管理者は公共の安全や保安、環境、船舶航行（navigation）、健康管理に関する国際条約や法律を遵守する責務を有する。さらに港湾管理者は、港湾内における船舶の行動や港湾の陸域・水域の使い方などに関して、多くの規則や規制からなる港湾管理条例（port by-laws）を制定する。しばしば広範な警察権限も港湾管理者の権限ともなる。

　船舶航行の監視は、港湾管理者、もしくは国の出先機関の権限であり、これはしばしば港長機能といわれる。この機能は一般に港湾区域内における船舶航行の安全性や効率性に関係する全ての法的職務及び実際の運営に関する職務からなる。国際的には一般に、港長は船舶に利用する岸壁を割り当て、着離岸する船舶が必要とする全てのサービス提供を調整する。このサービスには、パイロット、タグ、係留、船舶交通サービス（vessel traffic services（VTS））などが含まれる。さらに港長は船舶や港湾関連の危機管理（例えば、衝突、爆発、自然災害、汚染物質の漏出など）にも主導的な役割を果たす。

　貨物の取扱い及びその保管等のサービスは、海上船舶及び内陸水運用船舶への荷積み、荷下ろしに関係する全ての活動からなる。これには上屋での保管や港湾内での輸送も含まれる。一般的には船舶内で行われる貨物取扱い（ステベドアリング。船内荷役）と陸上での貨物取扱い（沿岸荷役）は区別される。ターミナル・オペレー

ターはどちらの役割も担うことができる。

　荷役及びターミナル・オペレーションの企業には2つのタイプが存在する。すなわち、

- ターミナルの全てのスーパーストラクチャー（すなわち、事務所、上屋、クレーン、フォークリフト、ベルトコンベヤーなど）を所有し維持管理する企業。
- 港湾管理者が所有しているスーパーストラクチャー及び貨物自動車を使う企業。このような企業は荷役労務者（stevedores）を雇い、物理的な財産は事実上ほとんど持たない。

　タグ、船具・船食商、防火サービス、綱取りサービス、港湾情報サービスなど関連する様々な支援機能も必要である。

　途上国ではしばしば運輸省とは別に国家港湾庁（national port authority：SLPAやPAT等）が設置されており、このような組織では、国の行政機関の機能の一部と港湾管理者の機能の一部、場合によってはサービス業務の一部も実施している。

Ⅰ. 港湾PPP概論

表1　港湾関係機関の業務

国の業務	港湾管理者業務	サービス業務1	サービス業務2
外国為替管理	港湾計画策定	船舶運航事業	鉄道事業
貿易管理（輸出品規格等検査、輸入品検査）	臨港地区の決定と同地区内での行為の規制、港湾区域内の行為の規制	船舶代理店業務	通運事業
麻薬等密輸取り締まり	港湾建設に伴う補償	水先案内業務	貨物自動車運送事業
植物検疫	公有水面埋め立ての免許と実施	曳船業務	港湾運送事業（一般港湾運送事業、港湾荷役事業、はしけ運送事業、いかだ運送事業、検数・鑑定・検量事業）
動物検疫	廃棄物受け入れ	綱取放業務	荷役機械及びコンテナ賃貸業
輸出入許可	埋立地の管理、処分	荷物・舷門監視業務	荷役機械、コンテナ修理事業
関税・とん税・特別トン税・内国消費税徴収	港湾施設の設計、建設、維持補修、管理運営（使用許可、使用規制）	船舶動静通信業務	倉庫業
出入国管理	国有財産の管理受託、借り受けと転貸	船舶修理事業	燻蒸・消毒・飲料水等水質検査業
検疫	水域占用許可	給油・給水業	梱包事業
気象業務	料率表の作成・公表と使用料等の徴収／資金調達（含む公債発行）	船用品販売業	貨物計量事業
海難救助／海難審判	港湾作業の改善指導	船舶電話事業	通関業
海上交通規制	港湾作業の斡旋	岸壁電話事業	港湾労働者厚生施設提供事業
犯罪予防・取締	港湾企業に対する助成	免検・衛生検査証明書取得業務	港湾労働者養成・訓練事業
消防活動	港湾統計作成	通船業、港湾地域内バス運行事業	港湾施設警備事業
海洋汚染その他公害防除	港湾情報の収集、分析	港内清掃業・船舶廃油処理事業	
港湾施設の建設・改良、助成、監督、管理・処分	港湾の広報、振興	海上汚染防止事業	
海運業、港運業その他港湾関係企業に対する監督、指導、育成、助成	港湾関係調査	貨物海上保険業	
船員及び港湾労働者の養成、確保、訓練、福祉向上及び災害防止指導	港湾施設保安評価と保安計画策定	船舶保険業	
保税地域の指定、許可と監視、取締		船員厚生施設提供事業	
船舶無線局の検査		船員養成事業	
港湾開発に関する調査、研究		港内観光船運航事業	
港湾の開発、利用、保全に関する基本方針の策定			
港湾管理者の定める港湾計画の審査			
港湾施設保安計画承認			

2　港湾管理・運営の形態と民営化

　港湾ターミナルの関係業務は、大きく分けて、船舶へのサービス提供業務と貨物へのサービス提供業務がある。図1は直接ターミナルの運営に必要不可欠なサービスを、輸入貨物の流れで示したものである。

図1　港湾における貨物の流れと標準的な作業手続き

　港湾ターミナルの管理・運営の形態は大きくPrivate Service Port、Landlord Port、Tool Port、Public Service Portの4種類に分類される。

　Private Service Portはターミナルのインフラストラクチャー、スーパーストラクチャーともに民間が所有し、ターミナルサービスを行う形態であり、主として石油・鉄鉱石、石炭、穀物等の輸出入を行うターミナルとして、いわゆる専用ターミナルとして建設・運営されるものが多い。

　Landlord Portは、政府や港湾管理者等公共主体がインフラストラクチャー（あるいは水面を含む用地）を所有し、民間にターミナルの機能施設（場合によっては岸壁を含むターミナル施設すべて）に投資・所有させ、民間港運事業者によりサービスを提供する港湾である。いわゆるコンセッションと呼ばれるタイプのターミナルがこのタイプである。

　Tool Portは、政府や港湾管理者等の公共主体がインフラもスーパーストラクチャーも所有し、荷役等のターミナルサービスを港運事業者にリースや運営契約により実施させるタイプの港湾である。

　Public Service Portは政府あるいは港湾管理者が自ら施設を所有し、ターミナルサービスも自らが実施するといういわゆる直営港湾であり、従来の途上国港湾には

I. 港湾 PPP 概論

このタイプが多い。

図2 港湾管理形態

分類	基本施設 （インフラストラクチュアー）	機能施設 （スーパーストラクチュアー）	労働者	その他の機能
Private Service Port	民間	民間	民間	主として民間
Landlord Port	公共	民間	民間	公共／民間
Tool Port	公共	公共	民間	公共／民間
Public Service Port	公共	公共	公共	主として公共

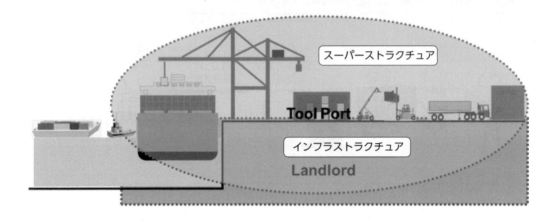

　民営化が導入される以前においては、港湾の運営・オペレーション方式は、次のいずれかの方法がとられていた。

　港湾管理者（政府の一部門、国有企業もしくは地方公共団体の一部門等）が自ら施設・機器を所有し、オペレーションを実施する。（PAT（Port Authority of Thailand）が運営するバンコク港クロントイ・ターミナル、SLPA（Sri Lanka Port Authority）が運営するコロンボ港JAYAターミナル等のいわゆるサービス・ポート）

　政府所有の埠頭公社等もしくは港湾管理者が自ら施設・機器（ガントリークレーン）を所有し、民間港運業者にターミナルの短期利用許可を与え（使用料を徴収）、複数業者に荷役をさせる。（日本の公共コンテナターミナル、Tg Priok（インドネシア）港公共ターミナル等のいわゆるツール・ポート）

　しかしながら、これらのように不特定多数の船社に先着順サービスを行う、いわゆる公共利用方式では、船がどのバース（船席）に接岸するか事前に決定できないため、積み込まれる予定の貨物は、荷主により運送・保管されている上屋から、積み込み予定船のバースまで、再度移動（横持ちという）を行う必要が出てくる。こ

のような非効率は、コンテナ船のように高価な船を滞船させることとなり、荷主にとっても運送価格高騰の原因となる。

このため、我が国のコンテナターミナルやライナーターミナル（定期船ターミナル）にあっては、定期船運航業者である船社に専用利用させることとし、そのため埠頭公団（現在は埠頭公社）が債券を発行し、ターミナルの建設・所有を行い、特定船社に専用貸し付け（リース）を行う方式がとられた（1967年頃より）。借り受け船社は系列下の港湾運送事業者に荷役作業を専用的に実施させるという方式がとられている。この方式がコンテナターミナル民営化の当初の形態である。

すなわち、コンテナターミナルにあっては、コンテナ船自体が一般貨物船に比し高額であるため、港における滞在時間をできる限り少なくし、回転を早くする必要があること（クイック・ディスパッチ）、またコンテナ積みされる貨物自体も運賃負担力の高い高額貨物が多く、輸送時間を短縮し、貨物金利負担を軽減する必要があることの理由から、コンテナを専用で扱うターミナルが造られ、特定船社に貸し付けるという方式がとられてきた。

さらに、コンテナターミナルは、貨物の荷役に、ガントリークレーンやストラドル・キャリアもしくはRTG（Rubber Tired Gantry Crane）、リーチ・スタッカー等高額の機器類が多数必要であるため、在来ターミナルに比し多額の初期投資を必要とすることから、港湾管理者の財政負担が重くなるため、民間オペレーターに機器類の投資を負担させ専用的に使用させるか、BOT等の方式によりターミナル全体の投資を民間オペレーターに負担させる方式がとられてきた。

コンテナターミナルで、かかる民間オペレーターの導入がなされた背景には、上記のように船舶のクイック・ディスパッチを可能にすること、高額の初期投資を民間に肩代わりさせることの他、コンテナターミナルのオペレーション方式が、船社によって異なるシステムが採用され（コンテナ導入初期のシーランド方式（シャーシーによるコンテナの輸送、荷役）とマトソン方式（ストラドル・キャリアによるターミナル荷役）等）、ターミナルのレイアウトも使用される機器も異なるため、それぞれの方式に適したターミナルをオペレーターが自ら整備することが必要であったことも理由の一つである。

3　ターミナル民営化の意義

　世界の港湾でその民間参入が活発化しているのは、様々な理由や目的がある。それらを検討すると、主要な目的として次の点が整理される。

港湾サービスの向上

　港湾は国家にとっても地域にとっても、貿易インフラの主要な部分を形成するものである。従って、国際経済と強く結びついたグローバル化の進展の中で、港湾の効率性やコスト水準は、自国の経済の発展にこれまで以上に大きな影響を与えている。

　しかし、国の港湾管理組織が直営で港湾サービスを提供している港湾で顕著なように、しばしば民間企業に匹敵する経営意識に乏しく、極めて低い生産性と高いコストのまま運営されることが少なくない。これを民間の運営に委ねることにより解決し、効率の良い低コストの港湾を実現しようとするものである。

　特に、港湾の効率化にとって大きな障害となる、港湾労働の問題に端を発する積年の制度的な"しがらみ"を、民営化の取り組みの中で解消しようとする事例は枚挙に暇がない。そのためには、法律制度の準備のみならず、時間をかけた社会的な合意の形成が不可欠となる。

効率的な港湾経営

　公共主体による港湾管理と運営は、官僚組織の持つ様々な問題とも結び付いて物事の迅速な決定や実行を困難にしていることが多い。整備計画の決定、予算の確保などは、多くの官庁が関係する一方で、その責任が不明確なまま先送りされる伏況に悩む港湾は少なくない。民営化の導入により、成功による収益をインセンティヴとして港湾経営の責任とリスクを明確にし、国際的に進む急激な変化に迅速に対応をとれるようにしようとするものである。また、このための条件整備として、国家行政が持つ強力な港湾管理運営権を縮小し、地方に分権化し、より独立的な担当組織を新たに創設するケースも多い。

港湾振興の実現

　特に新港開発の場合等のように、港湾を開発、管理する側に経験や人材がなく、

外部からの支援が不可欠な際に民営化の事例が多く見られる。民営化によって、国際的なオペレーターを参入させ、そのノーハウを最大限に活用して国際的水準の港湾サービスを一挙に提供するとともに、彼らの持つ集荷力により急速な港湾成長を図ろうとするものである。

財政負担の低減

　政府の財政状況は、先進国、途上国を問わず極めて厳しい。港湾整備に必要となる財源が手当てできないため、老朽化した港湾施設の改善や補修すらできない国々は少なくない。急速なコンテナ輸送量の拡大に対応するととともに、進む輸送の技術革新に遅れをとらぬためには、多大な投資が絶えず必要となる。民営化によって、この肩代わりを民間事業者に見出すばかりでなく、既存資産を民間に売却することにより財政収入を図ろうとするケースもある。

　また、港湾の非効率な経営は、その運営自体が赤字となり政府の財政負担となっていることも少なくない。従って民営化は施設整備のみならず、運営面での政府支出の削減を目指すことに意義を見出す場合もある。

4 ターミナル民営化の形態とその特徴

4.1 民営化の形態

　港湾開発・運営への民間企業の参加形態の中で、代表的な以下の7つの形態について、その特徴を概説する。

　　　　Management Contract（管理委託契約）
　　　　Lease（賃貸契約）
　　　　Concession（コンセッション）
　　　　Joint Operation（共同運営）
　　　　BOT（Built-Operate-Transfer）（建設運営移管契約）
　　　　Joint Venture（合弁企業）
　　　　Public or Stock Flotation（公共資産売却もしくは株式売却）

Management Contract（管理委託契約）
　一定期間、公的セクターが業務や保有資産の管理を民間に委託する形態。民間の能力やノーハウを導入して、業務の効率や生産性の向上を目的とする。
　管理委託契約（Management Contract）はまず、港湾管理者のかなりの長期にわたる劣悪な管理運営による厳しい財務状況が、国の財務省等からみて有利な条件で、将来港湾管理者の民営化もしくは会社化により、かなり改善されるという見通しがあるとき、また、港湾管理者が一般的に民間による管理を導入することにより利益になるという場合に利用される。
　通常の場合、政府が民間オペレーターと管理委託契約を結び、オペレーターは現状の職員を引き続き雇用しつつ、全ての顧客に効率的かつ十分なサービスを提供することを同意する。しかしながら、現状の雇用を確保するという条件は、このような契約が失敗に終わる場合の大きな要因となっている。このような条件ではオペレーターは厳しい競争環境の中で過剰労働者と賃金圧力のもとで営業を続けることは困難である。
　管理委託契約は通常、3年から5年くらいの契約期間で合意されており、その後により広範なコンセッション契約に移行する前段階として使われる場合がある。

管理委託契約では政府は、オペレーターが最低水準の効率もしくは財務状況、あるいは貨物量を達成しないときには罰金等のペナルティーを科すか、契約を破棄する権利を有することが重要である。

Lease（賃貸契約）

　民間が荷役機械等の資本を有し、それを公的セクターにリースして公的セクターがリース料金を民間に支払う場合と、反対に、民間が公的セクターから不動産をリースして業務を遂行する場合がある。その場合は、いずれも賃借人がサービスの提供とリース物件の維持管理の責任を負う。

　日本における公団ターミナル（現在の公社ターミナル）は、外貿埠頭公団が設立されたときに、当時の運輸省の海運造船審議会においてコンテナターミナルは船社への専用貸し付け（リース）を行い、一般定期船ターミナルは港湾運送事業者への公共ターミナルとしての貸し付け（リース）を行うこととした。その後公社にターミナルが継承されてから、東京港の青海コンテナターミナルが初めて港湾運送事業者への公共コンテナターミナルとして貸し付けがなされた。

　本来リース契約は一定の利用制限は課すものの、賃料を一定の方法で算定（初期投資回収額がベース）したリース料をとるだけで、運営目標（取扱い量もしくは営業収入等）はリース条件としては課さないのが一般的である。なぜならば施設を賃貸するだけであり、リースの概念には営業権を与えるという概念が含まれていないからである。

Concession（コンセッション契約）

　15～30年という長期間にわたって施設の建設、運営及びメンテの責任を民間セクターに移管する形態である。施設の所有権は公的セクターが保持したまま、民間は施設を整備・運営し、その運営により生じた利益を得ることができる。他方、民間側は通例、公的セクターに対してコンセッション・フィー（使用料）を支払わなければならない。この形態は、民間側に大きな権限と責任を委ねることで、より大きな業務の効率化の実現を図るものである。

　リースとコンセッションの概念の差異は、リースが単に施設を賃貸するということに対してコンセッションは営業権（暖簾）を与えるという概念が包含されている。従って、コンセッションの場合には、営業権にふさわしい営業実績を上げることが条件となっており、このためレベニューシェアという概念がコンセッショ

ン・フィーに入っている。
　一方、リース契約とコンセッション契約は次のような点について性質を同じくしている。

- 政府もしくは公的港湾管理者は特定の権利を民間会社に与える。
- 一定の契約期間（10年から50年）が決められる。
- 地理的範囲が定められている。
- 直接的にもしくは暗に金銭上及び運営上のリスクを分担している。

Joint Operation（共同運営契約）

　公的セクターと民間セクターが互いに資本を提供し、一定期間、共同して港湾業務を運営する形態である。運営から生ずる利益は、投資額と同じ割合において公的セクターと民間の間で分割される。本形態は世界的に活発に活用され、大規模港湾開発プロジェクトに利用されている。

　共同運営（Joint Operation）契約は、コンテナターミナルの運営等公的港湾管理者に欠けている経験やノーハウを民間オペレーターから仕入れるため、通常は、民間オペレーターは技術力の提供を行い、港湾管理者側はインフラ、労働者の提供や必要な手続き等の業務を行う。

BOT（Built-Operate-Transfer）（建設・運営・移管）

　BOTとは、公的セクターが一定の港湾開発及び運営業務に関する許可を民間側に付与し、民間が一定期間、その業務に対して資本の投下及び運営を行う形態。契約期間の満了とともに、全ての資産が公的セクターに返還される点に特徴がある。民間は公的セクターに対してRoyalty等の使用料金を支払う。

　BOTの変形として、EOT（Equip-Operate-Transfer）（設備整備・運営・移管契約）がある。これはインフラがすでに存在し、上物が特別会社（SPC（Special Purpose Company）／オペレーター）により供給される場合である。ある意味では日本の公社ターミナルもインフラとガントリークレーンを港湾管理者側が整備し、その他の荷役機械がオペレーターにより提供されるという点で、EOTといえるが、公社ターミナルの場合はオペレーターにより整備された上物を契約終了後に港湾管理者に委譲するという仕組みはない点でEOTと異なっている。

　上記の観点からみると、ラムチャバン（タイ）、ラ・ウニオン（エル・サルバド

ル）は我が国の公団（公社）ターミナルと類似し、カイメップ・ティーバイ（ベトナム）は EOT、カイラン港（荷役器機も全て港湾管理者が提供）はリースに分類される。

Joint Venture（合弁企業）

不特定期間の業務を遂行するために、公的セクターと民間企業が現地法人に共同して出資する形態であるが、通例、次の2つの形態がある。

- 新しく独立した Joint Venture Company
- 国家保有企業の下に形成された新子会社

この形態は建設から運営まで、上記の JV が実施する形態で、タンジュン・プリオクの KOJA ターミナル、ボジョネガラターミナル（インドネシア）、SAGT ターミナル（スリランカ）が該当する。コンセッションの形態としては BOT であるが、権利譲渡側がコンセッショネアー（オペレーター）である会社の設立母胎となっているという点で JV による開発・運営形態といえる。

Public or Stock Flotation（公共資産売却もしくは株式売却）

両者とも組織自体の民営化を意味し、最も民営化の進んだ形態である。Public Flotation は、株式市場における持分の売却の申し出を意味する。サービスの提供に関する全ての責任は民間に移される。Stock Flotation は、民間セクターに対して全ての持分を売却することを意味する。世界の事例では、その国の政府が株式の多数を留保する場合が多い。

4.2 コンセッション

図3は世銀による港湾改革ツール・キット[1]に示されている港湾改革の段階である。この図に示すように、一般的にはリース・賃貸契約、BOT も含めコンセッションといわれている。

コンセッションとして現在港湾で使われている手法は主としてリース契約とコン

---

1 www.ppiaf.org/.../toolkits/Portoolkit/Toolkit/index.htm.

図3　港湾改革の手段と段階

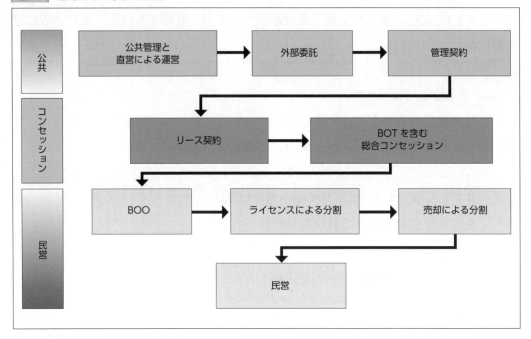

セッション契約の2種類がある。リース契約はオペレーターが港湾用地を長期にリースするもので通常スーパーストラクチャーと機器類に責務を有しており、コンセッション契約ではオペレーターは投資コストをカバーし、全ての商業的リスクをとる。このような契約はしばしばBOTのような特別のファイナンス・スキームと組み合わされる。

リース契約

　地主型港湾（ランドロード・ポート）はその収入のかなりの部分をリースから得る。典型的な例が土地または倉庫施設のみリースされる場合である。賃貸にバースが含まれたり、含まれなかったりする。もし含まれない場合には港湾管理者（公的機関）は接岸料、岸壁使用料、ドック使用料等から得られる収入を全て自らの収入とする。

　リース料の形態には現在、フラットレート、ミニマックス、レベニューシェアの3種類が使用されている（図4）。

　フラットレートは借受人に対し、固定料金の定期的な支払いの対価として特定期間固定資産の使用権を与えるものである。土地のリースの場合には、1㎡あたり年間固定料金いくらという形態となろう。リース額は港湾用地の整備状況（す

図4 リース方式の比較

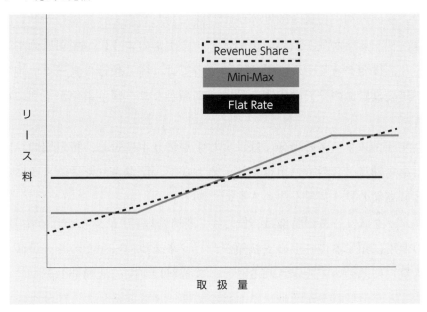

なわち未舗装か舗装か、構造物付きか、構造物なしか等）によって異なる。（我が国の公社ターミナル）

　このリース形態の主たる利点は、あらかじめリース料が両者に明らかになっているという点である。フラットレートリースは借受人にとってターミナルを目一杯使用するインセンティブを与える。フラットレートリースの要点は、特定期間、港湾地域の1㎡あたりの特定金額が支払われること、原則として、リース料は港湾管理者に対する資産の価値の公正なリターンを表していること及びリース料支払いがリース期間中のインフレ率で調整されるものであることである。

　リース料を適正水準に設定するには、港湾管理者は、施設の減耗や借り手が得るべき貨物量等ビジネスのレベルを正確に把握できなければならない。土地の真の価格（すなわち最良の利用を行った場合の価値）を評価し、この価値を借り手が行うビジネスの期待水準を通してこの価値の取戻しを目指すようにすべきである。なぜなら借り手はビジネスが作り出す収益とは関係なく同額の支払いを行わねばならないため、借り受けた土地を最大限に利用する強いインセンティブが働くからである。

　フラットレートリースは、港湾の主たる目的が取扱量を最大にし、地域経済に便益をもたらすという場合に好ましい方法であるといわれている。すなわち、ターミナルの営業利益からの直接収入は貸し手側は期待せず、地域経済の発展からも

たらされる税収、雇用拡大等の利益を期待できる場合である。我が国公社ターミナルのように無利子貸付金制度等が建設費に対し利用できる場合が多い。この場合には、リース料が我が国のコンテナターミナルのように、個別原価主義で設定されると、後発ターミナルの借り手にとっては、同じ仕様のターミナルでもリース料が建設投資額の差異の影響を受け、高額となり、競争条件が不利になることである。

　ミニマックスリースの場合には、貸し手が借り手に対し、特定期間、固定資産の利用を変動リース料で使用権を与える方式で、記録された活動水準に応じて最低額と最高額のリース料を決めるものである。

　ミニマックスリースの特徴は、貸し手（港湾管理者）に支払われる施設・機器・土地の使用に類する借り手の支払額が、ビジネス規模（すなわち、最低及び最高の取扱量）に基づいて設定されること、賃貸料は実際の活動量の記録によって変動すること、最低料金が活動量に関係なく期待最低取扱量の合理的な仮定に基づいて設定されること、この最低額からあらかじめ定められた最高取扱量に達するまでスライド方式で支払額が適用されること、最低料金が利子及び償却額を十分カバーしないかも知れないこと、特定の最高取扱量に達したときには借り手はそれ以上の金額の支払いは行わないことである。

　この方式により、港湾管理者と民間の借り手が港湾投資と運営のリスクと報酬を分担しあうこととなる。借り手は効率的に運営し、最高賃貸料を越える取扱量を達成しようとする強いインセンティブが働く。

　レベニューシェアリースは、特定期間、固定資産の利用に対し変動額を支払う方式でミニマックスに比較して異なるのは、活動量に関係なく最低額があるが最高額がないという点であり、この特徴は、対価の最低額は存在するが設定される最高額はないこと、最高対価は施設／ターミナルの容量が制約となるだけであること、最低補償額は利子及び償却額を十分カバーしないだろうことである。

　ミニマックスもレベニューシェアも港湾管理者と借り手の真のパートナーシップをあらわしている。両方とも港湾管理者はその財政負担や取扱量の自らの予測、リスクに対する制度上、ビジネス上の懇限度を考慮に入れてミニマムリースを注意深く設定する必要がある。レベニューシェア方式は港湾管理者がその収入、雇用水準、取扱量を最大化しうる唯一の方法である。しかしながら報酬が多いということはそれだけリスクも多いといえる。

　結論として、港湾の主たる目的が取扱い貨物量を最大にし、雇用量の増加を通

して地域経済に寄与することであるならば、フラットレートリースが望ましい。特に新設港湾でビジネスを始めようとする場合にはよく見られる形式である。

もし、港湾の目的が、ターミナルの借り手に初期に補助金を出しても取扱量と雇用量を最大化するという場合にはミニマックス方式が望ましい。またその目的が初期にターミナルの借り手に補助金を出しても収入を最大化したいということであれば、レベニューシェア方式が望ましい。

フルコンセッション

コンセッション契約は、もともとはサービス・ポートのために用意されたもので、ランドロード・ポートでは通常、コンセッション契約は必要なく、「貸付契約」(leasehold agreement) が使われた。両タイプは共通するところが多く、人によっては「貸付契約」はコンセッション契約の一形態であるとしている。誤解を避けるため、「フルコンセッション契約」がより幅広い意味合いで使われる。すなわち港湾の用地、施設の開発権利と港湾インフラとスーパーストラクチャーの建設義務に関し、政府と民間セクターの間の関係を定義付ける一連の契約である。

フルコンセッションと貸し付け及び用地賃貸の形式上の差異を表2に示す。

コンセッションと貸し付け（リース）を区分する主たる性格が、前者はターミナルの開発・営業権を与えることが主体であり、後者は施設を貸し付けることに主体があることにある。すなわち、コンセッションはサービスをより効率的に行なわしめることが目的であるため、契約において、履行目標(performance target)を定めるが、後者は一般的には定めない。

前者は開発を行わせることが主たる手段であるためインフラ投資をコンセッショネアーの義務とする場合が多い（もともとがBOTのようなフルコンセッションが目的であるため）のに対し、後者は主たる施設であるインフラをリースすることが目的であるため、上物（機器類）は借り手に投資させる。また前者（コンセッション）は巨大な投資をさせることが主たる目的であるため、ターミナルの管理はコンセッショネアー自らが実施するよりもオペレーターに管理委託（もしくはコンセッショネアーのメンバーの内の船社もしくはオペレーターに管理を行わせる）するのが一般的であるのに対し、貸し付けはオペレーターに貸し付け運営させるのが目的であり、又貸しは禁止しているのが一般的である。

一方コンセッション・フィー（または貸付料）の支払い形態をみると、コンセッションは自らサービスを提供する代わりに営業権をコンセッショネアーに与え、営

業させることが目的であるため、用地または施設の賃貸料としての固定費用と営業権（暖簾）を与える代償として収入もしくは利益を折半（暖簾料）する変動費用の2種類で構成されているのに対し、貸し付けは一般的に1種類の貸付料（取扱量に比例させるレベニューシェア、もしくはフラットレート、ミニマックス等の徴収方法は異なるが基本は施設賃貸料のみである）で構成される。

またコンセッションは、営業権を与え自ら実施する代わりにサービスを提供させることが目的であるため、契約に際してはいかなる手段でどのようなサービスをどの程度の価格で提供するかを示すビジネスプランを提出させるのに対し、貸付契約の場合はかかるビジネスプランの提供義務はないのが一般的である。

表2 コンセッション・リース・用地賃貸

特性	フルコンセッション	貸し付け	用地賃貸
期間	25－35年	25－35年	10年
免許	法令による	法令による	法令による
政府の保証（ローン、租税、為替レート、競争条件等）	有り	無し	無し
港湾労働者に対する責務を取る	しばしば、地域の状況による	無し	無し
港湾資産の質権設定	有り	法令による	無し
港湾管理者による実行監理	有り	契約による	無し
コンセッショネア、借り受け手、借り手による取扱量保証	契約により有り	通常は無い	無い
港湾インフラへの民間投資	有り	無し	無し
スーパーストラクチャー、機器への民間投資	有り	有り	有り
政府または港湾管理者による交通制御	状況による	無し	無し
ターミナル管理	コンセッショネアか彼らが指名したオペレーター	借り受けて	借り手
支払い	固定および変動	ランプサム、ミニマックスまたは収入割合	固定
民間側の法的特性	JV、しばしば船社を含む	主として有限会社	有限会社
環境保護に対する責任	有り	法令による	通常は無し
ビジネスプランの要求	有り	契約条件による	無し
契約期間後の使用権の変更	有り	有り	有り
新規施設に対する補償	契約書による	新規の借り受け手に移転もしくは除去	該当しない

上記分類によるフルコンセッションは基本的にBOTを念頭に置いて整理されているが、前述したようにこれらの用語が厳密に使用されているわけではなく、例えば我が国公社バースはリース契約と呼ばれているが、表2の分類では用地賃貸

契約（Land Rent）と同様であり、賃貸期間は10年、その後更新を繰り返す形態となっている。またラムチャバン等多くの円借款事業で整備されたターミナルの場合は表2の分類による用地賃貸契約とフルコンセッションの中間の契約形態で、表2では貸し付け契約（lease hold）（固定費＋レベニューシェア、上物整備義務等）が採用されている。

この表の貸し付け契約と用地賃貸契約の区別は用地（という用語を用いているが、インフラ（岸壁及びヤード）と土地を含めている）賃貸は住宅等の賃貸と同様、インフラを貸し出すだけで、その上でいかなる営業を行おうとも管理者は制約をかけない形態であり、一方でリース契約はターミナルそのものの目的を果たさせることが主たる目的となっているため（公共ターミナル）ターミナルの運営に対しても管理者は監理を行うし、実績も重んじ、一定の利潤も上げることが義務付けられる場合として示されている。

この意味で、用地賃貸は長期にわたり、占有権利を持たれると経済社会情勢の変化に応じた港湾の開発、再開発に影響を及ぼすため、比較的短期間の契約としている。一方貸し付け契約ではある程度の営業実績を確保し、利益をシェアーすることから、投資に見合う利潤が十分に見返りとして確保できる期間として比較的長期の契約としている。

表2中、民間側の法的特性がフルコンセッションの場合はJVとなっているのは、コンセッショネアーの大半が途上国では政府機関もしくは100％政府出資のSOE（State Own Enterprise）が、もともと直営でサービスを行っていたサービスポートの性格であること及び海外オペレーターに対しては外資制約があることからこれらが出資するJVが多いということを反映している。

このように自国の運営会社がパートナーである場合は、オペレーターの資格として、もともと運営していた政府機関もしくはSOEが設立した会社であるため、JVの資格で運営、もしくは有限会社としての運営会社を別途設立し、運営委託を行っている。貸し付け、賃貸の場合にはオペレーターは大半の場合、現地法人に免許が限定されることが多いため、ターミナル運営のための特別の会社（有限会社）を設立し、資格・免許を取得した会社と最終的に契約を行うことが多いことをあらわしている。

4.3 PPP 実施プロセス

図5は Landlord Port におけるコンセッションの一般的形態を示したものである。（世銀 PPP in Infrastructure Resource Center for Contracts, Laws and Regulations（PPPIRC）より引用[2]）

港湾のコンセッションの関係者は譲許側である政府もしくは港湾管理者、民側スポンサー、資金貸付者、プロジェクト会社（SPC）、建設コントラクターと維持・運営会社で構成され、これらの関係者間で様々なリスクの分担が図られる。

図5　コンセッションの形態と関係者

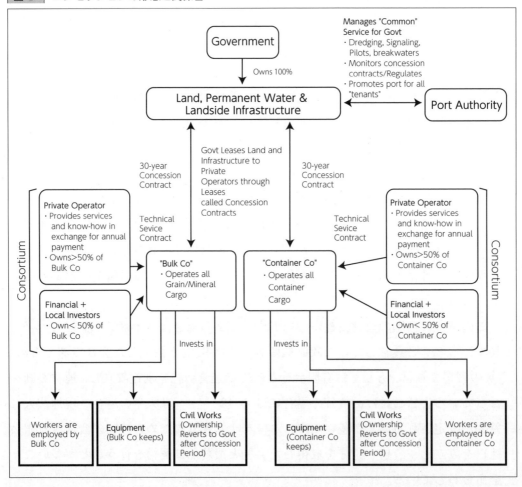

[2] http://ppp.worldbank.org/public-private-partnership/library/graphic-explaining-contractual-relationships-landlord-port

図6はPPP案件の実施プロセスについて、プロジェクト実施国政府側の標準的手続きを示したものである。(標準的手続きフローは世銀PPIAFによる「Public-Private Partnership Reference Guide version1.0」より引用したものである[3])

図6　PPP実施の一般的手順

---

[3] https://openknowledge.worldbank.org/handle/10986/16055

5　港湾セクターのPPP事例

　港湾セクターのPPP投資者には大きく分けて港運業者系（Stevedoring）、船社系（Shipping Company）、投資会社系（Investor）がある。表3は世界のターミナルオペレーターによるコンテナターミナルのPPPの件数と取扱量（TEU／年）（2013年）を整理したものであるが、これを見るとPPPに参加しているのは港運業者系が圧倒的に多く（340件）、次に船社系（101件）、投資家（97件）となっている。

　地域別にみると、極東、欧州、北米とコンテナ流動の幹線といわれる東西貿易回廊上のターミナルが圧倒的に多く、これに次いでラテンアメリカ、東南アジア、アフリカの順になっている。

　グローバル・ターミナルオペレーターのビッグ4と呼ばれている、HPH（Hatchison Port Holdings Trust）、APMT（A.P Moller Terminal）、PSA（Port of Singapore Authority）、DPW（Dubai Port World）が圧倒的に多くのターミナルを有している。

　日本企業では、そのほとんどが三大船社といわれるNYK、K-Line、MOLであり、しかもこれらの有するターミナルは極東、東南アジア、欧州、北米に限られている。近年は投資家系である三井物産の系列会社であるPortec International Limitedがラテンアメリカ、アフリカでターミナルを開発もしくは契約中である。

I. 港湾 PPP 概論

表3 グローバルターミナルオペレーター

		極東	東南アジア	南アジア	中東	欧州	北米	ラ米・カリブ
Stevedoring Company	HPH	9	9	1	3	12		8
	APMT	10	4	3	3	12	9	5
	PSA	14	11	4		13		2
	DPW	7	4	6	2	9	1	5
	COSCO G	22	1			2		
	TIL	1	1	1	1	12	6	3
	Eurogate					11		
	SSA Marine		1				7	6
	HHLA					5		
	ICTSI	1	8	1		3	1	4
	Grp TCB					5		6
	HMM	2					2	
	CSTD	13					2	
	CMHI	16		1				
	Bollore					2		
Shipping Company	Evergreen	6		1		1	3	1
	CMA CGM (terminal Link)	2				7	2	
	CMA CGM (CMA Terminal)				2	1	1	3
	Hanjin	11	1			3	2	
	NYK	7	1			1	5	
	APL/NOL	4	2				3	
	K-Line	4				2	2	
	OOCL	3					1	
	Yang Ming	3				2	2	
	MOL	4	2				3	
						total		
Invester	Euroports					3		
	GPI	1				4		
	NCC					2		
	Gulftainer				6			1
	Macquarie	4				1	5	
	Mitsui (portek)		4			2		1
	MTL	6						
	Noatum					5		
	Ports America	1					10	
	RREEF					3	2	
	SAAM						1	7
	SIPG	15				1		
	Ultramar							7
	Yildirin Grp					3		

*1 10%以上の株を有するターミナルの取扱量
*2 各ターミナルの株式シェアで配分した取扱量

5 港湾セクターのPPP事例

			World Total	642.5 Mil. TEU				
			2013*1		2013*2		Equity B	incl. Inv
	アフリカ	豪州	Mil. TEU	%	Mil. TEU	%	Rank	Rank
	2	1	76.1	11.8	45.0	7.0	2	2
	11		68.0	10.6	35.0	5.5	3	3
			61.7	9.6	52.9	8.2	1	1
	6	4	53.7	8.4	32.8	5.1	4	4
	1		59.9	9.3	18.6	2.9	6	7
			29.9	4.6	15.4	2.4	7	8
	1		14.0	2.2	6.7	1.0	11	13
			9.9	1.5	6.1	1.0	13	15
			7.5	1.2	6.7	1.0	12	14
	1		6.5	1.0	5.8	0.9	14	16
			2.4	0.4	2.1	0.3	24	28
			4.0	0.6	2.8	0.4	20	23
			20.3	3.2	8.5	1.3	8	10
	3		23.5	3.7	23.1	3.6	5	6
	11		3.9	0.6	2.4	0.4	23	27
			9.5	1.5	7.4	1.2	10	12
	3		9.9	1.5	4.1	0.6	15	17
			9.9	1.5	4.1	0.6	15	17
			14.4	2.2	7.7	1.2	9	12
			7.6	1.2	3.6	0.6	17	19
			6.3	1.0	4.1	0.6	16	17
			5.8	0.9	3.1	0.5	18	20
			6.5	1.0	2.9	0.5	19	22
			6.5	1.0	2.5	0.4	22	25
			4.1	0.6	2.7	0.4	21	24
			511.9	79.6	302.0	47.0		
			0.6	0.1%	0.6	0.1%	14	35
			1.2	0.2%	1.1	0.2%	12	33
			1.1	0.2%	1.1	0.2%	13	34
			4.8	0.8%	4.1	0.6%	4	18
			6.5	1.0%	2.5	0.4%	7	26
	2		2.6	0.4%	1.1	0.2%	11	32
			15.1	2.3%	8.2	1.3%	3	11
			3.6	0.6%	3.0	0.5%	5	20
			13.6	2.1%	8.8	1.4%	2	9
			3.3	0.5%	3.0	0.5%	6	21
			2.7	0.4%	1.5	0.2%	9	30
			37.3	5.8%	29.2	4.5%	1	5
			2.1	0.3%	1.4	0.2%	10	31
			3.4	0.5%	2.0	0.3%	8	29
		Sub Total	97.8	15.2%	67.6	10.5%		
		Total	609.7	94.8%	369.6	57.5		

2013年時点で開発中もしくは契約中のプロジェクトを表4に示す。これを見てもわかるように日本企業（船社系）が実施しているのは、MOLがRotterdam Maasvlakteプロジェクトに参画、NYKが台湾の隆雄港で株式を取得、三井物産がインドネシアのタンジュン・プリオクで開発中の事例があるのみである。

5 港湾セクターのPPP事例

表4 新規開発中プロジェクト

HPH	KICT	Karati South Asia Pakistan Terminals : Phase III development (Keamari Groyne) . Concession 1500mx-18m (2015~2027)
	Stockholm	Container Terminal Nynashamn $264,800mx-15m
	Harwich (UK)	Bathside Bay: 1.7ml TEU given in 2006, not commenced
	Marseulles-Fos	4XL: due on stream 2018/19
	Sydney/Botany	Sydney International Container Terminals 30yrs concession 1mil TEU, operation in 2014
HPH trust	Hong Kong	Terminal 8W ACT (Asisa Container Terminal) Kwai Chung 2014 40% sold to Cosco Pacifc and 20% to China Shipping Terminal Development
APM	Russia	NCC Group acquisition 30.8%
	Ningbo	Meishan CT (Ph 2) : start operation 2015 25% share
	Rotterdam	Maasvlakte II 4.5mil TEU opening in 2014 100% share
	Savona	Savona-Vado: operation in 2015
	Izmir	Petkim Port: long term operation agreement
	Lazaro Cardinas (Mex)	TEC 2: $900mil Ph 1 operational 2015 1.2mil TEU 32yrs concession for 4.1mil TEU
	Moin (Costa Rica)	Moin Container Terminal: 33 yrs concession $1bil. 100%
	Zeebrugge	APM Terminals Zeebrugge: 24% from CSTD →75% ,SIPG 25% in 2014
	Abidjan	TC2 Abidjan Bollore Grp with partner APMT and Buoygues $590mil, 1100mx-16m
	Callao	TIL aquired 29% in 2014
	New York	APM Terminals Port Elizabeth (NJ) ; JV with Brookfield Asset Management 2014
	Nigeria	Miltipurpose Badagry port 650m x -14.5m 1mil TEU
PSA	Dammam	Saudi Global Ports LLC; JV with Public Invesment Fund (PIF) operation 2014
	Lianyungang (連運港)	New Container Terminal: JV with Lianyungang Port Grp 2.8milTEU 2014
	JNPT (India)	4th CNT 4.8milTEU Ph1 2018
	Kolkata (India)	Netaji Subhas Dock: 10yrs O&M contract 5 berths in 2014
	Buenaventura	JV with ICTSI 30yrs concession Aguadulce Terminal
	Mariel, Cuba	TC Mariel SA: Management role in 2013
DPW	Kulpi	Kulpi Port: development right 69% invester in Bengal Port Ltd.
	Dubai	Jebel Ali: $850mil expansion of CT3 add.4mil TEU 2014
	Istanbul	Yarimuca, Anatoly: 1200m CNT 1mil TEU operation date not set
	El Sokhna	New El Sokhna CNT: 35yrs concession 1.75mil TEU
	Nhava Sheva	Nhava Sheva International Container Terminal: 330m along side of existing CNT operational 2015
	Rotterdam	Rotterdam World gateway Terminal Maasvlakte 2: 30% with APL, MOL, HMM and CMA-CGM by 2014
	Dakar	Port du Futur: 100% Ph2 Port of Dakar 1.75mil TEU operation date based on market condition

Cosco Grp	Hong Kong	Asia Container Terminal: acquisition 40% in 2014 with HPH 40% and China Shipping 20%
	Naples	Molo Bausan: JV with MSC affiliate, operator CoNaTeCo 50%
	Rotterdam	Euromax Terminal: Cosco, Kline, YangMing and Hanjing 49% and ECT (HPH) 51%
	Long Beach	Pacific maritime Services, Pier J: 51% JV with SSA and CMA CGM
TIL	Lome (Togo)	Lome Container Terminal: 50% 2mil TEU operation 2014
	Asyaport (Turkey)	Asyaport CNT: started in 2009, 1330m 1.95milTEU start operation 2015
	Callao	APM Terminal Callao: 29% 2014
SSA Mrine	Thi Vai-Cai Mep	Saigon Port-SSA: JV with Saigon Port and Vinaline 600m 600,000TEU not operation commenced in 2013
	Tuxpan	Tuxpan (Mex) JV with Mexican partners 710,000TEU 90%
CMA Terminals	Rotterdam World Gateway	10% with DPW, APL, Hyundai and MOL for container terminal at Maasvlakte 2,1100mx-20m 2.4mil TEU, operational 2014
	Cai Mep	Geemalink International Container Terminal: 25% with Gemadept 1060mx-15.5m 1.2mil TEU 2013 delayed
	Lekki (Nigeria)	Lekki Inernational Container Terminal Services LFTZ Enterprize: 25% with ICTSI 2.5mil TEU operational 2017
	Mundra (India)	Mundra 4th CNT 50:50 JV with APSEZ (Adani Ports and Special Economic Zone Limited (APSEZ)) operational 2016
NYK	Kaoshiung	acqured 10% 2013 from Yang Ming, patners Ports America, China Merchants, Cosco Pacific and China Shipping
APL/NOL	Rotterdam	Roterdam World gateway Terminal, Maasvlakte 2: 20% with DPW, MOL, HMM, CMA CGM operational 2014
ICTSI	Davao, Phillipines	Hijo Inernational Port Services Inc (HIPS); 65% 2 berths 0.5mil TEU by 2015
	Buenaventura	46% 30yrs concession started 2007, operational 2016 Ph1 450,000TEU with half sold to SPA
	La Plata	Port of La Plata Argentina: 30yrs concession upto 2038 Ph1 450,000TEU operational 2014
	Lekki (Nigeria)	21yrs concession 1200m 14gantry cranes 75%, 25% by CMA CGM
	Umm Qasr	2014 Berth 20: O&M for 10 yrs and redevelopment and expansion 26yrs $130mil new 200m quay of 300,000TEU, ultimate capa 0.9mil TEU
	Matadi	ICTSI Congo DR: MPT 2014 Ph1 120,000TEU 350m $100mil invest 60%
	Melbourne	long term concession 90% 350,000TEU by 2016 Ultimate capa 1.4m TEU
MOL	Rotterdam	Rotterdam World gateway Terminal Maasvlakte 2: 20% with APL, MOL, HMM and CMA-CGM by 2014
	Los and Oakland	TraPac: MOL sold 49% to US west coast terminals to Brookfield Aset management as part of new strategic alloance
TCB	Guatemara	Terminal de Contenedores Quetzal: 100%, 340,000TEU operational 2015末
HMM	Rotterdam	Rotterdam World gateway Terminal Maasvlakte 2: 20% with APL, DPW,MOL, CMA CGM

CSTD	Dametta	Cntainer Terminal: 20%　4mil TEU
	Zeebrugge	APM Terminals Zeebrugge: 24% from CSTD →75% ,SIPG 25% in 2014
	Hong Kong	Terminal 8W ACT (Asisa Container Terminal) Kwai Chung 2014 40% sold to Cosco Pacifc and 20% to China Shipping Terminal Development
CMHI	Shenzhen	Dachan Bay Ph2: 14%, MOU signed with other shareholders. No construction started
	Lome (Togo)	Lome Container Terminal: 50% 2mil TEU operation 2014
	Bagamoyo (Tanzania)	Signed an MOU with Government of Tanzania in 2014 to develop MPT
Bollore Grp	Dakar, Senegal	Dakar Terminal, 100%, ro-ro terminal operational in 2014, 75,000TEU
	Tuticorin, India	Tuticorin Terminal, 49%, JV with local partner 750,000TEU, operational 2014
	Misurata, Libya	Misurata Terminal, 60%, 500,000TEU operational 2014
	Abdjan (Ivory Coast)	Cote dIvoire Terminal, 50%, JV with APMT 1.5mil TEU TC2 operational in 2017, 1,100mx-16m
Gulftainer	Tripoli (Lebanon)	New Container Terminal, 100% 25yrs concession 500,000TEU operational in 2014 末
	Canaveral	CNT+MPT,100%, 35yrs concession in 2014 further development, operational in 2014
Mitsui	Tanjung Priok	North Kalibaru Ph1 CT1: 1.5mil TEU, expctd completion by mid 2015
SIPG	Taicang	Taicang Port SIPG Zhenge CNT Co.ltd, 45%:55% with Taican port to operate two 50,000 ton berths Ph3 terminal, transhipoment terminal to/from Yangshan and add 600,000TEU to Taican throughput
	Chongging	Chogging Orchard CNT Liited, 2 berths of new 400,000TEU river terminal operational in 2013
	Wuhu	Wuhu Port Co. Ltd, 35%: 65% JV with Wuhu Port to operate 5CNTs +950m bulk Terminal
Yildrim Grp	Gavle, Sweden	Gavle CNT, 80%, 2014
	Oslo Norway	Sjursoya CNT, 20yrs contract to develop and operate CNT in 2014

II. 港湾PPPプロジェクトの候補案件の検討

1 候補案件の初期的検討

　候補案件を検討するにあたり、必要となる初期的検討事項は、まずプロジェクトの背景と事実確認である。事実確認で最も重要なのが、対象とするプロジェクトの国において、港湾の運営への民間参入が可能な法的、制度的環境が整っているか否かと当該プロジェクトの港湾政策での位置付けである。

1.1 制度、法令環境

> 制度・法令環境に関するチェック項目
> プロジェクト対象国における民営化実施環境を検討するためには、政府組織、調達制度、料金設定・投資上の制約、融資上の課題、用地・環境及び社会的課題、対外投資・為替に関する制約、労働法規・雇用に関する課題、紛争解決手段利便性、外国主権免責（sovereign immunity）、法規制機関、契約法（契約の自由に関する制限）、破産法、保険制度、税制、基準・公共責任、保健・安全関係法等に関するチェックを行う。（これらに関するDue Diligence Check Listについては「Due Diligence Check List for Legal and Institutional Enabling Environment for PPP」世銀PPPIRC (PPP in infrastructure Resource Center for Contracts), Laws and Regulationsを参照のこと）

（解説）
　港湾プロジェクトをPPPで実施しようとする場合、まず対象国の投資環境がPPPプロジェクト実施に適した環境であるかどうか（対外投資制限や、海外からの融資制限等）に関し、World Bankが毎年出版しているDoing Business[4]や各先進国の政

---

4 http://www.doingbusiness.org/reports

府機関が発行している国別の投資環境調査結果等から、マクロな投資環境を検討する他、港湾が民営化可能な法的、制度的な環境にあるかどうか、民営化の障害となる制度、慣行がないかどうかを調査することが必要である。

途上国の港湾の民営化でしばしば問題が生じるのは、提案された民間参入を当局が実施できるだけの十分な法的権限を有しているかどうかという問題である。このような場合には新たな法律が必要となる。民営化の内容によるが、民間企業にターミナルの運営を任せることができるのか、民間オペレーターは複数のオペレーターと競争して運営をするのか、独占できるのか。また政府は民間に港湾施設・用地を売却できるのか、参入した後の港湾管理者はどのような業務と責任を持つのか、こうしたことが明記された法令を調査することが必要である。

また民間参入を進めるための一般的な手順、政府並びに入札参加者の責任・義務などを定めた法令の調査も必要となる。これらの法令がない国では一般の建設工事や、機器納入を目的に制定された入札法（Tendering Law 等）を適用仕様とする国も多いが、これらの入札法では、しばしば応札者の最低数を定めたり、最低価格で決めるなどの規定を基にしているが、港湾のコンセッション等では最低価格ではなく、例えば最高価格のコンセッション・フィーで評価する等が一般的であるため、既存入札法では対応できない事項が多い。

港湾の行政・管理・運営組織と関係法令・手続きには法令による行政事項（港湾開発、環境保全、施設管理、船舶入出港、出入貨物（関税、検疫、外国為替／貿易）、出入国（出入国検査／検疫）、港湾関係事業（倉庫・港湾運送・海上輸送）、都市計画手続き等）とコンセッション可能範囲、コンセッショネアーの資格等制限の有無／程度、港湾関係既存事業者等との調整可能性・問題点の有無、港湾労働者に関係する労働法規等がある。

特にコンセッショネアーの資格要件において、コンセッショネアーを構成するパートナーの条件では、ある国の資格要件には、ローカルパートナーと呼ばれる国内で同種のビジネスと労働環境に経験のあるローカル会社、港湾パートナーと呼ばれる港湾のオペレーションや開発に関しての国際的知識と経験を持つ会社、投資パートナーと呼ばれる投資家としての協力会社の3つのパートナーの参画を認めなければならないとしている。なおそれぞれのパートナーの資本が占めるシェアーについても条件が定められていることが一般的である。特に公共埠頭としてのターミナルに関しては、海運会社がコンセッショネアーのパートナーから除外されているケースもしくは資本に占めるシェアーが限定されているケースもある。これは港湾サービ

スは公共性の視点に立って提供されなければならないという基本方針を反映した方策と考えられる。また本格的な民営化を推進する観点から、一切の公営企業の参加を認めない場合もある。

また港湾労働の場合には、国によっては荷役作業や港湾運送事業に関する資格制度や免許制度がある国が多く、海外事業者の資格が容認されない国があること、港湾労働者の労働慣行が強い国等では、労働者の確保が困難になることが多々あるので、これら慣行、資格要件についても検討が必要である。

契約関係法令には外国企業による投資・営業に関する法令・手続き（会社設立手続き、株式法、外貨規制法等）と外国人労働者、機器等の輸入制限、調達手続き等投資／営業活動に関する規制及び契約手続きに関する規制（登記、公共機関との契約承認手続等）がある。

さらには、コンセッションの許認可承認・契約に関係する公的機関の権限と責務、手続きに要する期間等障害となる要素がある。

法制度レビューのポイント

ある国の港湾において、コンセッション導入を検討する場合には、その国の関係法及び関係規制に関するレビューが必要である。この場合、国内他港においてすでにコンセッション導入の事例がある場合にはその基本的枠組みが整っているものと考えられる。しかし、同一国内でもコンセッション導入を検討しようとする対象港湾と先行事例の港湾との間で、その位置付けや性格が異なる場合もある。さらに、その国において新たにコンセッションを導入しようとする場合には、新しい法令・規則の整備が必要となる。そのため、コンセッション導入の検討に先立って、関係法・規制について十分なレビューを行う必要がある。

このとき、レビューの対象となる関係法・規制としては以下のものが挙げられる。なお、例えば港湾法と呼ぶべきものが国によっては存在しない場合もあるかも知れない。そのような場合には、幾つかの法律、あるいは規制が組み合わされて適用されている可能性もあるため、その点についても留意してその国の港湾システムを規定している法令・規制構造を把握する必要がある。

港湾関係法・規制： 　港湾法、港湾整備法、コンセッション法など
民営化関係法・規制： 　港湾に限らず、当該国において民営化を規定している法・規制

商法・商取引基準： 　　　　　会社設立関係法、独占禁止関係法
海事関係法・規制
会計関係法・基準・規制： 国の財政関係法、会計法、契約関係法
地方自治法： 　　　　　　　　国と地方自治体の関係
労働関係法・規制
設置法・政令： 　　　　　　　国の関係機関の所掌範囲、権限

　コンセッション導入検討の事前準備としては、上記のようにその国の港湾システム全般を規定する関係法令・規制のレビューが必要となるが、特にコンセッション導入検討に際しては、それぞれ以下の視点から関係法令・規制のレビューを行う必要がある。

対象国においてすでにコンセッション導入の先行事例がある場合：
　コンセッション導入の枠組みを形成している関係法令・規則のレビュー。
　全ての港湾に適用可能かどうか。
　全ての港湾に適用可能となっていない場合、対象港湾に適用可能とするための変更点。
　先行事例において、法令上もしくは規制上の問題点の確認。

対象国においてコンセッション導入の先行事例がない場合：
　コンセッション導入を行う場合に隘路となる関係法令・規制の存在の確認。
　対象港湾または同国全ての港湾にコンセッション導入を可能とするために必要となる法令上もしくは規制の変更点。
　あるいは、新しい法令・規制を設置することの必要性など。

　ここで、港湾システムへのコンセッション（or 民営化）導入にあたっては、特に以下の2点が民営化の障害要素となりうるため、これらに関する法令・規制の有無とその内容については重点的なレビューが必要である：

- 港湾施設の民間所有の禁止条項
- 民営化港湾におけるタリフ設定権の有無

すなわち、コンセッション契約のフレームワーク策定前に行う関係法・規制のレビューは、以下に示す通り、相互に密接な関連のある重要な目的をもって行なわれる必要がある：

- 民営化プログラム、契約上の障害を取り除くこと。
- サービスの民間委譲を阻害する法令上の制約及び民営化手段の可能なオプションを見出すこと。
- 民営化の導入前後における法令上の政府の役割と関連制度、組織上の枠組みを定義すること。
- 港湾セクターの競争環境と競争の監視、または経済的規制の必要性を見出すこと。
- 監督者が競争を導入し、もしくは競争を阻害するような行為をさせないための戦略メニューを見つけること。
- 競争を阻害する行為が生じたときに、監督者が介入すべき形態を見出すこと。
- 現存、もしくは提案される法令で特に言及されていない事項について、契約上言及されるべき事項を見出すこと。

これらの法・規制のレビューが十分に行われていなければ、導入後の民営化システムに取り返しのつかない欠陥を残すことになりかねない。

港湾法

その国の港湾システムを規定する法令の基本は港湾法にあると考えられる。しかし、いずれの国も固有の法制度と背景を有している。そのため、港湾法一つをとっても、その厳密な目的は国によって様々である。また経済社会条件を変えることを目的として既存の港湾法が新たな制度導入に順応すべく変更されていることもある。特に民間セクターが港湾開発やインフラ整備への投資に参加できる基礎を設けたり、公共セクターが独占していた港湾活動を民間セクターが実施できるよう、港湾法が改正されたり、制定されていることもある。従って、まず、当該国の港湾法について、何がどのように制定されているのかを十分に把握する必要がある。

港湾法において規定されている事項と把握すべきポイントは次の通りである。

- 港湾法の目的
- 用語の定義
- 港湾法の及ぶ領域（陸域、海域）
- ポート・オーソリティの位置付け：公共的／企業体的
- ポート・オーソリティの機能と権限
- ポート・オーソリティとターミナル・オペレーターの関係
- 海事・港湾サービス等に関する免許
- 海事関係法との関係：海事領域（Maritime Domain）、海上管理
- 関連公的機関との関係：国政府機関、地方政府機関、財政関係機関、海事行政機関、会計監査機関、公正取引委員会もしくは類似機関、国家港湾委員会（あるいは審議会）等の助言機関など

これらのうち主なものに関するレビューのポイントを以下に述べる。

港湾法の目的
　港湾法の最大の目的は、港湾を開発し管理するための制度上の枠組みを作ることであると考えられるが、目的は国によって様々であろう。ポート・オーソリティの設置が目的であるのか、既存のポート・オーソリティの改革、あるいは民間への権限移転（リース、コンセッション、BOT）が目的であるのかを把握する必要がある。

ポート・オーソリティの位置付け
　法的主体としてのポート・オーソリティの設立は、港湾法の主要な要素の一つである。ポート・オーソリティ設立の権限を有する機関（政府、地方自治体、あるいはその組み合わせ）を把握した上で、ポート・オーソリティの法的な地位（公的団体／企業体）、特にポート・オーソリティが企業体の場合、商法、企業法、商取引基準等との関連性について把握しておく必要がある。

ポート・オーソリティの機能と権限
　一般的に、ポート・オーソリティの目的は、港湾を効率的かつ経済的に運営（manage）することである。その目的に沿って、ポート・オーソリティの機能と権限が規定されていると考えられるが、特にコンセッション等の民営化導入にお

いては、地主型港湾（Landlord Port）の性格を導入する場合が多いことから、その機能と権限について次の諸点に留意したレビューが必要である。

- 雇用機会の創造や経済構造の強化など国家のマクロ経済的な目標と地域のニーズに適合して、土地管理、港湾開発の全般についての機能と権限を有しているか。
- また、港湾関係基本インフラの整備、管理、メンテナンスについての機能と権限を有しているか。
- 企業化、あるいは民営化されている場合においては、投資、または資本参加の観点で港湾内の他の民間サービス提供者に対して公平な活動の場を提供するような規定になっているか、など。

ポート・オーソリティとターミナル・オペレーターの関係

　港湾法の中で取り扱うべき重要な問題として、ポート・オーソリティと港湾サービス提供者、特にターミナル・オペレーターとの関係がある。一般的に、公的なポート・オーソリティがターミナル・オペレーションに直接携わることは、利益相反問題（interest conflict problem）の観点から好ましくない。既存の港湾法の体系下でどのような扱いになっているのか充分な把握が必要である。

- 港湾法でポート・オーソリティが貨物取扱サービスの提供者となることを禁止しているか。
- ポート・オーソリティが港内に立地しているターミナル・オペレーター会社の株主となることを禁止しているか。
- 港湾開発全般の責任を有するポート・オーソリティが戦略的に港湾ビジネスセクター整備のための投資等を行う場合もあり、株主や資金貸付者の立場となる場合もあり得るが、そのような場合においても、それが行われる時間的及び金額的な制限が設けられているか。
- ポート・オーソリティが港内におけるターミナル運営の免許を与える関係にあるか、また、その付与、更新、委譲、取消しなどの権限関係はどうなっているか、など。

海事領域（Maritime Domain）

港湾開発に対する潜在的な障害となりうるものに海事領域の問題がある。これは過度の商業開発から地域の沿岸部を守ろうとするためのものであるが、そこに港湾が含まれる場合、港湾の商業化にとって大きな妨げとなる可能性があることから、これに類した規程の存在について確認しておく必要がある。以下は、その海事領域についての事例である。

> **海事領域（Maritime Domain）の事例**
>
> 1996年、欧州のある国が、いわゆる"海事領域（Maritime Domain）"として港湾用地と内陸ターミナルまで含んだ港湾法を施行した。この概念は地中海諸国で過度の商業開発から地域沿岸部を守るために開発されたものである。しかしながら、ここに港湾を含めてしまうことは潜在的に港湾の運営を商業化から遠ざけてしまうネガティブな効果を持つとともに、国内港湾セクターの再建にとって深刻な妨げになる可能性がある。現在、通常の商業基盤として扱うという提案が検討されてるところである。問題の中心は、海事領域では民間の財産が許されないという法律条項にある。関連条文は以下の通り：
>
> **海事領域基本条項──**
>
> XX条　海事領域は〇〇国の利益の公共資産であり、……、特別な保護のもとに置かれ、法に述べられている条件と態様のもとに利用・開発されなければならない。
>
> YY条　海事領域は内陸水面と領海を含み、海底と底土、並びに自然によって乾いた土地の一部は公共的海事利用のために用いられるものであり、以下のとおり宣言する。
>
> 　　　この条文の第一パラグラフに関し、海事領域として以下を考慮するものとする：河岸、港湾、防波堤、堤防、ダム、砂洲、岩場、岩礁、海に流れ込む河口、運河及び海と海洋底土における生物及び非生物の天然資源（魚類、鉱物など）。
>
> ZZ条　いかなる場合でも海事領域においては財産権も所有権も無い。海事領域は、その性質並びにこの法の条文に一致する目的により、何人もそれを利用し、あるいはそこから利益を得る自由を有する。
>
> 　　　海事領域の一部を特別に使用し、あるいは経済的な開発を行うことは、その使用が〇〇国の利益に反しない物理的及び法的人格（コンセッション）に許されてもよい……。

コンセッション基本法

　コンセッション基本法がある場合でも、その構成は国によって異なっている。例えば、マレーシアの基本法では、港湾管理者が「港湾民営化計画」を策定することが義務付けられており（近年ケニアにおいても同種の法律が制定されている）、その計画の中に港湾管理者の業務とコンセッショネアーの業務や任務の移譲方法等々を記載することになっている。従って、基本法の内容にはそれらの項目に関する具体的な記述はなされていない。しかしながら、マレーシアの「港湾民営化計画」の内容に相当する規定をコンセッション基本法に記載する場合が一般的と考えられる。

　基本法を構成する内容には以下のものが含まれる。

- 用語の定義、目的、適用範囲等に関する記述
- コンセッショネアーが提供する港湾サービスの内容
- 譲渡機関の権限、義務等に関する規定
- 港湾利用料金やコンセッション・フィーに関する規定
- コンセッショネアーと譲渡機関それぞれの義務不履行の場合の罰則規定
- 担保と保険に関する規定
- 契約の満了と中止に関する規定
- 経過措置

港湾が提供するサービス

　コンセッショネアーが運営する港湾が船舶及び貨物に対して提供すべきサービスについては一般的に以下のような項目が挙げられる。

- ドックへの出入り
- 係船・離岸
- パイロットサービス業務
- タグサービス業務
- 係留業務
- 荷役
- ヤード作業
- 貨物の保管・登録

- ●貨物の受け取り・配送サービス
- ●管理業務等々

　また、港湾の効率や運営をさらに向上させるために、上記以外の電気、給水、通信、廃棄物回収等の補完的サービスがある。コンセッショネアーはコンセッション契約の期間中は契約に基づく区域内でのサービスに関しての権利保有者であり、唯一の責任者である。

　さらに、コンセッショネアーは公共的視点に立って港湾のサービスを提供することが必要であることが明示されるとともに自らの活動から生じる大気、土地、そして水域の環境汚染に関しての責任についても規定される。

譲渡機関

　譲渡機関は港湾管理者である場合が一般的であるが、国によっては港湾管理者と異なる組織を譲渡機関として新たに設置する場合がある。譲渡機関の権限についてはコンセッションの形態により記述は異なるが、一般的に以下のような項目が挙げられる。

- ●インフラの所有権
- ●インフラと上物の利用、運営、維持、管理に関する許可
- ●コンセッショネアーの実施するサービスや築造する工作物に関する規定
- ●契約条件の適合条件の管理
- ●コンセッショネアーの株式資本の変化の管理
- ●港湾開発長期計画に対する適合条件の審査
- ●コンセッショネアーが作成する港湾施設の保全計画の審査

　コンセッショネアーに対する許認可規定(関係法令の遵守規定、許認可する業務の範囲、許認可に伴うコンセッショネアーに対する義務規定等々)についても記載されている。

　コンセッションには様々なタイプがあるので、リースタイプかBOTのような整備まで含むものか、対象施設の範囲は港湾全体をカバーするものか限定された施設のみを対象とするのか等々についての説明も記載される。さらに、対象施設のコンセッショネアーへの委譲に関する諸規定についても記載される。

また譲渡機関の義務について以下のような項目が含まれる記載がある。

- コンセッショネアーの活動を活発化させるために必要な施策を講じること
- コンセッショネアーの義務の履行情況を監視すること
- 航行の安全を確保することや船舶の入港のために必要となる全てのサービスを提供すること
- 港湾行政所管官庁の定める技術的、経済的規格を満足すること等々

コンセッショネアー

コンセッショネアーの選定基準について一般的には以下のような項目がその対象である。

- コンセッショネアーが提示する港湾投資計画
- 港湾施設の使用、運営、維持、改良に関する基本計画及び実施体制
- 港湾サービスの料金体系
- 年間使用料を含む経済条件
- コンセッショネアーを構成するパートナーの財務能力
- オペレーターとしての専門知識と経験

これらの項目の他に、民営化に伴い影響を受ける人々を専門分野やオペレーションの要員として採用することを考慮する提案は一般的に高い評価を受けることが明示されていることがある。

一般にコンセッショネアーは委譲された施設の管理に関しては契約により権限を与えられているが委譲された施設の処分に関しては様々なケースが考えられるので、その点を明らかにしておくことが必要である。委譲機関へ事前通知した上で不用の施設あるいは老朽化のため取り替える場合を除いては処分は認められないとしている国の例もある。

コンセッション契約期間が終了した場合の、施設の返還に関する条件については一般的には、コンセッショネアーは譲渡機関から委譲された全ての施設（当初委譲された施設に加えその後整備された施設を含む）を良好な使用状態で契約条件に基づき譲渡機関へ返還しなければならないとされているケースが多い。コンセッショネアーは返還のための代償を求めることができないことが一般的である。

コンセッショネアーが負うべき義務については一般的には以下に示すような項目が挙げられる。

- ビジネスの代償としてのコンセッション・フィーを適切に支払うこと
- 施設の維持、管理を自己負担し良好な運営環境に保持すること。契約によっては、インフラや都市関連施設の整備も行うこと
- 監督官庁に対し指定の様式に沿い関係する統計の報告書を提出すること
- オペレーションが第三者に与える損害に対し支払い責任を持つこと
- コンセッショネアーが使用する労働者の事故や雇用問題に関する全ての責任
- 請負者、資材提供者等の行動や怠慢に対する責任
- コンセッション契約の対象となる貨物と人の安全を確保すること
- 関税、衛生、その他管理業務の所管官庁との業務調整
- 監督官庁の定める港湾の技術的及び経済的基準を満足すること
- 政府により承認された、港湾に関する国際合意に沿った全ての港湾サービスを提供すること等々

コンセッショネアーが契約上認められる権利については一般的には以下の項目が含まれる。

- 契約期間中提供されるサービスに関する権利保有者であり唯一の責任者であること
- 施設を独占的に使用し、施設の目的に合ったあらゆる種類の貨物を取り扱うことができること
- 監督官庁の許可のもとで利用者から料金を徴収してサービスを提供すること
- 第三者とサービスの提供について契約すること、あるいはコンセッション契約の中で認められる範囲で第三者に対し土地をリースし使用許可を与えること

港湾料金とコンセッション・フィー

港湾料金の設定方法に関して通常は、コンセッショネアーが利用者から徴収す

る料金は契約手続きの中で技術提案書の中に記述しなければならない。入札後こ
の料金は監督官庁の定める規則により調整されることがある。料金の公表方法に
ついての記述や貨物と船舶に関する補完的な料金についての記述がなされる場合
が多い。

　監督官庁で定める港湾料金を改定する場合コンセッショネアーは所定の手続き
を踏んで料金の改定に関する要請を出さねばならない。また、契約当時想定され
なかった新しいサービスが生じた場合の手続きについての確認も必要である。料
金改定は適切な分析に基づいたものでなければならない。申請がなされてから監
督官庁が回答するまでの期限等に関する確認も必要である。

　コンセッション・フィーに関してはコンセッショネアーが譲渡機関に対し構成
員に確認のうえ、契約に基づいて合意された額と期間によるフィーを支払わねば
ならない。

契約義務の不履行と罰則

　コンセッショネアーと譲渡機関それぞれについて契約義務の不履行が生じた場
合の罰則規定を確認する必要がある。コンセッショネアーの契約義務不履行とし
ては料金の支払い義務不履行、義務的業務の不履行そして提供すべきサービス義
務の不履行が考えられる。一方、譲渡機関にとっては義務的業務の不履行が問題
になる。

　コンセッション料金が定められた期間に支払われない場合は、利子の追徴や遅
延に対する罰金が適用される。この場合、契約に係る関連法を適用して罰則を定
めるのが一般的と思われる。

　コンセッショネアーが契約に基づく義務的業務の開始時期や完成時期に関し不
履行があった場合の罰則規定についての確認が必要である。一般的には土地取引
に関する関連法や契約に関する関連法による罰則を適用することになる。工期全
体に50％以上の遅れが生じるような場合は工事期間の時期を問わず譲渡機関は契
約を廃止できる規定を設けている事例もある。工事の遅延がプロジェクトの評価
に及ぼす影響の大きさにより罰則の軽重が異なってくる。

　コンセッショネアーは譲渡機関により承認されたプロジェクトとして目的に合っ
た施設を適切に整備する義務がある。工事の成果品が仕様を満足しない場合や建
設基準を遵守しない等の欠陥を持つ場合は罰則が課せられる。罰則は基本法で定
められている場合があるが、コンセッショネアーに対し所定の期間内で構造物を

修復するか再工事を義務付ける場合がある。この場合、コンセッショネアーが譲渡機関の指摘に同意できない場合の不服申請の手続きについても確認が必要である。

コンセッショネアーの業務に関する監督行為として、利用者に提供されているサービスの質に不適切な点がみられる場合、監督官庁はその旨指摘し指導できる内容の規定がある。違反行為が繰り返されたりその状況が深刻である場合はコンセッショネアーの原因責任に基づく契約破棄条項を設けることが一般的である。ただし、コンセッショネアーからの不服申請に対する手続きの確保も必要である。

譲渡機関の契約義務不履行の場合の罰則規定も確認が必要である。所定の手続きを踏んでのコンセッショネアーの申し出に対し譲渡機関が適切に対応しない場合は、譲渡機関の原因責任に基づく契約破棄規定等を契約書に盛り込む必要がある。

担保と保険

コンセッショネアーは契約に基づく責務の忠実な実施を譲渡機関に対し担保しなければならない。その額と様式はコンセッション契約の中に記載される。さらに、コンセッショネアーは業務の中で生じる第三者への責任を果たすための保険をかけねばならない。

契約の満了と中止

コンセッションは契約期間が満了の場合、契約破棄につながる業務不履行の場合、コンセッショネアーを構成するパートナーの合意によるコンセッショネアーの破産あるいは解散の場合、不可抗力による場合そして契約権を受け渡す場合に終了する。

コンセッションが契約期間の満了をもって終了する場合、譲渡機関はサービス期間を継続して提供できるよう必要な措置をとらねばならない。これらの措置としては、サービスを他のコンセッショネアーに委譲する方法や現行のコンセッショネアーと期間延長手続きをとる方法がある。

コンセッショネアーの過失に起因するコンセッション契約破棄の場合の事後処理方法の基本的考え方を確認しておく必要がある。事後処理にあたっては譲渡機関はコンセッショネアーが契約破棄時点までに契約に基づき施設工事に投資した金額や譲渡不動産の額等の算出方法をコンセッション契約書の中で明記しておく

ことが必要である。同様に、譲渡機関に起因する契約破棄の場合の事後処理方法についての確認も必要である。

コンセッショネアーの倒産あるいは解散による契約終了の場合は担保が無効の状態で契約を破棄することになる。この場合、譲渡機関はコンセッショネアーが実施したインフラ投資に関し清算し港湾のオペレーションを引き受けるのが一般的である。

コンセッショネアーと譲渡機関の相互合意に基づいたコンセッションの中止は、双方合意の条件のもとで契約の満了とすることができる。

譲渡機関は公共の利益の観点からコンセッション契約を差し戻すことができるという条項を設けている事例がある。この事例の場合は契約に基づいてコンセッショネアーに与えられていたサービス権は法により差し戻される。この場合、譲渡機関はコンセッショネアーにその旨通知のうえ施設管理権の回復、インフラや上物さらに機器へのコンセッショネアーによる投資を清算する。清算方式を指定する必要がある。

不可抗力の外的要因によりコンセッショネアーが運営できないような情況が発生した場合はコンセッション期間を休止することが一般的である。これらの場合は、阻害要因がなくなるまでの間コンセッション期間を休止し、休止期間と同じ期間は自動的に延長される規定を定める必要がある。

コンセッションは譲渡機関の許可なくして他に渡すことができないのが通常の契約条件である。この場合、許可にあたってはサービスの継続に対する確証が必要である。

1.2 コンセッション関係法令の事例

ベトナム

ベトナムにおいては、PPPのための特別な法令は作成されていない。従来の港湾ターミナルのBOTプロジェクトは、海外投資法（Law on Foreign Investment）と会社法（Unified Law on Enterprises）に基づき、計画投資省（Ministry of Planning and Investment）の承認に基づき実施されている。港湾法では何の規定もなされていないため、通常の企業設立と同じである。これはベトナムには公共ターミナル、専用ターミナルという概念が確立されていないこと、ほとんどの港湾施設が従来はSOE（State Own Enterprise）が建設・管理・運営を行っていたことに起因すると

考えられる。

一方公的機関が投資をする港湾のインフラについては、2012年に政令No.21が公布され、初めて民間にリース（コンセッションを含む）を行う場合の規定が整備された（第4章）。

この政令ではリース料（コンセッション料）はリース計画（コンセッション計画）を承認する機関の提案をもとに財務大臣が決定をするとなっている。しかしながらリース料算定は、年間原価償却費及び借入金償還金、及びインフラの管理・運営費その他コストをベースに固定料金を、施設から得られる収入の一定比率を変動料金、リース資産の価値及び技術的特性、リース（コンセッション方式）、関係者の権利と義務その他必要な条件をもとに算定するとされている。このため、結果としてコンセッション計画の承認が財務省に委ねられるという仕組みとなっているため、コンセッションの承認は結果的に財務省の承認を必要としている。

またオペレーターの選定はこの政令の他、入札関係法令（ベトナムの場合は入札法（Tendering Law）に基づくことが規定されており、必ずしもコンセッションの入札に適合した手続きとなっていない。

また関連法令が、コンセッション制度ができる以前に制定されたものがほとんどであるため、これらをコンセッションに適用する場合の法令の解釈が必ずしも明確になっていないことから、政府内での合意に時間がかかることも念頭に置く必要がある。

Box 1　ベトナム港湾コンセッション条項

Article 34: Principles in Management and operation of infrastructure of seaports, wharfs
(1) Infrastructure of seaports, wharfs invested by State capital shall be leased for operation partly or totally.
(2) Selection of organizations or individuals to lease for operation of infrastructure of seaports, wharfs invested by State capital (hereinafter called "lessee") shall be implemented according to the following principles:
  (a) For infrastructure of seaports, wharfs operated and used before September 1st 2006 shall be decided by the Prime Minister; in the case of being leased for operation shall be implemented pursuant to this Decree;
  (b) For infrastructure of seaports, wharfs operated and used from September 1st 2006 up to now on shall be leased for operation pursuant to the regulation of this Decree and other related regulations.

Article 35: Jurisdiction of Decision to lease for operation of infrastructure of seaport and wharf
The agency making decision to invest in construction of seaports, terminals and wharfs shall be the official agency having jurisdiction of approving the plan of leasing for operation and the result of selection of lessee of operation of infrastructure of seaports and wharfs.

Article 36: Plan of leasing for operation of infrastructure of seaport and wharf
(1) The lender shall be responsible for making plan of leasing for operation of infrastructure of seaport and wharf. The main content of the plan shall include:
  (a) Name of the lender organization
  (b) List and technical characteristics of leased assets
  (c) The value of leased assets
  (d) The leasing term
  (e) The price of leasing of infrastructure of seaports and wharfs to submit the competent authorities for approval
  (f) Conditions of leasing
  (g) Payback ability
  (h) Authority, obligation and responsibility of the lessee and the lender
  (i) Form of selection of lessee
  (j) Contract form
  (k) Period of selection organization of lessee
(2) For infrastructure of seaports and wharfs being constructed, before putting to use, the lender shall make the plan of leasing.

Article 37: The price of leasing for operation of infrastructure of seaports and wharfs
(1) The price of leasing for operation of infrastructure of seaports and wharfs shall be implemented according to the legal price regulation. Minister of Finance shall make the decision of the price of leasing for operation of infrastructure of seaports and wharfs on the base of suggestion of the employer or the agency approving the plan of leasing for operation of infrastructure of seaports and wharfs.
(2) The price of leasing for operation of infrastructure of seaports and wharfs shall be approved by the agency making the decision of investment of seaports, terminals and wharfs but not lower than the price has been approved by the Minister of Finance.
(3) The price of leasing for operation of infrastructure of seaports and wharfs shall be decided on the base of the following main content:
  (a) Fixed price means the price calculated based on annual amortization rate, payment of debt and interests (if any), the cost for management of operation of infrastructure of seaports and wharfs and other costs according to the regulations. The period of using infrastructure of seaports and wharfs for calculating the leasing price is maximum 50 years. The price of leasing for operation of infrastructure of seaports and wharfs shall not be lower than the fixed price;
  (b) Variable price means the price according to the percentage of annual leasing revenue;

    (c) The value of leased assets;
    (d) Technical characteristics of leased assets;
    (e) Leasing conditions;
    (f) Authority, obligation and responsibility of parties;
    (g) Other necessary conditions.
(4) The lender of infrastructure of seaports and wharfs shall be responsible for submit the agency making decision of investment in seaports, terminals and wharfs to consider and approve the adjustment of the price in the following cases:
    (a) Once every 5 years
    (b) When the inflation rate of Vietnam is over 15%/year;
    (c) Other cases proposed by the lessee or the lender and approved by the agency making decision of investment

Article 38: Conditions of selection of the lessee of operation of infrastructure of seaports and wharfs

The lessee of operation of infrastructure of seaports and wharfs shall meet the following conditions:
(1) Having juridical personality according to the legal regulation
(2) Having experience in management of operation of seaports;
(3) Having financial capability;
(4) Having enough staff for management of operation of infrastructure of leased seaports and wharfs;
(5) Having the most efficient plan of management of operation of infrastructure of leased seaports and wharfs;
(6) Having the highest price of leasing and not lower than the approved price in the plan of leasing for operation of infrastructure of leased seaport and wharf.

Article 39: Form of selection of the lessee of operation of infrastructure of leased seaports and wharfs

(1) Forms, procedures of selection of the lessee shall be implemented pursuant to the regulations of this Decree and related legal regulations of bidding.
(2) Ministry of Transportation shall sponsor, cooperate with the relevant parties to prepare, issue the form of bidding documents of leasing for operation of infrastructure of seaports and wharfs invested by State capital.

Article 40: Contract of leasing for operation of infrastructure of seaports and wharfs

(1) The lease for operation of infrastructure of seaports and wharfs shall be implemented according to the contract signed by the both parties. The contract of leasing for operation of infrastructure of seaports and wharfs shall be constructed on the base of the approved results of selection of lessee suitable to the other related legal regulations.
(2) The contract of leasing for operation of infrastructure of seaports and wharfs includes:
    (a) Name, address and bank account number of the lender;
    (b) Name, address and bank account number of the lessee;
    (c) Leasing term
    (d) The leasing price and condition, method of payment;
    (e) Authority and obligation of the lender and the lessee;
    (f) List of leased assets;
    (g) Condition, procedures of leasing contract adjustment;
    (h) Dispute settlement

Article 41: The use of revenue of leasing operation of infrastructure of seaport, wharf

(1) Revenue of leasing operation of infrastructure of seaports and wharfs shall be prioritized to be used in the following purposes and costs:
    (a) Maintenance, repair of infrastructure of seaports and wharfs being leased assets shall be

the responsibility of the lender;
(b) Upgrade, improvement and extent of infrastructure of seaport;
(c) Investment in construction of seaports, wharfs and other purposes for marine development;
(d) The cost of making leasing plan;
(e) The cost of the lender in management of operation infrastructure of seaport and wharfs;
(f) Other reasonable purposes and cost.
(2) MOF shall sponsor and cooperate with MOT to regulate the financial mechanism of collecting and paying and to use the revenue of leasing for operation infrastructure of seaport and wharfs invested by State capital.

Article 42: Sub-lease of infrastructure of seaport and wharfs
(1) The lessee shall have the right to sub-lease the Vietnamese organizations or individuals a part of leased infrastructure of seaports and wharfs according to the regulation of this Decree and shall be approved in writing by the lender before Sub-leasing.
(2) Sub-lease of infrastructure of seaports and wharfs shall be implemented by contract. The contract of Sub-lease of infrastructure of seaport and wharfs shall ensure the principles, not contrary to the content of the leased contract signed with the lender.
(3) The lessee shall be totally responsible with the lender for its Sub-lease.
(4) Sub-lessee of infrastructure of seaport and wharfs shall be responsible for management of operation of infrastructure of seaports and wharfs according to the legal regulations and the leased contract and shall not be allowed to sub-lease that infrastructure of seaport and wharfs.

Article 43: Organization of operation management of infrastructure of seaport and wharfs
(1) The agency making the decision of investment in constructing seaports, terminals and wharfs shall be responsible for organization of operation management of infrastructure of seaport and wharfs.
(2) The agency, organization assigned in operation management of infrastructure of seaport and wharfs shall have function, mission and authority as follows:
(a) To construct the mechanism of operation management of infrastructure of seaports and wharfs to submit the agency making the decision of investment for approval;
(b) To manage the state assets and supervise the activities in operation of leased infrastructure of seaport and wharfs;
(c) To supervise the implementation of lease contract;
(d) To organize the implementation of inspection and supervision of operation of leased infrastructure of seaport and wharfs fluently and periodically in order to ensure the use of infrastructure of seaports and wharfs with properly function and technique according to the regulations;
(e) To organize to collect leasing money of operation of infrastructure of seaports and wharfs;
(f) To require the lessee to abide the technical procedures of operation, maintenance and the use of infrastructure of seaport and wharfs according to the regulation; in case the lessee dose not abide, to report the employer to solve;
(g) To cooperate the operator to settle the case of breaking-down infrastructure of seaport and wharfs; to organize to supervise the repair of infrastructure of seaport and wharfs within the management;
(h) To timely report the specialized state management agency when detecting the depth of marine navigable channel, seawater in front of the wharf, basin, marine navigation signal and other ancillaries not meeting the requirement of technical design approved by the competent authority;
(i) To receive and propose the plan of design, construction, improvement, extent and upgrade infrastructure of seaports and wharfs when the lessee requests or according to the request of the specialized state management agency;
(j) To supervise to ensure fire prevention, environment sanitation, security and labor safety

within the seaports, terminals and wharfs;
(k) To generalize the operation of infrastructure of seaport and wharfs; to periodically report the employer and the state management agency according to the regulation;
(l) To implement the assigned duties.

インドネシア

インドネシアのPPPは2005年に制定された大統領令及び2006年に制定された財務省令に規定された手続きを踏むこととなっている。港湾では従来からSOEであるPELINDOが基本施設、機能施設ともに所有・運営を行っており、コンセッションについてもPELINDOが自ら入札を行い実施してきている。

しかしながら港湾サービス業務におけるPELINDOによる独占の弊害が顕在化したことに伴い、2009年の新海運法において、運輸省海運局及び新たに港務局（Port Authority）または港湾管理者（Port Management Unit）が設立され、これらの部局により、コンセッションを含む、港湾業務の許認可が行われるようになった。

1 候補案件の初期的検討

図7 インドネシア PPP 手順

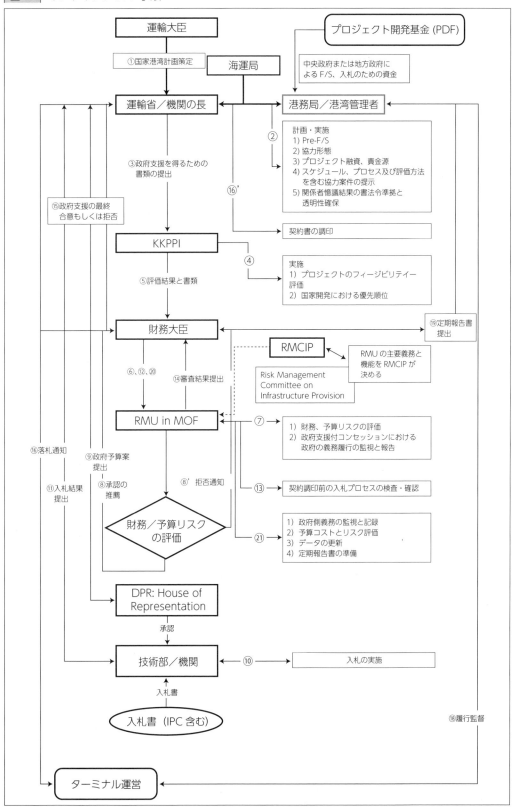

コロンビア

コロンビアの PPP に関する重要な法律・政令は、法律 No.1（1991年）、法律 No.80（1993年）、法律 No.1150（2007年）、法律 No.1508（2012年）、政令1467（2012年）及び政令100（2013年）である。

法律 No.1（1991年）、法律 No.80（1993年）、法律 No.1150（2007年）はPPPの基本法であり、それ以降に制定された法律・政令は基本法の変更もしくは実施上の詳細手順を制定している。

法律 No.1508（2012年）、政令1467（2012年）及び政令100（2013年）はPPPに関する法的な制度、基本的な PPP 事業を推進するための事業主体・予算等に関する事項、PPP 事業の期間、PPP 事業を実施するための詳細手順等に関し規定している。

現在の PPP 事業は法律 No.1508（2012年）に則り運営されており、PPP 事業開始初期の法律との違いを以下に示す。

表5　コロンビア PPP 法令

	過去：法律 No. 80/1993 及び法律 No. 1150/2007	現在：法律 No. 1508/2012
前渡金	政府は事業者に前渡金を支払った	前渡金はない
事業費の追加・事業期間の延伸：金額換算による制限	法律 No. 80/1993：事業費の追加・事業期間の延伸：当初契約金額の50％未満を上限とする 法律 No. 1150/2007：事業費の追加・事業期間の延伸：当初契約金額の60％未満を上限とする	事業費の追加・事業期間の延伸：当初契約金額の20％未満を上限とする
支払い対象	政府による支払：作業に対して支払われる	政府による支払：インフラが生み出すサービスに対し支払われる
リスク分配	有効なリスク分配への配慮はない	事業形成段階で有効なリスク分配を考慮している
事業形態（PPP または公共事業）の決定プロセス	事業実施形態決定のための分析・検討はなされていない	事業実施形態決定のための分析・検討実施が法令により定められている
事業者として要求される要件	誰が投資し、誰が建設するかが明確でない	事業者としての必要条件は、法的能力、財務能力、そして投資もしくは事業形成の経験があること

出典：ANI

PPP システムの制度的枠組みは図8のようになっている。

図8　コロンビアPPPシステムの制度的枠組み

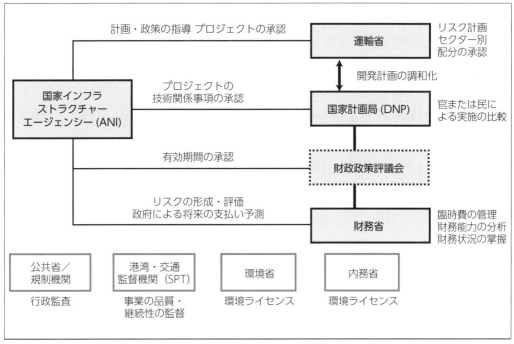

出典：ANI

　PPPにはPublic Initiativeと呼ばれる公的機関（中央政府、地方自治体等）が主導する方式と、民間起案者が主導するPrivate Initiativeがある。これらには手続き上大きな違いがあり、Private Initiativeにおいても、公的資金を必要する場合と、民間の資金100％で行う事業ではその手続き方法が異なる。PPP事業の最大継続期間は30年間であり、契約期間の変更は、契約開始後3年以上経過した後、及び全体の3／4の期間までの間に協議することとなっている。

公的機関主導型PPP（Public Initiative）の手順

　ⅰ）法律1508に定めのない事業者選定手順は、General Statute of Public Procurementによる。
　ⅱ）事前資格審査方式（Pre-Qualification: PQ）を採用し、合格者のみが入札に参加する資格が与えられる。
　ⅲ）発注機関は、事前に以下の事項を準備すること。
　　① 技術的、環境社会、自然環境、固定資産税、財務及び法的事項に関する調査
　　② 設計、建設、オペレーション、メンテナンス及び実施組織に関する

　　　　　詳細記述
　　③　プロジェクト実施のための詳細財務モデルの構築
　　④　詳細工程及びプロジェクト期間
　　⑤　契約期間の正当性に関する検討
iv）プロジェクト実施に伴い住民移転が発生する場合、コスト・ベネフィット評価を行うこと。
v）国家計画局（Departamento Nacional de Plan：DNP）の指針に基づいたPPP事業として行うための正当性を評価し、事前にDNPもしくは地方自治体計画局の承認を取得の上、財務省（Ministry of Finance and Public Credit: MFPC）の承認を取得する。
vi）リスクを低減するため、脅威並びに脆弱性に関する分析を行う。
vii）事業者選定要素の第一は、提案に示される発注機関への有益性である。選定項目としては、
　　①　法的能力
　　②　財務能力
　　③　投資もしくはプロジェクト形成の経験
とする。
viii）契約金額の追加及び契約期間の延伸の際、中央政府・地方自治体の公的資金が投入される場合、公的資金の追加金額は当初契約金額の20％未満とする。
ix）公的資金の追加投入を要しない場合、事業者は自らのリスクで、事前に承認を得た追加投資を行うことができる。

手順は図9の通りである。

図9 コロンビア公的機関主導型PPPの手順

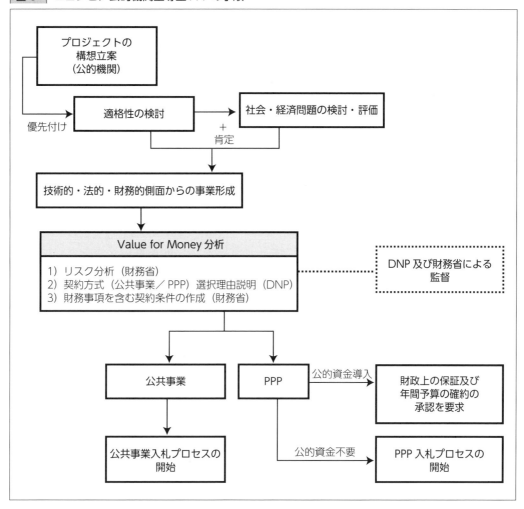

民間事業者主導型PPP（Private Initiative）の手順

ⅰ）誰でも公共インフラの整備計画に、自らの費用で公的機関に対し事業形成案を提案することができる。事業形成のプロセスには、Pre-feasibilityの段階と、Feasibilityの段階の二つがある。

ⅱ）Per-feasibility段階
- 提案者は、概略設計、建設・オペレーション・メンテナンス・運営計画、需要予測調査結果、プロジェクトの仕様、見積金額、資金源等に関する記述を提出する。
- この提案が発注機関にとって有益なものである場合、発注機関は3か月以内に提案を評価するものとする。発注機関はこの提案を却下することが可能であり、また提案を受け入れ、提案者にプロジェクト形成を継続させることもできる。しかしプロジェクト形成が将来的に実施に移されるか否かの保証はない。

ⅲ）Feasibility段階
- 提案者は、詳細財務モデル、プロジェクトの全体期間及びフェーズごとの工程、契約期間の正当性、プロジェクトのリスク分析、環境・経済・社会的インパクトの検討、技術的・経済的・環境・財務及び法的検討結果について記述し提出する。提案者が複数の場合、最も実行可能な提案をした提案者に優先権が与えられる。
- 発注機関は、最大6か月間で提案を評価するものとするが、さらに検討をするために3か月間の追加期間を取ることができる。発注機関が直接評価する場合と、コンサルタントを雇用して評価する場合がある。
- 提案者と発注者は契約条項について協議を行うが、もし協議開始から2か月以内に合意に至らない場合、提案者の案は却下されたことになる。

ⅳ）民間事業者主導型PPP（Private Initiative）事業において公的資金の投入が必要なプロジェクト
- 発注者及び提案者双方の合意のうえで、競争入札方式により事業の提案が公募される。しかし当初の提案者には、案件により数値は異なるが、3％から10％のインセンティブが与えられる。
- 公的資金の投入額限度は、事業費全体の20％未満とする。
- 当初提案者が落札できなかった場合、当初提案者に対し公的機関が定

めた金額を調査費として支払われる。
- 契約条件変更もしくは契約期間延長により費用が増大する場合の増額限度額は、当初契約金額の20％未満とする。
- 公的資金の追加を必要としない変更は、事業実施者（コンセッショネアー）の責任・自己費用にて、事前承認を得たうえで実施可能である。

ⅴ）民間事業者主導型PPP（Private Initiative）事業において公的資金の投入が不要なプロジェクト
- 発注者と事業実施者が合意したPPP契約書は、事業の複雑さにより公開期間に違いがあるが、1か月以上6か月未満の期間、Electronic Public Procurement System（SECOP）のウェブサイトで公開される。この中に両者の権限・義務条項を明記し、もし第三者が当該PPP事業に対し実施の意向を表明しない場合は、契約を締結する旨、明記する。
- 上記公開期間に第三者から関心表明がない場合、合意された条件で契約を締結する。
- もし第三者が上記公開期間中に関心表明を出す場合、銀行保証等のギャランティー（見積金額の10％）を添付して、関心表明及びプロポーザルを提出する。入札評価の結果、当初提案者が最高得点でない場合、当初提案者は入札評価が発表されてから10日以内に、第三者が提出したプロポーザルより高得点のプロポーザルを提出できれば、当初提案者が落札者となる。
- もし当初提案者が落札できなかった場合、当初提案者に対し公的機関が定めた金額を調査費として支払われる。

II. 港湾 PPP プロジェクトの候補案件の検討

図10 コロンビア民間事業者主導型 PPP の手順

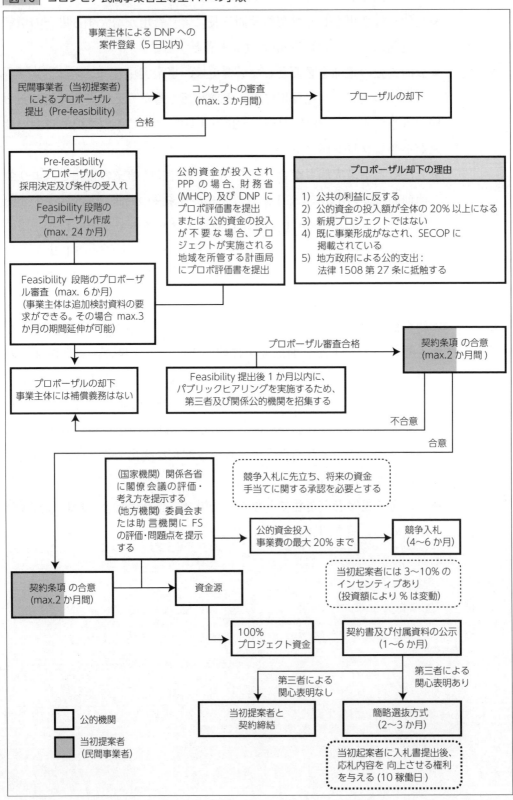

ペルー

　ペルーのPPPに関する重要な法令は、Legislative Decree（LD）No.1021（PPPの枠組みを定めた法律）、Supreme Decree No.146-2008-EF（法律No.1012の承認）、Supreme Decree No.059-96-PCM（公共インフラの整備・維持を民間にコンセッションとして与える基本法）、Supreme Decree No.060-96-PCM（Supreme Decree No.059-96-PCMのTUOに関する規定）、Legislative Decree No.757（民間投資促進の枠組みを制定した法律）等がある。

　PPPの枠組みを定めた法律であるLegislative Decree No.1021の第5条に、PPP方式導入の原則が示されており、以下にその5項目を記す。

Value for Money（金額に見合う価値）：
　民間事業者が公共サービスを提供することにより、一定の価格でさらに良い品質のサービスの提供、または同品質を安い価格で提供することにより、利用者は最大限の満足を得られる。

透明性：
　現在の枠組みの中で行われている投資プロジェクトの評価・開発・遂行及び説明責任を果たす際、それらの政策決定に使われる全ての定量的及び定性的情報は、市民が周知していなければならない。

競争力：
　インフラ及び公共サービスを効率よく安価に提供するために、競争力を高めなければならない。同時に反競争的・馴れ合い的行動を防止しなければならない。

適正なリスク配分：
　官民の間で適切なリスクの配分をしなければならない。言い換えれば、公共の利益とプロジェクトの特徴を考慮し、リスク負担能力のある側（リスクを安く管理できる側）がリスクを負担すべきである。

支払責任：
　PPP方式の枠組みの中で締結された契約から派生する、分担すべき経済的約束について、政府の財政負担能力を含めて支払い能力について考慮しなければならない。

PPPシステムの制度的枠組み
PPPは投資資金調達の違いにより、以下の二通りに分類される。

a）民間資金のみによる投資（Self-Sustaining）：プロジェクトは以下の条件を満たす必要がある。
- 政府による財政的保証は、最小限またはゼロ。LD No.1012第4条により、オペレーション及びメンテナンス費用を除くプロジェクト投資額の5％未満
- 公的資金が投入されている場合はゼロ、もしくは低い確率であるがプロジェクト開始当初の5年間の各年の出来高の10％未満

b）公的資金＋民間資金による投資（Co-Financing）：Co-Financingまたは公的資金が投入されている場合、高い確率で財政的または非財政的保証が受けられる。

PPPの制度的枠組みは、さらに次のような枠組みが設定されている。

a）公的機関は、現況及び国家・セクター・地方の政府の優先順位を考慮し、PPP事業の案件を明確にする。
b）公的機関は、PPP案件のコストベネフィット分析を行い、民間事業者による公共施設及びサービスの提供が、社会に多大な利益をもたらすかを判断する責任を有する。
c）公的機関は、PPP案件とする旨判断した場合、規定に基づき、「民間資金のみによる投資」か「公的資金＋民間資金による投資」を決定する。

公共施設及びサービスの提供に関するPPPの制度的枠組み
a）PPP方式の投資案件で「民間資金のみによる投資」と分類された場合、経済財務省の了承を得たうえで、すぐにデザイン段階に移行することができる。
b）PPP方式の投資案件で「公的資金＋民間資金による投資」と分類された場合、既存の法律及び規定の要求事項を満足しなければならない。また省庁の担当者は、PROINVERSIONと協議し、財政面・支払い能力の理由から経済財務省の了承を取ったうえで、公的資金の投入最大額を含む

PPP案件の最終デザインを決める。

c）関係省庁及び経済財務省は、最終デザインの了承を15稼働日以内に行うものとする。

d）PPP案件の審査に必要な調査に要する費用は、民間事業者が負担する。

e）契約関係書類の最終版に変更が生じた場合、関係公的機関及び経済財務省は10稼働日以内に意見書を出すものとする。

f）PPP案件の契約書には、紛争処理条項を入れなければならない。

PPP申請の手続き

a）公的機関主導型PPP

PROINVERSIONのプロセスに組み込まれた後は、入札の手順が用いられる。各ステップ及びフローは図11の通り；

図11　ペルー公的機関主導型PPPの手順

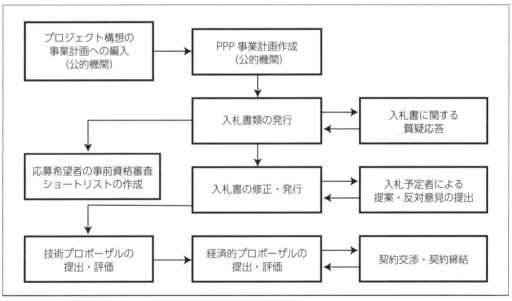

出典：PROINVERSION

Ⅱ．港湾 PPP プロジェクトの候補案件の検討

民間主導型 PPP

　民間主導型 PPP は、公的発注機関によりプロポーザルが評価され受理された後に、第三者が当該プロジェクトに興味を持っているか否かを確認するため、90日間ウェブ上で公開される。もし誰も当該プロジェクトに対し関心表明を提出しない場合、当初提案者に直接プロジェクトを与えることとなる。もし第三者が関心表明を提出した場合、入札手順が取られる。当初提案者が落札できなかった場合、当初提案者に対し、準備・調査等に要した費用が支払われる。民間主導型 PPP の各ステップは図12の通り：

図12　ペルー民間主導型 PPP の手順

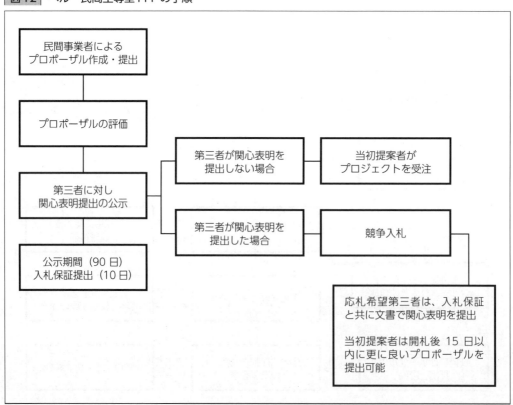

出典：PROINVERSION

1.3 プロジェクトの港湾政策での位置付け

　ほとんどの国においては、新しい港湾・ターミナルの開発は、その国及び対象地域の経済開発計画とリンクされた港湾整備マスタープランに従ってその妥当性が検討され、開発需要の高いターミナルは、通常F/S（Feasibility Study）が実施され、中期に必要な投資計画が策定される。また民間提案のターミナル開発計画もこのマスタープランに整合があるかどうかの視点から開発の許可が出されることが多い。

　しかしながら一方では、このようなマスタープランは、港湾担当部局の計画作成能力の不足や、政治的思惑から過大な計画がなされていることが多い。従って、PPPプロジェクトを提案する場合には、投資効果に関する精度の高い計画を検討する必要がある。

需要と競争力の評価

　マクロ的な投資需要はその国全体の経済成長（GDP）または対象地域の経済成長（GRP）と過去の港湾取扱量との相関から国全体、あるいは地域全体の将来の港湾需要の推計がなされるが、具体的なターミナルベースの需要は対象港湾の競争力に大きく左右される。

　特にPPPで港湾開発を実施しようとする国は概して過大な需要予測を行う傾向がある。多くの事例では、港湾の需要予測は、GDP等のマクロ経済指標を説明変数として、その国の経済計画や成長目標値として設定されたGDPをもとに過去の港湾取扱量との相関で予測がなされている。しかしながらこのような将来のGDPの値はあくまでも目標値である場合が多く、20年、30年という長期を見通せば達成可能な目標値であるかもしれないが、民間投資で港湾開発を行う場合、開業後2、3年内に利益が出る貨物量が実現されないとプロジェクトとして成立しない。すなわち経済成長の速度により、投資効果が発揮できる貨物量が期待できるか否かが決まるといえる。現実に同じ背後圏を有するターミナルの過剰投資により倒産の憂き目にあったターミナルも少なからずある。

需要予測のチェックポイント

　一般にF/S段階での港湾の需要予測は図13に示す手順で実施される。

　貨物予測にあってはその国の主要品目についての商品知識を理解することが必要である。特に輸出に関しては国際カルテルによる規制があるかどうか、砂糖な

ど相手国の輸入割当制（クオーター）によって、輸出量が年次的に変動していることがある場合、時系列分析には注意が必要である。

また背後圏の経済発展のステージと品目構成（消費、生産の定性的構造）との論理的な相関関係を理解することが必要で、特に工業生産額の伸びが同じであっても中小企業的工業と大規模工業では貨物の需給品目が全く異なる場合が多く、その国の各産業の性格を調べることが必須である。

競合する隣接港湾がある場合、隣接港湾の今後の開発計画、将来の道路・鉄道等内陸輸送施設の整備計画等の熟度も予測通りに貨物が集まるかどうかの重要な決定要素となる。また船社側からみて特に定期船の寄港が可能なロットサイズがあるかどうかも重要な要素となる。

予測には通常マクロ予測とミクロ予測を行うが、ミクロ予測の方が通常は精度がよく、論理的であると考えられている。マクロ予測はミクロ予測が著しくかけ離れたものでない事の検証に用いる。マクロ予測を行うにあたって、単一品目（例えば石油や石炭）が全体貨物量の中で大きなシェアを示す場合は、シェアの大きい品目とその他の品目を別々の指標で別々に予測することが望ましい。

時系列予測は、過去の貨物の増加が今後とも続くと仮定した予測手法であり、この手法を用いる場合は、当該品目の生産—流通—消費の構造が将来とも変化しないことの妥当性のチェックが必要である。

コンテナ貨物の推計にあたっては、コンテナ化率を用いて推計する場合が多いが、このときにはコンテナ化率の推計方法を明確にすることが必要である。コンテナ化率の推計にはロジスティックカーブによる方法がよく用いられるが、このときには最大コンテナ化率の値が最も重要であり、この値を適性に推計するためには特に雑貨の内訳を知ることが必要である。

またコンテナ化率は輸出、輸入でかなり異なるので、それぞれについて理論曲線を求め推計する必要がある。コンテナ貨物量及び対象コンテナ船の船型予測は航路ごとに行う必要がある。特に途上国等輸出入バランスが極端に悪い（概ね輸入過多）場合には本来コンテナに載る貨物でない品目も帰り荷がない場合には空コンで輸送するよりも運賃収入となるため、コンテナで輸出している場合があるので注意を要する。

コンテナの本船航路の成立の検討は、安定したコンテナ貨物量の有無、既存コンテナ航路との距離等の立地条件、陸上輸送を含めたコンテナターミナルの立地条件等を総合的に考慮し、必要に応じて輸送コスト計算を行って検討をする。

コンテナ貨物は一般に TEU（20ft equivalent unit）表示されることが多いが、その場合 TEU 表示とトン表示の関係を当該国の実態を踏まえて評価することが必要である。またトン表示にも MT（Metric Ton）、FT（Freight Ton）、RT（Revenue Ton）があるので混同しないよう注意が必要である。

空コン比率は船舶が寄港するか否かの大きな決定要因でもあり、このような場合にはフィーダー輸送の可能性についても検討を行うことが必要である。

入出港船舶の推計にあたっては、貨物の品目や荷姿ごとに船型変化の動向を航路別に把握し、さらに相手港の施設状況も考慮して決定することが必要である。船型の推計には関係船社のヒアリングを行うことが重要である。鉱石専用船、原油タンカー、穀物専用船等の大型船は現状の施設規模の制約により入港、積載量が制限を受けていることが多いので、関係者へのヒアリング等により大型化の要請を十分詰める必要がある。バルクカーゴの場合には対象船舶がパナマ運河やスエズ運河あるいはマラッカ海峡等の通航可能船型の制限を受ける航路を通過するかどうかの検討を行う必要がある。

特にパナマ運河経由船は拡張後のパナマ運河が2016年から就航可能となっているため、従来のパターンと異なることが予想されるので注意を要する。

特にコンテナ船はこの1、2年で10,000TEUを超える隻数が増大し、従来の4,000TEUタイプ等は主要航路から引退し、フィーダー船として使用される可能性が高いため、対象ターミナルでどのクラスの船舶が就航する可能性があるかはルート近隣にある港湾の開発傾向も参考にして把握しておくことが必要となる。付録に現在就航中の主要コンテナ船リストを示す。

Ⅱ. 港湾PPPプロジェクトの候補案件の検討

図13　需要予測手順

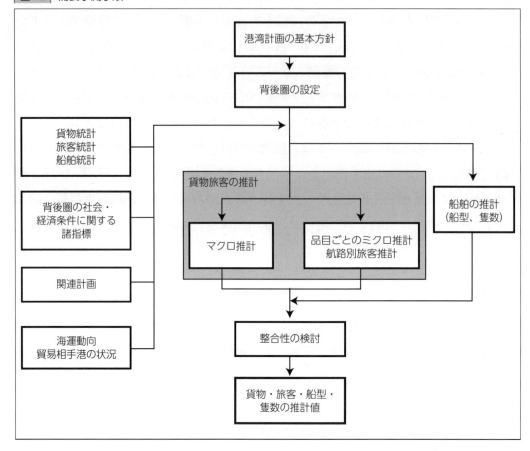

港湾の競争力

　一般に港湾に関連する競争は、港湾間競争、港湾内競争及びターミナル内競争の3タイプのうちの一つとして定義することができる。港湾の競争は次の項目を分析することにより判断できる。

- 現存するもしくは潜在的な港湾間競争があるか？
- 近隣に、もし一般貨物もしくはコンテナの取扱いを許可すれば競争相手となる特定の民間施設があるか？
- 他の地域内の港湾と競争が可能な内陸交通網が整っているか？
- 港湾内競争が可能な取扱い量があるか？　他の船社に共通のサービスを提供しないような船社所有のターミナルがあるか否か？
- 荷役サービスを提供できる会社が2社以上あるか？
- 許可証を有する民間会社がパイロット、タグ、接岸サービスを提供できる

か？
- 荷役・保管業務に民間企業は競争できるか？
- 競争的ヤードオペレーションが可能な施設レイアウトとなっているか？

　港湾セクター内の競争を評価する要素としては、輸送の選択肢、港湾運営能力、港湾料金、財務能力のようなものがある。

　輸送の選択肢の評価とは、競争の最も重要な指標は、船積み人が輸送選択肢（代替え方法）をどの程度持っているかである。船積み人または荷受人に利用可能な選択オプションは、港湾セクター内の競争範囲の大部分を決定する。

　港湾運営能力の評価とは、港湾サービスの需給間の関係を評価することで、そのため運用上の作業指数を使用することができる。処理能力／キャパシティー（供給／需要）比率の代わりに、港湾サービス供給の潜在的な能力不足を示すには岸壁占有率及び滞船率で測る２つの方法がある。

　港湾料金（タリフ）の検証の目的は、港湾のタリフレベルが「合理的な」範囲内にあるかどうかで決めることである。港湾の異常に高いタリフレベルは、市場力に悪影響を与え、かつ不公正な貿易慣行を行う傾向を示す。

　様々な財務能力は、港湾が異常な高収益を得ていたかどうか検証することに使用することができる。ここでの仮定は、異常な利益は、競争がない市場の環境及び港湾が支配的な市場力を利用して反競争性の高い振る舞いに従事している可能性の傾向を示すかもしれないということである。経済理論は、独占力を所有するサプライアーは限界または平均コストを超過する価格を課す傾向があるとしている。

　対象ターミナルの潜在的需要は近隣ターミナルの取扱い能力、港湾の運営効率に大きく影響される。このため多くの港湾コンセッション契約では、契約期間を通じたコンセッション契約者に対して期待する（要求する）業務達成基準（Performance standards）もしくは最低達成値（Minimum thresholds）をコンセッション、運営、もしくはリース契約の条項に組み込んでいる。

　業務達成基準の採用を考慮する場合、港湾業務を生産過程 production process と考えることが必要である。このプロセスは、港湾入口のブイからバース及びターミナルのゲートまで、そしてゲートからバース及び港湾入口のブイまでの船舶及び貨物に提供される様々な業務を参照する。図14は、一般的な港湾の『生産』過程 "production" process を示している。バースの空き具合によって投錨するか否

かは変わるが、港湾入口のブイで水先案内人が乗船する。船舶はバースへと航行し、そこではタグボートが船舶の接岸作業を補助する。綱取り作業者はバースへ船舶を係船するために待機しており、続いて船内荷役や岸壁上での荷役作業を行う作業員が現れる（Stevedoringは、船上における貨物の取扱いのみを行う）。荷物の積込み／下し及び固縛作業が完了すると、綱取り作業者が再度現れ係船ロープを放し、船舶はタグボートの補助を得て離岸し、船舶が出航するため船舶を港湾入口ブイまで導くために水先案内人が再乗船する。

　船舶は生産過程の各段階で遅れることがあり、それが次々に船舶が港湾内で費やすトータル時間（港内滞在時間 port time 図14参照）に影響を及ぼす。例えば、船舶が港湾入口のブイに到着したとき、船舶は水先案内人の到着を待たねばならないかもしれない、バースが空いていないかもしれない、タグボートは接岸補助作業のためにすぐには利用できないかもしれない、接岸予定バースで船内荷役作業員や港湾荷役作業員が待機していないかもしれない、船舶のハッチを開けるためのクレーンが利用できないかもしれない、クレーンが荷役作業中に故障するかもしれない、操業不能な時間（すなわち、一日当たり一交代若しくは二交代制であったり、日曜日には作業を行わないため、作業員が集められない等の理由により操業ができない時間）があるかもしれない、等々。これらの出来事はみな、それらを合計すれば、港湾における船舶の滞在時間が延びることに結び付く。さらに、入港路の深度により潮待ちをしたり、荒天や労働争議による待ち時間のような船舶の港内滞在時間 port time を実質的に増やすであろうコントロールできない要素に、船舶は影響を受けやすい。

　港湾計画段階において、計画者は、地域内の他の港湾とそれらの港湾との実績を比較評価している。彼らは、港湾操業の各段階における一定の効率性を反映させた一連の標準化された指標をつくることによって、これを行っている。図14が示すように、各段階が開始・終了する時間が記録されており、産業界が一般に使用する種々の効率性指標（performance）の計算を可能にしている。

　オペレーターの管理下において評価される要素（parameters being measured）及び遂行される事業の間のはっきりした関連を把握することが必要である。オペレーターによって成される業務の範囲は、コンセッション契約（concession agreement）に記述されている。例えば、あるオペレーターは、港湾入口のブイからターミナルのゲートまでの全ての業務をカバーしているコンセッション（営業権）を与えられることがある。これは、オペレーターがターミナルの境界内に

おいて行われる全ての業務に加え、水先案内人やタグボートによる補助を提供する業務を含んでいることを意味している。またこれは、港湾管理者がこれらの業務を含む指標を合理的に用いることができる、ということをも意味している。それゆえコンセッショネアーは、達成度の尺度（performance measure）の選択に気を付けなければならない。

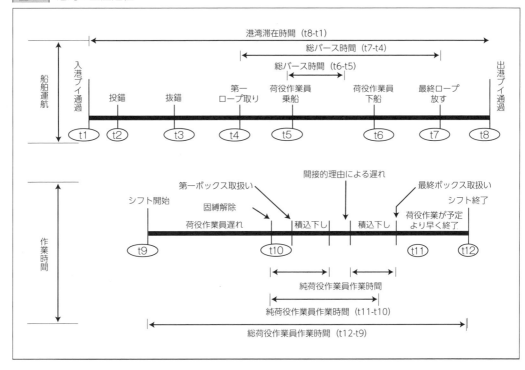

図14 港湾の生産過程

　コンセッショネアーは、『コントロール可能な』ものと、オペレーターの観点からは可能でないものについて敏感でなければならない。例えば、『港湾への入出港・接岸のしやすさ』"port accessibility"に関する要素 parameter は、船舶書類を処理する政府の能率によって影響を受けることがある。これに使われた時間は、水先案内人やタグボートサービスのような港湾への入出港・接岸のしやすさ port accessibility を明確にする他の要素に責任があるオペレーターの遂行能力 performance を大きく歪めることになる。従って、港湾管理者の観点からの『受け入れられる遂行能力』"acceptable performance"は、オペレーターがコントロール可能な要素 factors のみを考慮しなければならない。それらの指標が特定された事業／営業活動 tasks/operations のために用意されている場合、及び遂行能

力に影響を与え得る多くの要素に配慮する場合にのみ指標は機能するという事実を忘れてはならない。一方、ターミナルオペレーターは、バースとゲートの間で行われる業務のみに責任を与えられることもある。この場合、港湾管理者は、パラメーターとしての港湾への入出港・接岸のしやすさを除外することになる。

　荷主にとって重要な要素は、他港への接続性と就航頻度からなる船便を利用できる度合い vessel service availability である。接続性とは、船荷主の貨物が最終目的地までに乗り換えもしくは途中で貨物に手を触れる回数についてである。一般的に、積み替えの回数が多ければ多いほど、貨物が最終到着地に着くまでに時間がかかる。頻度とは、規定された時間内に船舶が寄港する回数についてであり、通常、週に一便、週に二便、隔週便、二週間ごともしくは十日ごと（定期船及びフィーダー航路貿易の場合）の運航についていう。最大級でさらに高価な船舶の活用を最大化するため、船社は、貨物を区分けし仕向け地を向け直すフィーダー船及び積み替え港のシステムを採用している。船荷主の観点からすると、これはサービスの改善（船が港に来る頻度が増える）でもあり、低下（輸送時間と損傷が増大する）でもある。

　もし船舶の港内滞在時間 port time を最小化することが可能であれば、港湾は接続性及び頻度の双方から利益を得られるであろうことは、想定した貨物量が妥当であることを証明している。もし船社が混雑や遅れに制約されるならば、船社は寄港を中止するか、寄港数を最小化するか、もしくは船荷主への海上輸送代金の一部として違約金を課すかもしれない。従って、コンセッション契約に含まれる遂行能力規定条項 performance clauses は、船舶が港内にいる時間（もしくはターミナルにおける時間、オペレーターの責任範囲によるが）について対処するための指標に関して重点的に取扱うべきである。先に言及したように、条項はまた、コンセッション契約によりオペレーターに与えられた責任及びコントロール範囲を認識すべきである。例えば、（オペレーターが提供していない）水先案内人やバースでの業務以外に関係する効率の悪さのために船舶の港内滞在時間が規定を超えたとしても、ターミナルオペレーターは罰せられるべきではない。

　コンセッション契約には、港湾管理者は、総合バース生産性 gross berth productivity を合体して考慮すべきであり、全体のバース生産性は単位時間当たりに取扱われるコンテナの移動個数、もしくはバルク貨物のトン数であらわし、通常は「移動個数／時間」「トン／時間」で表示する。船舶とその貨物が実際に稼動した時間に加えて、総合バース生産性は、船舶が貨物取扱い作業員を待つ時間、固

縛／固縛撤去時間、各作業を行ううえで必要な準備に関連する他の時間を含むものとする。

　使われる技術は、単位時間当たり作業量がいくらであるべきかを決めるうえで重要な要素である。例えば、岸壁上に船舶からの貨物を荷役するクレーンがないターミナルは、貨物の取扱いのために船自身の荷役設備に頼らざるを得ない。このような状況下での操業では、コンテナ貨物の場合、受け入れられる生産性レベルは、クレーン・時間当たり10から12個程度の移動量であろう。移動式クレーンがある港湾では、予測される生産性はクレーン・時間当たり15から18個程度、ガントリークレーンの場合は20から30個程度の移動量となる。

　バルク取扱い施設に対するそのような達成値 thresholds の設定は、さらに難しい。生産性の広い値域を持つ固体バルクを扱うための技術が非常に多いからである。この理由のため、港湾管理者は、バースの混雑要素もしくは船舶待ち時間率を踏まえて規定することを考慮することもある。これは、バースで実際に費やされる時間と比較して船舶がバース待ちをしなければならない時間を比較している。端的にいえば、バースの占有 berth occupancy は、バースが使用可能な全時間の関数として、バースが占有されている全時間を示している。一般に受け入れられる基準として、待ち時間率 waiting rate がコンテナ専用船では5％、一般貨物／ブレイクバルク船舶では10％、バルク船では10から20％を超えてはならない。オペレーターがこの達成値を超えた場合には、オペレーターは船舶のバース待ち時間を短縮するために生産性を向上させる技術に投資することを要求されることがある。

　従って、港湾管理者によって使用される業務達成値 performance threshold は、港湾において入手可能な、もしくはコンセッション契約に組み込まれた必要とされる投資計画の一部として想定される技術が考慮される。この点について、投資計画の異なった段階における港湾の能力 port capabilities を踏まえて、バースごとに異なった業務達成値が同じ契約の中に存在することがあり得ると考えられる。これは、港湾が異なったバースで、コンセッション契約期間中の異なった時期に入手可能な異なった技術を持つことがあり得るか、もしくは小型船舶にとっては比較的費用が高くつくガントリークレーンを、単に船舶が使わないためである。表6には、港湾業務の達成度 port performance を測定するために使われるさらに一般的な指標のいくつかが記載されている。そしてそれらはコンセッション契約に含めるのに適切なものとなろう。

II. 港湾PPPプロジェクトの候補案件の検討

表6 港湾パフォーマンス指標

管理契約及びコンセッション契約に含まれる港湾操業能力（port operatng performance）及び財務的能力（financial performance）のもとも一般的な指標のいくつかを以下に示す

操業上の指標 operatng measure	
平均船舶港内滞在時間 ship turn around time	全船舶が港内（ブイ入りからブイ出までの時間）に滞在した合計時間を船舶数で除したもの
平均待ち率	船舶がバース待ちをした全時間（ブイ入りからブイ出までの時間）をバースに着岸していた時間で除したもの
純バース生産性	コンテナ移動個数もしくは貨物のトン数（ブレイクバルク及びバルク貨物）を船舶がバースにいた全時間（着岸時の第一ロープから最後のロープを放すまで）で除したもの
バース占有率	船舶がバースに着岸していた合計時間をバースが使用可能な時間で除したもの
稼働時間率 working time over time of berth	船舶がバースで荷役作業を行った合計時間をバースに着岸していた合計時間で除したもの。日稼働時間の理由には、労使契約及び就業規則、雨天、ストライキ、機器の故障、港湾作業スケジュール、休日を含むことがある。
貨物滞留時間	荷下ろしから貨物が港内を出るまでの日数を貨物のトン数に掛け、それを貨物のトン数で除したもの
船舶生産性指標	コンテナ移動合計数量もしくは取扱貨物のトン数（ブレイクバルク及びバルク貨物）を港内にいた合計時間で除したもの
ton/gang/hour	取り扱われた貨物の合計トン数を稼働ギャング＊時間数で除したもの
TEU/crane/hour	取り扱われた合計TEU数を稼働ギャング＊時間数で除したもの
ton/ship/hour	取り扱われた貨物の合計トン数を船舶が港内にいた隻数＊日数で除したもの
財務的指標	
トン当たり収益	港湾操業からの純操業収入を取り扱い貨物総トン数で除したもの
TEUあたり料金	コンテナ取扱合計料金を合計TEUで除したもの
請求金額あたり集金済み金額	請求金額のパーセントとしての合計集金金額（約30日の遅れがある）

　ターミナルの取扱い能力は、一般的にそのターミナルを利用する船舶がそのターミナルで一隻あたり、どの程度の量の積み下ろしをするか（ロットの大きさ）、荷役能力を左右するクレーンが一隻当たり何基稼働できるか、離接岸にどの程度の時間を要するかにより概略推計できる。すなわち一般的に1回の取扱量が多くなればターミナルの荷役能率は高まる。表7はこれらの関係を示したものである。岸壁占有率を40％～50％としているのは、通常競争の激しい港湾にあっては、特にコンテナ船の場合、船価が高いため、最も経済的な岸壁占有率が40％～50％とされており、これを超えた岸壁占有率のターミナルでは船が接岸を待っている状態であり、競争力のある他のターミナルへ顧客が移動するからである。

1 候補案件の初期的検討

表7 ターミナル取扱い能力計算

積み下ろし時間	（1ロットのTEU）÷時間当たり取扱TEU÷クレーン台数＝隻当たり作業時間
離着岸時間	1時間
ターミナル容量	（1ロットのTEU）÷隻当たり作業時間×24時間×360日／年×バース占有率＝ターミナル容量

A TEU/ロット	B TEU/hr	C クレーン台数	D Hr/隻	E バース占有率	A/(A/B/C+1)*24*360*E	
					バース当たり	2バース
800	20	2.0	20	0.50	164,571	329,143
800	25	2.0	16	0.50	203,294	406,588
800	40	2.0	13	0.40	251,345	502,691
1,000	20	2.0	25	0.50	166,154	332,308
1,000	25	2.0	20	0.50	205,714	411,429
1,000	30	2.0	17	0.50	244,528	489,057
1,000	20	2.5	20	0.50	205,714	411,429
1,000	25	2.5	16	0.50	254,118	508,235
1,000	30	2.5	13	0.50	301,395	602,791
1,000	20	3.0	17	0.50	244,528	489,057
1,000	25	3.0	13	0.50	301,395	602,791
1,000	40	3.0	8	0.40	370,286	740,571
1,200	20	2.0	30	0.50	167,226	334,452
1,200	25	2.0	24	0.50	207,360	414,720
1,200	40	2.0	15	0.40	259,200	518,400
1,200	20	2.5	24	0.50	207,360	414,720
1,200	25	2.5	19	0.50	256,634	513,267
1,200	30	2.5	16	0.50	304,941	609,882
1,200	20	3.0	20	0.50	246,857	493,714
1,200	25	3.0	16	0.50	304,941	609,882
1,200	40	3.0	10	0.40	377,018	754,036
1,200	25	3.5	14	0.50	352,311	704,621
1,200	30	3.5	11	0.50	417,103	834,207
1,400	20	2.0	35	0.50	168,000	336,000
1,400	25	2.0	28	0.50	208,552	417,103
1,400	30	2.0	23	0.50	248,548	497,096
1,400	20	2.5	28	0.50	208,552	417,103
1,400	25	2.5	22	0.50	258,462	516,923
1,400	30	2.5	19	0.50	307,525	615,051
1,400	20	3.0	23	0.50	248,548	497,096
1,400	25	3.0	19	0.50	307,525	615,051
1,400	40	3.0	12	0.40	381,979	763,958
1,400	20	3.5	20	0.50	288,000	576,000
1,400	25	3.5	16	0.50	355,765	711,529
1,400	30	3.5	13	0.50	421,953	843,907
1,400	35	3.5	11	0.50	486,621	973,241
1,400	20	4.0	18	0.50	326,919	653,838
1,400	25	4.0	14	0.50	403,200	806,400
1,400	30	4.0	12	0.50	477,474	954,947
1,400	35	4.0	10	0.50	549,818	1,099,636

　表8はベトナムのCM-TV地域のコンテナターミナルの対象ターミナル（ODAターミナル）への潜在需要を近隣ターミナルの競争力（取扱い能力）を加味して推計したものである。

II. 港湾PPPプロジェクトの候補案件の検討

表8 CM-TV 港湾の需要予測

Container berths in CM-TV Area

Year	2008	2009	2010	2011	2012	2013	2014	2015
SP-PSA		4	4	4	4	4	6	6
TCCT		1	1	1	1	1	1	1
SITV			2	2	2	2	2	2
TCIT				2	2	2	2	2
CMIT				2	2	2	2	2
SSIT				2	2	2	2	2
ODA						2	2	2
Gemalink (GMD)						2	2	2
Total		5	7	13	13	17	19	19

(1) HCMC Area Capacity (Concession Plan)　　　　Unit : 1,000 TEU

Year	2008	2009	2010	2011	2012	2013	2014	2015
Saigon New Port								
Cat Lai	800	800	800	800	800	800	800	800
VICT	450	450	450	450	450	450	450	450
ICDs, TSM, PL,…								
Saigon Port	450	450	450	450	450	450	450	450
Ben Nghe	350	350	350	350	350	350	350	350
Hiep Phuoc								
Nhon Trach								
Total	2,050	2,050	2,050	2,050	2,050	2,050	2,050	2,050

(2) Cai Mep Thi Vai Area　　　　Unit : 1,000 TEU

Year	2008	2009	2010	2011	2012	2013	2014	2015
SP-PSA	0	800	800	800	800	800	1,200	1,200
TCCT	0	200	200	200	200	200	200	200
TCIT	0	0	0	400	400	400	400	400
SITV	0	0	400	400	400	400	400	400
CMIT	0	0	0	400	400	400	400	400
SSIT	0	0	0	400	400	400	400	400
ODA	0	0	0	0	0	400	400	400
Gemalink	0	0	0	0	0	400	400	400
Total	0	1,000	1,400	2,600	2,600	3,400	3,800	3,800
(2) /Total	0.0%	32.8%	40.6%	55.9%	55.9%	62.4%	65.0%	65.0%
ODA/ (2)		0.0%	0.0%	0.0%	0.0%	11.8%	10.5%	10.5%
SEFA Total Capacity	2,050	5,100	5,500	6,700	6,700	7,500	7,500	7,500
SEFATotal Demand	2,974	3,220	3,535	3,888	4,278	4,707	5,179	5,690
Balance Capacity -Demand	-924	1,880	1,965	2,812	2,422	2,793	2,321	1,810
Occupancy Ratio	145.1%	63.1%	64.3%	58.0%	63.9%	62.8%	69.1%	75.9%
Cai Mep-Thi Vai /SEFA	0.0%	32.8%	40.6%	55.9%	55.9%	62.4%	65.0%	65.0%
ODA Terminal/Cai Mep Area	-	0.0%	0.0%	0.0%	0.0%	11.8%	10.5%	10.5%

　この需要予測はCM-TV地域に現存、もしくは計画されているコンテナターミナルの共通の背後圏をSFEA（South Focal Economic Area）と想定し、この地域の総

	2016	2017	2018
			Unit: Berth
	6	6	6
	1	1	1
	2	2	2
	2	2	2
	2	2	2
	2	2	2
	2	2	2
	2	2	2
	19	19	19

	2016	2017	2018	2019	2020	2025	2030	2035	2040	2045	2050
	800	800	800	800	800	800	800	800	800	800	800
	450	450	450	450	450	450	450	450	450	450	450
	450	450	450	450	450	450	450	450	450	450	450
	350	350	350	350	350	350	350	350	350	350	350
	2,050	2,050	2,050	2,050	2,050	2,050	2,050	2,050	2,050	2,050	2,050

	2016	2017	2018	2019	2020	2025	2030	2035	2040	2045	2050
	1,200	1,200	1,200	1,200	1,200	1,200	1,200	1,200	1,200	1,200	1,200
	200	200	200	200	200	200	200	200	200	200	200
	400	400	400	400	400	400	400	400	400	400	400
	400	400	400	400	400	400	400	400	400	400	400
	400	400	400	400	400	400	400	400	400	400	400
	400	400	400	400	400	400	400	400	400	400	400
	400	400	400	400	400	400	400	400	400	400	400
	400	400	400	400	400	400	400	400	400	400	400
	3,800	3,800	3,800	3,800	3,800	3,800	3,800	3,800	3,800	3,800	3,800
	65.0%	65.0%	65.0%	65.0%	65.0%	65.0%	65.0%	65.0%	65.0%	65.0%	65.0%
	10.5%	10.5%	10.5%	10.5%	10.5%	10.5%	10.5%	10.5%	10.5%	10.5%	10.5%
	7,500	7,500	7,500	7,500	7,500	7,900	7,900				
	6,201	6,672	7,171	7,701	8,262	11,000	13,740				
	1,299	828	329	-201	-762	-3,100	-5,840				
	82.7%	89.0%	95.6%	102.7%	110.2%	139.2%	173.9%				
	65.0%	65.0%	65.0%	65.0%	65.0%	65.0%	65.0%				
	10.5%	10.5%	10.5%	10.5%	10.5%	10.5%	10.5%				

需要から各ターミナルの取扱い能力を想定し、各ターミナルでのシェアを決定している。

II. 港湾 PPP プロジェクトの候補案件の検討

付録：世界の就航コンテナ船

船名 (新造時)	運航 (新造時)	総トン数 (GT)	建造年	排水トン数 (DWT)	TEU
CMA CGM マルコ・ポーロ [CMA CGM Marco Polo]	CMA-CGM	175,343	2012年	187,625	16,020
エマ・マースク [Emma Maersk]	マースク・ライン	170,794	2006年	156,907	11,000
エステル・マースク [Estelle Maersk]	マースク・ライン	170,794	2006年	156,907	11,000
エレオノーラ・マースク [Eleonora Maersk]	マースク・ライン	170,794	2007年	156,908	11,000
エバ・マースク [Ebba Maersk]	マースク・ライン	170,794	2007年	156,909	11,000
エディス・マースク [Edith Maersk]	マースク・ライン	170,794	2007年	156,910	11,000
CMA CGM クリストフ・コロン [CMA CGM Christophe Colomb]	CMA-CGM	153,022	2009年	157,092	13,344
CSCL スター (中海之星) [CSCL Star]	CSCL	150,853	2011年	155,470	14,074
ハンブルク・エクスプレス [Hamburg Express]【2012】	ハパク・ロイド	142,295	2012年	127,170	13,169
COSCO グローリー [COSCO Glory]	COSCO	141,823	2011年	140,637	13,092
MSC ダニエラ [MSC Daniela]	MSC	135,000	2008年	152,600	13,800
CMA CGM アンドロメダ [CMA CGM Andromeda]	CMA-CGM	131,332	2009年	128,760	11,388
CMA CGM タラサ [CMA CGM Thalassa]	CMA-CGM	128,600	2008年	131,831	11,040
COSCO アジア [COSCO Asia]	COSCO	114,934	2007年	110,000	10,062
ジム・ジブティ [Zim Djibouti]	ZIM	114,044	2009年	116,440	10,062
COSCO ベイジン [COSCO Beijing]	COSCO	109,149	2006年	107,503	9,449
シン・ロサンゼルス [Xin Los Angeles]	CSCL	108,069	2006年	111,889	9,572
シン・シャンハイ [Xin Shanghai]	CSCL	108,069	2006年	102,200	9,572
CSCL プサン [CSCL Pusan]	CSCL	108,069	2006年	111,727	9,572
MSC パメラ [MSC Pamela]	MSC	107,849	2005年	110,592	9,178
MSC シンディ [MSC Sindy]	MSC	107,849	2007年	111,894	9,200
CMA CGM メデア [CMA CGM Medea]	CMA-CGM	107,711	2006年	113,964	9,415
NYK アドニス [NYK Adonis]	日本郵船	105,644	2010年	89,692	9,300
NYK アルテア [NYK Altair]【2010】	日本郵船	105,644	2010年	89,692	9,300
NYK アルカディア [NYK Arcadia]	日本郵船	105,644	2011年	99,563	8,628
NYK オルフェウス [NYK Orpheus]	日本郵船	99,543	2008年	99,214	8,212
ハンバー・ブリッジ [Humber Bridge]【2006】	川崎汽船	98,747	2006年	99,214	8,212
ハマースミス・ブリッジ [Hammersmith Bridge]	川崎汽船	98,747	2009年	99,214	8,212
ホンコン・ブリッジ [Hong Kong Bridge]	川崎汽船	98,747	2009年	99,214	8,212
マルグレーテ・マースク [Margrethe Maersk]	マースク・ライン	98,268	2008年	115,993	10,150
グドゥルン・マースク [Gudrun Maersk]	マースク・ライン	97,933	2005年	115,700	7,000
グンヴォル・マースク [Gunvor Maersk]	マースク・ライン	97,933	2005年	115,700	7,000
NYK ヴェガ [NYK Vega]【2006】	日本郵船	97,825	2006年	94,000	8,600
NYK ヴィーナス [NYK Venus]	日本郵船	97,825	2007年	94,000	8,600
NYK ヴェスタ [NYK Vesta]	日本郵船	97,825	2007年	94,000	8,600
ヘルシンキ・ブリッジ [Helsinki Bridge]	川崎汽船	96,801	2012年	96,980	8,600
ホノルル・ブリッジ [Honolulu Bridge]	川崎汽船	96,790	2012年	96,980	8,600
P&O ネドロイド・モンドリアン [P&O Nedlloyd Mondriaan]	P&O ネドロイド	94,724	2004年	97,517	7,500
P&O ネドロイド・ミケランジェロ [P&O Nedlloyd Michelangelo]	P&O ネドロイド	94,724	2005年	97,517	7,500
P&O ネドロイド・ミロ [P&O Nedlloyd Miro]	P&O ネドロイド	94,724	2005年	97,517	7,500
マースク・シアネス [Maersk Sheerness]	マースク・ライン	94,724	2006年	97,517	7,500
マースク・シンガポール [Maersk Singapore]	マースク・ライン	94,724	2007年	97,600	7,500
ヒュンダイ・フォース [Hyundai Force]	現代商船(HMM)	94,511	2008年	99,123	8,750
MSC トモコ [MSC Tomoko]	MSC	94,489	2006年	107,915	8,401
ヒューストン・エクスプレス [Houston Express]	ハパク・ロイド	94,483	2005年	108,180	8,411
コロンボ・エクスプレス [Colombo Express]	ハパク・ロイド	93,750	2005年	103,800	8,749
キョート・エクスプレス [Kyoto Express]	ハパク・ロイド	93,750	2005年	103,800	8,749
Albert Maersk	マースクライン	93,496	2004年	105,750	6,600
Adrian Maersk	マースクライン	93,496	2004年	109,000	6,600
Anna Naersk	マースクライン	93,496	2003年	105,750	6,600
Arnold Maersk	マースクライン	93,496	2003年	105,750	6,600
アクセル・マースク [Axel Maersk]	マースク・ライン	93,496	2003年	109,000	7,370
アーサー・マースク [Arthur Maersk]	マースク・ライン	93,496	2003年	109,000	7,900
Clementine Maersk	マースクライン	91,921	2002年	104,410	6,600
ソブリン・マースク [Sovereign Maersk]	マースク・ライン	91,560	1997年	104,696	6,600

1 候補案件の初期的検討

船名 (新造時)	運航 (新造時)	総トン数 (GT)	建造年	排水トン数 (DWT)	TEU
スーザン・マースク [Susan Maersk]	マースク・ライン	91,560	1997年	104,696	6,600
Charlotte Maersk	マースクライン	91,560	2002年	109,400	6,600
Chasline Maersk	マースクライン	91,560	2001年	104,750	6,600
CSCL アジア [CSCL Asia]	CSCL	90,645	2004年	101,612	8,268
エヴァー・チャンピオン [Ever Champion]	エヴァーグリーン	90,465	2005年	100,864	8,073
YM ユニティ [YM Unity]	陽明海運(ヤン・ミン・ライン)	90,389	2006年	101,411	8,189
MOL クリエーション [MOL Creation]	商船三井	89,870	2007年	89,370	8,100
OOCL ニンポー [OOCL Ningbo]	OOCL	89,097	2004年	99,503	8,063
OOCL アジア [OOCL Asia]	OOCL	89,097	2006年	99,503	8,063
ハンブルク・エクスプレス [Hamburg Express]【2001】	ハパク・ロイド	88,493	2001年	100,006	7,506
MOL コスモス [MOL Cosmos]	商船三井	88,089	2008年	90,466	8,102
MOL セレブレーション [MOL Celebration]	商船三井	86,692	2008年	90,640	8,110
MOL コンピテンス [MOL Competence]	商船三井	86,692	2008年	90,613	8,110
Cosco Long Beach	COSCO	83,133	2004年	93,000	7,455
Cosco Vancouver	COSCO	82,700	2004年	92,900	7,455
Cosco Seattle	COSCO	82,700	2004年	92,900	7,455
レジナ・マースク [Regina Maersk]	マースク・ライン	81,488	1996年	90,456	6,000
クヌード・マースク [Knud Maersk]	マースク・ライン	81,488	1996年	90,456	6,000
キルステン・マースク [Kirsten Maersk]	マースク・ライン	81,488	1997年	90,456	6,418
P&Oネドロイド・サウサンプトン [P&O Nedlloyd Southampton]	P&O ネドロイド	80,942	1998年	88,669	6,690
NYK カストール [NYK Castor]	日本郵船	76,847	1998年	82,275	6,148
NYK シリウス [NYK Sirius]	日本郵船	76,847	1998年	82,276	6,149
NYK Phoenix	日本郵船	76,199	2003年	80,270	6,586
ハツ・イーグル [Hatsu Eagle]	ハツ・マリーン	76,022	2001年	75,898	6,332
NYK アンタレス [NYK Antares]	日本郵船	75,637	1997年	81,819	5,700
NYK アンドロメダ [NYK Andromeda]	日本郵船	75,637	1998年	81,820	5,701
MSC Florentina	MSC	75,590	2003年	85,832	6,750
NYK アポロ [NYK Apollo]	日本郵船	75,484	2002年	81,171	6,176
NYK アーガス [NYK Argus]	日本郵船	75,484	2004年	81,171	6,238
NYK Aphrodite	日本郵船	75,484	2003年	81,171	6,266
ハツ・シャイン [Hatsu Shine]	ハツ・マリーン	75,246	2005年	78,693	7,024
エヴァー・シュパーブ [Ever Superb]	エヴァーグリーン	75,246	2006年	78,661	7,024
NYK ロードスター [NYK Lodestar]	日本郵船	75,201	2001年	78,243	6,182
MOL パフォーマンス [MOL Performance]	商船三井	74,071	2002年	74,453	6,402
MOL プログレス [MOL Progress]	商船三井	74,071	2002年	74,454	6,403
MOL プライオリティ [MOL Priority]	商船三井	74,071	2002年	74,455	6,404
リオ・デ・ラ・プラタ [Rio de la Plata]	ハンブルク・スード	73,899	2008年	80,455	5,900
MSC メリッサ [MSC Melissa]	MSC	73,819	2002年	85,250	6,402
CMA CGM バルザック [CMA CGM Balzac]	CMA-CGM	73,172	2001年	77,755	6,447
MOL プレシジョン [MOL Precision]	商船三井	71,902	2002年	73,063	6,350
MOL ペース [MOL Pace]	商船三井	71,902	2006年	72,968	6,350
MOL プロフィシエンシー [MOL Proficiency]	商船三井	71,777	2007年	72,912	6,350
エヴァー・ユニティ [Ever Unity]	エヴァーグリーン	69,246	1999年	不明	5,652
LT ユニコーン [LT Unicorn]	ロイド・トリエスティノ	69,246	2000年	63,216	4,948
エヴァー・ウルトラ [Ever Ultra]	エヴァーグリーン	69,218	1996年	63,388	5,364
エヴァー・ユナイテッド [Ever United]	エヴァーグリーン	69,218	1996年	63,388	4,948
モンテ・セルバンテス [Monte Cervantes]	ハンブルク・スード	69,132	2004年	64,963	5,560
ゴールデン・ゲート・ブリッジ [Golden Gate Bridge]【2001】	川崎汽船	68,687	2001年	71,376	5,500
ライオンズ・ゲート・ブリッジ [Lions Gate Bridge]【2001】	川崎汽船	68,687	2001年	71,395	5,610
アキナダ・ブリッジ [Akinada Bridge]	川崎汽船	68,687	2001年	71,366	5,610
ジョージ・ワシントン・ブリッジ [George Washington Bridge]【2006】	川崎汽船	68,570	2006年	71,309	5,642
ハンジン・ロンドン [Hanjin London]	韓進海運(ハンジン・シッピング)	66,687	1996年	67,298	5,306
APL アイルランド [APL Ireland]	APL	66,462	2002年	67,009	5,928
OOCL カオシュン [OOCL Kaohsiung]	OOCL	66,462	2006年	66,940	5,888

II. 港湾PPPプロジェクトの候補案件の検討

船名 (新造時)	運航 (新造時)	総トン数 (GT)	建造年	排水トン数 (DWT)	TEU
新連雲港 [Xin Lian Yun Gang]	CSCL	66,433	2003年	68,944	5,668
COSCO シアメン [COSCO Xiamen]	COSCO	66,380	2005年	67,209	5,816
ロッテルダム・ブリッジ [Rotterdam Bridge]	川崎汽船	66,332	2001年	67,170	5,600
YM マーチ [YM March]	陽明海運(ヤン・ミン・ライン)	66,332	2004年	67,270	5,576
ジェノア・ブリッジ [Genoa Bridge]	川崎汽船	66,292	2002年	67,197	5,576
OOCL ネザーランズ [OOCL Netherlands]	OOCL	66,086	1997年	67,473	5,006
OOCL ジャパン [OOCL Japan]	OOCL	66,046	1996年	50,024	4,960
COSCO ロッテルダム [COSCO Rotterdam]	COSCO	65,531	2002年	69,224	5,250
ジンヘ [Jinhe]	COSCO	65,140	1997年	69,285	5,250
チュアンヘ [Chuanhe]	COSCO	65,140	1997年	69,285	5,250
APL チャイナ [APL China]	APL	64,502	1995年	66,370	4,832
ヒュンダイ・ディスカヴァリー [Hyundai Discovery]	現代商船(HMM)	64,054	1996年	68,363	5,551
NOL アイオライト [NOL Iolite]	NOL	63,900	1997年	62,693	4,918
プレジデント・ポーク [President Polk]	APL	61,926	1988年	53,613	4,340
プレジデント・トルーマン [President Truman]	APL	61,785	1988年	53,613	4,340
マース [Maas]	大阪商船三井船舶	60,133	1995年	62,905	4,743
ライン [Rhine]	大阪商船三井船舶	60,133	1995年	62,905	4,743
NYK アルテア [NYK Altair]【1994】	日本郵船	60,117	1994年	63,163	4,743
NYK ヴェガ [NYK Vega]【1995】	日本郵船	60,117	1995年	63,014	4,743
NYK プロシオン [NYK Procyon]	日本郵船	60,117	1995年	63,179	4,743
タイン [Tyne]	大阪商船三井船舶	59,622	1995年	63,440	4,708
トーキョー・ベイ [Tokyo Bay]	OCL	59,068	1972年	34,570	2,200
モーゼル [Mosel]	大阪商船三井船舶	58,923	1995年	61,489	4,706
ネドロイド・デルフト [Nedlloyd Delft]	スカンダッチ	58,716	1973年	42,900	2,952
ラ・ロワール [La Loire]	大阪商船三井船舶	58,531	1995年	61,470	4,706
春日丸 [Kasuga Maru]	日本郵船	58,438	1976年	43,896	2,326
ハンブルク・エクスプレス [Hamburg Express]【1972】	ハパク・ロイド	58,088	1972年	41,700	3,010
Cosco Shenzhen	COSCO	58,000	2004年	92,900	7,455
ネドロイド・デジマ [Nedlloyd Dejima]	スカンダッチ	57,537	1973年	42,900	2,952
コリガン [Korrigan]	スカンダッチ	57,249	1973年	49,690	2,800
ネドロイド・ホンコン [Nedlloyd Hongkong]	ネドロイド・ライン	56,248	1994年	51,151	4,112
ベラザノ・ブリッジ [Verrazano Bridge]【2004】	川崎汽船	54,519	2004年	65,038	4,014
ブレーメン・エクスプレス [Bremen Express]	ハパク・ロイド	54,465	2000年	67,145	4,890
MOL エフィシェンシー [MOL Efficiency]	商船三井	53,822	2003年	63,160	4,500
デュッセルドルフ・エクスプレス [Dusseldorf Express]	ハパク・ロイド	53,523	1998年	66,525	4,612
CGM ノルマンディ [CGM Normandie]	フレンチ・ライン(CGM)	53,409	1991年	62,277	4,419
ブンガ・ペランギ・デュア [Bunga Pelangi Dua]	MISC	53,379	1995年	61,777	4,469
エヴァー・ロイアル [Ever Royal]	エヴァーグリーン	53,359	1993年	57,904	4,229
エヴァー・リナウン [Ever Renown]	エヴァーグリーン	53,103	1994年	不明	4,229
トヤマ [Toyama]	スカンダッチ	52,196	1972年	34,006	2,208
エヴァー・デインティ [Ever Dainty]	エヴァーグリーン	52,090	1997年	55,600	4,211
エヴァー・ディーセント [Ever Decent]	エヴァーグリーン	52,090	1997年	55,604	4,211
エヴァー・デライト [Ever Delight]	エヴァーグリーン	52,090	1998年	55,515	4,211
ヒュンダイ・コモドア [Hyundai Commodore]	現代商船(HMM)	51,836	1992年	61,152	4,411
ハンジン・オーサカ [Hanjin Osaka]	韓進海運(ハンジン・シッピング)	51,754	1992年	62,681	4,024
えるべ丸 [Elbe Maru]	大阪商船三井船舶	51,623	1972年	35,229	1,842
北野丸 [Kitano Maru]	日本郵船	51,160	1972年	35,198	1,838
鞍馬丸 [Kurama Maru]	日本郵船	51,140	1972年	35,396	1,838
鎌倉丸 [Kamakura Maru]	日本郵船	51,139	1971年	35,406	1,838
らいん丸 [Rhine Maru]	大阪商船三井船舶	51,086	1972年	35,544	1,836
てむず丸 [Thames Maru]	大阪商船三井船舶	50,723	1977年	33,179	1,950
北野 [Kitano]	日本郵船	50,618	1990年	59,804	3,618
甲斐 [Kai]	日本郵船	50,606	1993年	59,658	3,295
霧島 [Kirishima]	日本郵船	50,501	1993年	59,567	3,295
オリエンタル・ベイ [Oriental Bay]	P&O コンテナ	50,235	1989年	59,365	3,613

船名 (新造時)	運航 (新造時)	総トン数 (GT)	建造年	排水トン数 (DWT)	TEU
ジャーヴィス・ベイ [Jervis Bay]	P&O コンテナ	50,235	1992年	59,093	4,038
レパルス・ベイ [Repulse Bay]	P&O コンテナ	50,235	1992年	59,093	4,038
ダニューブ [Danube]	大阪商船三井船舶	50,204	1992年	45,227	3,733
シーランド・マーキュリー [Sea-Land Mercury]	シーランド・サービス	49,985	1995年	59,961	4,082
セランディア [Selandia]	スカンダッチ	49,860	1972年	34,600	2,272
アロシア [Arosia]	EAC	49,779	1990年	55,971	4,000
ネプチューン・アマゾナイト [Neptune Amazonite]	NOL	49,716	1993年	59,499	3,821
ネプチューン・アルマンダイン [Neptune Almandine]	NOL	49,716	1993年	59,560	3,821
珍河 [Zhen He]	COSCO	49,375	1994年	44,656	3,801
大河 [Da He]	COSCO	49,375	1994年	44,621	3,801
ネドロイド・エイシア [Nedlloyd Asia]	ネドロイド・ライン	48,508	1991年	46,985	3,568
ネドロイド・オセアニア [Nedlloyd Oceania]	ネドロイド・ライン	48,508	1992年	47,000	3,568
せと ぶりっじ [Seto Bridge]	川崎汽船	48,342	1993年	47,500	3,456
はんばー ぶりっじ [Humber Bridge]【1988】	川崎汽船	48,305	1988年	47,539	3,456
ノルマンディ・ブリッジ [Normandie Bridge]	川崎汽船	48,235	1989年	47,351	3,720
ボスポラス・ブリッジ [Bosporus Bridge]	川崎汽船	48,220	1993年	47,359	3,456
リバー・ウィズダム [River Wisdom]	COSCO	48,161	1994年	49,945	3,802
リバー・エレガンス [River Elegance]	COSCO	48,161	1994年	49,945	3,802
ナジラン [Najran]	UASC	48,154	1998年	49,993	3,802
アブ・ダビ [Abu Dhabi]	UASC	48,154	1998年	49,844	3,802
ネプチューン・ジルコン [Neptune Zircon]	NOL	47,893	1989年	51,534	3,017
ブンガ・ペルマイ [Bunga Permai]	MISC	43,470	1979年	49,228	2,770
ブンガ・スリア [Bunga Suria]	MISC	43,470	1979年	49,149	2,770
エヌワイケイ サンライズ [NYK Sunrise]	日本郵船	43,209	1991年	38,970	3,103
アリゲーター・ディスカヴァリー [Alligator Discovery]	大阪商船三井船舶	42,812	1991年	40,499	2,912
山隆丸 [Yamataka Maru]	山下新日本汽船	42,145	1986年	38,217	2,500
ありげーたー りばてい [Alligator Liberty]	大阪商船三井船舶	42,121	1986年	38,512	2,588
じょーじ わしんとん ぶりっじ [George Washington Bridge]【1986】	川崎汽船	41,991	1986年	44,221	3,032
ケープ・チャールズ [Cape Charles]	日本郵船	41,843	1986年	38,499	2,571
山昭丸 [Yamaaki Maru]	山下新日本汽船	41,786	1988年	38,631	2,832
ジム・アジア [Zim Asia]	ZIM	41,507	1996年	45,850	3,429
ありげーたー あめりか [Alligator America]	大阪商船三井船舶	41,495	1991年	40,330	2,839
シーランド・ギャロウェイ [Sea-Land Galloway]	シーランド・サービス	41,127	1972年	27,580	1,096
シーランド・コマース [Sea-Land Commerce]	シーランド・サービス	41,127	1973年	27,680	1,096
シーランド・ファイナンス [Sea-Land Finance]	シーランド・サービス	41,127	1973年	27,727	1,096
アリゲーター・プライド [Alligator Pride]	大阪商船三井船舶	41,126	1988年	40,192	2,839
日高丸 [Hidaka Maru]	昭和海運	39,678	1986年	37,915	2,048
アリゲーター・ホープ [Alligator Hope]	大阪商船三井船舶	39,284	1986年	40,617	2,512
べらざの ぶりっじ [Verrazano Bridge]【1973】	川崎汽船	39,153	1973年	35,583	2,068
せぶん しーず ぶりっじ [Seven Seas Bridge]	川崎汽船	39,152	1975年	35,332	2,068
にゅーよーく丸 [New York Maru]	大阪商船三井船舶	38,826	1972年	33,287	1,884
木曽丸 [Kiso Maru]	日本郵船	38,540	1973年	31,771	1,826
アリゲーター・グローリー [Alligator Glory]	大阪商船三井船舶	38,399	1986年	40,227	2,512
黒部丸 [Kurobe Maru]	日本郵船	37,846	1972年	32,343	1,826
にゅーじゃーじ丸 [New Jersey Maru]	大阪商船三井船舶	37,800	1973年	33,025	1,887
エヴァー・グローリー [Ever Glory]	エヴァーグリーン	37,042	1984年	43,310	2,728
エヴァー・グローブ [Ever Globe]	エヴァーグリーン	37,042	1984年	43,285	2,728
日豪丸 [Nichigoh Maru]	山下新日本汽船	36,913	1980年	32,023	1,588
ホンコン・コンテナー [Hongkong Container]	OOCL	36,885	1974年	35,768	2,068
白馬丸 [Hakuba Maru]	日本郵船	36,723	1979年	29,701	1,584
新米州丸 [Shin-Beisyu Maru]	山下新日本汽船	36,375	1983年	31,901	1,680
ハンジン・ニューヨーク [Hanjin Newyork]	韓進海運(ハンジン・シッピング)	35,610	1986年	43,270	2,352
ハンジン・ヨコハマ [Hanjin Yokohama]	韓進海運(ハンジン・シッピング)	35,610	1986年	43,293	2,358
東米丸 [Tohbei Maru]	山下新日本汽船	35,492	1972年	28,760	1,620
八州丸 [Yashima Maru]	山下新日本汽船	35,481	1976年	28,725	1,730

Ⅱ. 港湾 PPP プロジェクトの候補案件の検討

船名 (新造時)	運航 (新造時)	総トン数 (GT)	建造年	排水トン数 (DWT)	TEU
さざんくろす丸 [Southern Cross Maru]	大阪商船三井船舶	35,234	1987年	33,637	2,020
日向丸 [Hyuga Maru]	昭和海運、日本郵船	35,084	1984年	30,124	1,694
ごうるでん げいと ぶりっじ [Golden Gate Bridge]【1985】	川崎汽船	34,834	1985年	35,304	2,069
タワー・ブリッジ [Tower Bridge]	川崎汽船	34,487	1985年	34,775	2,069
ジャパン アンブローズ [Japan Ambrose]	ジャパンライン	33,287	1972年	28,806	1,569
きゃんべら丸 [Canberra Maru]	大阪商船三井船舶	32,164	1979年	29,888	1,570
東京丸 [Tokyo Maru]	大阪商船三井船舶	32,152	1983年	31,000	1,800
あめりか丸 [America Maru]【1982】	大阪商船三井船舶	31,855	1982年	32,207	1,676
ごっどうぃっと [Godwit]	ジャパンライン	31,672	1976年	29,194	1,466
早川丸 [Hayakawa Maru]	日本郵船	31,550	1982年	32,953	1,700
ボー・ジョンソン [Bo Johnson]	ジョンソン・ライン	31,446	1984年	34,680	1,905
りっちもんど ぶりっじ [Richmond Bridge]	川崎汽船	31,403	1983年	32,779	1,702
大阪丸 [Osaka Maru]	大阪商船三井船舶	31,382	1981年	33,185	1,770
ジャパン アライアンス [Japan Alliance]	ジャパンライン	31,356	1983年	30,941	1,534
エヴァー・ガード [Ever Guard]	エヴァーグリーン	31,316	1983年	34,137	1,954
オリエンタル・チーフ [Oriental Chief]	OOCL	31,292	1976年	25,883	1,588
ネプチューン・パール [Neptune Pearl]	NOL	31,077	1976年	30,933	1,569
コタ・カド [Kota Kado]	PIL	31,070	2005年	39,916	3,081
ユーロライナー [Euroliner]	シートレイン・ライン	31,038	1971年	27,984	816
新加州丸 [Shin-Kashu Maru]	山下新日本汽船	31,012	1981年	28,615	1,450
博多丸 [Hakata Maru]	日本郵船	30,922	1974年	27,203	1,409
ネプチューン・ダイヤモンド [Neptune Diamond]	NOL	30,466	1979年	38,492	1,854
しるばあ あろう [Silver Arrow]	川崎汽船、ジャパンライン	30,136	1972年	30,465	1,411
ぱしふぃっく あろう [Pacific Arrow]	ジャパンライン	30,007	1973年	26,837	1,441
もんぶらん丸 [Mont Blanc Maru]	大阪商船三井船舶	29,955	1974年	28,849	1,406
らいおんず げいと ぶりっじ [Lions Gate Bridge]【1974】	川崎汽船	29,861	1974年	26,881	1,441
とらんすわーるど ぶりっじ [Transworld Bridge]	川崎汽船	29,509	1980年	34,031	1,781
ジャパン アポロ [Japan Apollo]	ジャパンライン	27,371	1980年	27,500	1,197
ヘレン S [Helene S]	川崎汽船	27,213	2006年	32,878	2,450
アリカ・ブリッジ [Arica Bridge]	川崎汽船	27,213	2010年	32,997	2,450
MOL スパークル [MOL Sparkle]	商船三井	27,200	2009年	33,100	2,553
ハンジン・チンタオ [Hanjin Qingdao]	韓進海運(ハンジン・シッピング)	27,104	2007年	33,648	2,553
ハンジン・ポート・アデレード [Hanjin Port Adelaide]	韓進海運(ハンジン・シッピング)	27,104	2007年	33,704	2,553
コタ・ペルダナ [Kota Perdana]	PIL	27,104	2007年	33,423	2,553
コタ・プリ [Kota Puri]	PIL	27,104	2008年	33,406	2,553
CSCL キングストン [CSCL Kingston]	CSCL	27,104	2008年	33,651	2,553
MOL サクセス [MOL Success]	商船三井	27,104	2010年	33,543	2,553
ハンジン・マンザニーロ [Hanjin Manzanillo]	韓進海運(ハンジン・シッピング)	27,061	2011年	33,407	2,553
ワン・ハイ 302 (航春) [Wan Hai 302]	ワン・ハイ・ライン	26,681	2002年	24,662	2,496
ワン・ハイ 305 (宇春) [Wan Hai 305]	ワン・ハイ・ライン	26,681	2002年	30,246	2,495
アラフラ [Arafura]	AJCL	25,993	1970年	23,634	976
シーランド・ディフェンダー [Sea-Land Defender]	シーランド・サービス	25,225	1980年	23,749	839
ウル・ブム [Uru Bhum]	RCL	24,955	2005年	31,805	2,598
シーランド・ペイトリオット [Sea-Land Patriot]	シーランド・サービス	24,867	1980年	23,682	839
比良丸 [Hira Maru]	日本郵船	24,794	1978年	24,344	1,110
氷川丸 [Hikawa Maru]	日本郵船	24,771	1974年	23,514	1,277
アリアケ [Ariake]	AJCL	24,433	1970年	23,070	1,122
あじあ丸 [Asia Maru]	大阪商船三井船舶	24,279	1971年	23,778	1,164
おーすとらりあ丸 [Australia Maru]	大阪商船三井船舶	24,044	1969年	23,312	1,016
ワナ・ブム [Wana Bhum]	RCL	23,922	2005年	30,832	2,378
スットラ・ブム [Xutra Bhum]	RCL	23,922	2005年	30,625	2,378
比叡丸 [Hiei Maru]	昭和海運	23,766	1972年	24,075	1,006
箱崎丸 [Hakozaki Maru]	日本郵船	23,670	1969年	19,914	1,010
米州丸 [Beishu Maru]	山下新日本汽船	23,668	1970年	24,191	1,010
白山丸 [Hakusan Maru]	日本郵船	23,602	1973年	22,935	1,198

1 候補案件の初期的検討

船名 (新造時)	運航 (新造時)	総トン数 (GT)	建造年	排水トン数 (DWT)	TEU
あらすか丸 [Alaska Maru]	大阪商船三井船舶	23,578	1973年	23,127	1,183
山新丸 [Yamashin Maru]	山下新日本汽船	23,458	1974年	25,298	1,198
東豪丸 [Tohgo Maru]	山下新日本汽船	23,300	1970年	24,077	1,012
エヴァー・ロイアル [Ever Loyal]	エヴァーグリーン	23,274	1979年	28,900	1,800
オリエンタル・アンバサダー [Oriental Ambassador]	OOCL	21,069	1978年	23,991	1,288
オリエンタル・エクスパート [Oriental Expert]	OOCL	21,069	1978年	23,991	1,288
穂高丸 [Hotaka Maru]	日本郵船	21,057	1970年	20,400	839
ティングレブ・マースク [Tinglev Maersk]	マースク・ライン	18,859	1994年	25,431	1,325
ACX ハイビスカス [ACX Hibiscus]	東京船舶(TSK)	18,502	1997年	24,581	1,675
ACX ラフレシア [ACX Rafflesia]	東京船舶(TSK)	18,502	1997年	24,548	1,675
ワン・ハイ 231 (裕春) [Wan Hai 231]	ワン・ハイ・ライン	17,751	2000年	21,052	1,660
ワン・ハイ 232 (國春) [Wan Hai 232]	ワン・ハイ・ライン	17,751	2000年	21,008	1,660
CCNI アンディノ [CCNI Andino]	CCNI	17,681	1993年	22,257	1,267
ナンタイ・クイーン (南泰皇后) [Nantai Queen]	南泰海運(ナンタイ・ライン)	17,651	1994年	23,884	1,525
とうきょう ぶりっじ [Tokyo Bridge]	川崎汽船	17,156	1991年	22,219	1,182
しんがぽーる ぶりっじ [Singapore Bridge]	川崎汽船	17,156	1991年	22,215	1,182
ばんこっく ぶりっじ [Bangkok Bridge]	川崎汽船	17,156	1992年	22,210	1,182
ミン・スカイ [Ming Sky]	陽明海運(ヤン・ミン・ライン)	17,153	2003年	22,077	1,620
ワン・ハイ 211 (台春) [Wan Hai 211]	ワン・ハイ・ライン	17,138	1993年	23,826	1,329
ワン・ハイ 202 (博春) [Wan Hai 202]	ワン・ハイ・ライン	17,123	1990年	23,692	1,084
ごうるでん げいと ぶりっじ [Golden Gate Bridge]【1968】	川崎汽船	16,815	1968年	15,926	716
コタ・ワジャー [Kota Wajar]	PIL	16,772	1997年	22,683	1,550
ACX ローズ [ACX Rose]	東京船舶(TSK)	16,731	1990年	22,734	1,186
シナール・スルヤ [Sinar Surya]	SSL	16,705	1999年	24,327	1,560
加州丸 [Kashu Maru]	山下新日本汽船	16,626	1968年	15,014	731
ごうるでん あろう [Golden Arrow]	ジャパンライン、川崎汽船	16,592	1970年	19,090	783
ジャパン エース [Japan Ace]	ジャパンライン	16,529	1968年	15,819	730
あめりか丸 [America Maru]【1968】	大阪商船三井船舶	16,404	1968年	15,440	716
箱根丸 [Hakone Maru]	日本郵船	16,240	1968年	16,306	752
榛名丸 [Haruna Maru]	昭和海運、日本郵船	16,214	1968年	16,290	752
イタ・ブム [Itha Bhum]	RCL	15,533	1996年	21,813	1,498
おれごん丸 [Oregon Maru]	川崎汽船	15,024	1959年	12,457	292
もんたな丸 [Montana Maru]	川崎汽船	14,954	1958年	12,305	292
ころらど丸 [Colorado Maru]	川崎汽船	14,952	1960年	12,276	292
ジャワ・ブリッジ [Java Bridge]	川崎汽船	14,857	1998年	16,544	1,064
エヴァー・ヴィクトリー [Ever Victory]	エヴァーグリーン	14,815	1978年	20,194	1,048
ぶりすとる丸 [Bristol Maru]	大阪商船三井船舶	14,213	1966年	13,579	694
河内丸 [Kawachi Maru]	日本郵船	14,132	1966年	14,626	676
加賀丸 [Kaga Maru]	日本郵船	14,130	1966年	14,459	676
エルベ・エクスプレス [Elbe Express]	ハパク・ロイド	14,069	1968年	10,800	736
TFL インディペンデンス [TFL Independence]	TFL	13,977	1978年	15,451	856
シートレイン・インディペンデンス [Seatrain Independence]	シートレイン・ライン	13,813	1978年	18,606	909
ラタナ・ティダ [Ratana Thida]	SPIC	13,188	1996年	18,196	1,228
エヴァー・スプリング [Ever Spring]	エヴァーグリーン	10,166	1975年	14,892	294

Ⅲ. 事業計画の検討（F/Sレベル）

多くの国において、港湾プロジェクトの実施が政府において決定される際には、プロジェクトのフィージビリティーを確認するためのF/SもしくはPre-F/Sが実施されている。ここではF/Sに係る内容確認の要点を記載する。

> **F/Sに係る内容の確認**
> F/S報告書をレビューし、プロジェクトのフィージビリティーを左右する、EIRR（Economic Internal Rate of Return）、FIRR（Financial Internal Rate of Return）の確認、基本設計内容、想定オペレーション方式と施設レイアウト・機器の内容、オペレーターの業務範囲と関連サービス（水先案内、曳船、給油・給水、廃棄物受け入れ処理、修理等）の提供者と提供能力及び民営化前提の財務分析（財務三票による管理者、オペレーターの財務予測）等が検討されているかどうかをチェックし、コンセッション計画を策定する際に再確認・再検討・追加検討が必要な項目を確認する。

（解説）

1 コンセッション基本計画の主要要素

PPP案件を形成するための調査は通常ODA等でファイナンスの妥当性を検討するために実施する、国民経済的な妥当性（EIRR（Economic Internal Rate of Return）やFIRR（Financial Internal Rate of Return））で評価するよりもむしろPPPとして実施する事の妥当性を評価する調査であり、分析内容、評価方法も異なる。

これは通常コンセッション基本計画と呼ばれ、譲許側にとっては政府関係機関の承認を得るため、PPP法等に定められた内容を網羅する計画であり、投資を行う民間側にとっては妥当なPPPの形態と条件、投資可能性の検討（Due Diligence）を行うためのものである。

コンセッション基本計画はコンセッションを入札にかける前に、政府／港湾管理者としての基本要件を定めるものであると同時に、PPPプロジェクト応募者が応募

にあたり、応募戦略を立てるために必要なデューディリジェンス（略称デューディリ）の内容を検討するものである。デューディリは通常、法務、財務、ビジネス、人事、環境といった多方面の観点から調査・分析を行う。港湾のコンセッションの場合の基本要件として必要な項目は、

（1）コンセッションの目的
（2）コンセッション期間
（3）コンセッション対象分野（業務）
（4）コンセッショネアー及び権利譲渡機関の権利と義務（リスクのデマケ）
（5）コンセッション価格（コンセッション・フィー）
（6）必要投資額

がある。

コンセッション基本計画は、対象国のPPP関連の法令により、その手続き、必要な事項は異なっているが、基本的にはコンセッションの入札にかける前に、政府関係機関の承認を得るための資料であるため、基本的には以下に示すように権利譲渡機関（政府代表機関）、コンセッションの目的、コンセッションの範囲（対象施設、区域、業務）、参加の最低条件（参加者の財務要件、実績）、コンセッショネアーの構成（株式構成、会社設立要件、最低資本金、法定代理人、外部監査等）、コンセッション期間、施設返還要件、コンセッション料金の構成と支払い方法、ビジネスプランの内容（使命・目的、マーケティング・営業戦略、貨物量・船舶隻数予測、インフラ・設備開発プラン、港湾区域開発プラン、運用計画、人材開発計画、情報システム開発計画、投資計画）、必要最低投資額と必要最低限投資項目、オペレーション最低基準、料金の提案と上限タリフ、プロポーザル評価手順、コンセッショネアーの義務、権利譲渡機関の権限等が含まれている。

表9はインドにおけるPPPプロジェクトのPre-F/Sのチェックリストであり、インド財務省がPPP実施のためのToolkitとして発行している資料[5]から引用したものである。

---

5 http://toolkit.pppinindia.com/ports/module3-annex-pfrc.php?links=annex2

III. 事業計画の検討（F/S レベル）

表9 Pre-FS チェックリスト（インド）

	Pre-feasibility task	completed:yes/no
A.	Needs and optionss analysis	
	Has a needs analysis been carried out?	
	Does the proposed projec meet a demonstrated need? Does it meet the objectives of the Sponsorng Authority and wider policy goals? Does the project fir within the strategic plan?	
	Has an options analysis been carried out? Have alternatves to new asset development been considered (ie. Use of existing assets and non-asset solutions) ?	
B.	Technical and operational practivality	
	Has the project site or options for the ste options been identified?	
	Is the project site or at least one of the project site options suitable from technical and operational practicality of the Project Concept?	
	Has the technical scope of the project been defined?	
	Is the preliminary engineering plan practical?	
	Is the operations and maintenance plan practical?	
	Have the major technical and operational risks to the project been identified?	
	Has an impact and management strategy been prepared to deal with the major technical and operational risks to the project?	
	Based on the preliminary analysis, does the Sponsoring Authority consider the Project Concept to be practical?	
C.	Environmental and social safeguard activities	
	Has a scoping social impact assessment been done?	
	Has a scoping environmental assessment been done?	
D.	Financial and Economic viability	
	have all major projeect cost components (capital, operations, maintenance) of he technical scope of the project been estimated?	
	Are the assumptions on major project cost components reasonable, can they be justified based on a rationale?	
	Has a preliminary market demand analysis been done? (Tariffs, Volume)	
	Are the assumptions on tariff/prices reasonable, can they be justified based on a rationale? Will the users be wiling to pay the proposed tariff/prices?	
	Are the assumptions on volume/quantity of usage reasonable, an they be justified based on a rationale?	
	Have similar project that were done in the past been analysed for project cost, tariff/prices and volume/quantity of usage?	
	Are the assumptions in the proposed project comparable to similar projects that were done in the past? If not, then can the assumptions be justified on sound economic rationale?	
	Has a financial analysis model, such as the Financial Viability model in the PPP toolkit, been used to assess the financial viability of the project?	
	Have preliminry financial projections been prepared?	
	For the poject that is to be developed with private seector participation, has an estimate of required financial support from the public sector been made?	
	Have the key financial ratios been computed? (for example, NPV, IRR, etc.)	

	Have the major financial and commercial risks to the project been identified?	
	Have the impact and management strategy of the financial and commercial risks to the project been prepared?	
	Has a sensitivity analysis been undertaken?	
	Does the preliminary financial analysis demonstrate that Sponsoring Authority will revocer its investments along with a reasonable return under reasonable scenaros?	
	Have the likely economic benefits generated by the project been identified?	
	Based on the prelliminaru analusis, does the Sponsoring Authority consider the Project Concept to be financially and economically viable?	
	Has strong rationale and recommendation been made by the Sponsoring Authority in the preliminary assessment?	
E.	PPP suitability checks	
	Has the Suitability Filter been used to assess the potential of the project as a PPP? What was the result?	
	If any questions in the Suitability Filter were skipped has this been recorded and justified?	
	Have all results from the Sutability Filter that indicated "Difficult as a PPP" been recorded and explained in the Report? Has a preliminary risk assessment and risk amanagement plan been prepared to address these issues?	
	Has a print-out of the Uitability Fileter showing answers and results been included in an annex to the Pre-feasibility Report?	
F.	Possible arrangements for private sector participation	
	Has the role of the private sector (direct or indirect investment, indicative PPP mode, etc.) been identified?	
	Has a project structure or contractual framework for the PPP arrangement been prepared?	
	Has the procedure for inviting prvate sector participation been identified?	
	Will the procedure encoourage competition in the private secctor?	
	Have the major legal documentation required to allow participation of the private partner (s) been identified?	
G.	Next steps	
	Has an estimated of resources (financial, external expertise) to complete the ffeasibility study and selection of PPP been made?	
	Are budgets available for the above?	
	Have all the parties that will be responsiblein the next steps, been identified? Such as within sponsor agency, provincial departments and other parties.	
	Have the roles and responsibilities of involved parties been prepared?	
	Is there an arrangement amongst involved parties in undertaking their respective roles and responsibilities?	
	Has the time frame required for completing the feasibility study and seleection of PPP been estimated?	
	Is the time frame reasonable and practical?	

2　コンセッションの目的

　コンセッションの目的は、例えば、コンテナターミナルの建設・運営の場合でも、トランシップメントターミナルとするのか、ゲートウエイターミナルとするのかによって、ターミナル運営の経済的目標が異なってくる。トランシップメントターミナルの場合には、直接自国の荷主に経済的便益を与えるものではないため、ターミナル運営の目標は、運営による営業収益を最大化すること、すなわち可能な限り高い料金で、かつマーケットを拡大し、安定的に高い収益を上げることが目的となる。

　従って、コンセッションの条件として、不当に低い料金で船社の利便性を上げる行動を戒めなければならない（船社系オペレーターがコンセッショネアーになった場合にはしばしば見られる行動である）ため、条件としては最低タリフを示すこととなる。

　これに対し、ゲートウエイターミナルの場合には、主として自国の輸出入貨物を取扱うことから、貨物／荷主の国際競争力の向上のため、効率的かつ低廉なターミナルの運営が主たる目的となる。従って、コンセッションの条件設定においても、料金をできる限り低く押さえることが必要となり、上限タリフを示すこととなる。

　その他、途上国ではよく見られるケースであるが、ターミナルを核としてフリーゾーンの開発を行い、フリーゾーンによる産業開発を主たる目的とする場合はトランシップメントターミナルであっても、ゲートウエイターミナルに近い機能を持たせることとなる。

　このように、ターミナル開発の直接的目的を計画時点で明確にしておかなければ、コンセッショネアーと譲許側の間で条件がすりあわなくなる恐れが多い。

3 コンセッション期間

　コンセッション期間は、コンセッションの対象事業と必要投資額により、また新規開発港湾であるか、既存港湾の一部の民営化であるかにより異なってくる。国によっては、コンセッション法が定めてあり、コンセッション期間を政令で定める場合がある。

　コンセッション期間は、例えば施設をリース、運営権を与える場合には、借受者は初期投資が殆どないこと、市場変化に対応した施設の仕様変更等が認められないため、一般的には10年程度としており、初期投資が大きい場合でかつ運営自由度が高い場合には、投資回収期間が必要であるため、20年から30年という期間が設定される。

　コンセッション期間もコンセッション基本計画策定作業の中で、権利譲渡側（政府／港湾管理者）とコンセッショネアーの財務予測をして、win-winの関係となる妥当な期間を設定する必要がある。

　またコンセッションにより民間に運営権を移譲したとしても、港湾管理者／中央政府はいわゆる公共の利益を保護する義務を負っているため、運営の永続性を重要視しなければならない。特にJICAローン等長期の借入金で建設した施設に関しては、借入元利を借入期間中確実に返済しうることが必要であり、この観点からは最低限返済期限中同一のコンセッショネアーにより運営され、コンセッション・フィーが定常的に入るよう契約期間を設定する必要があろう。

3.1 現実的な期間

　現実的にはコンセッション期間は、コンセッショネアーが初期の投資を回収できる期間が必要であり、従ってコンセッショネアーの義務的投資の対象施設と投資額により異なってくる。

　例えば、岸壁から機器類を含む上物まで投資する場合、岸壁の経済的耐用年数はほぼ30年程度であること、コンテナ埠頭におけるガントリークレーンの物理的耐用年数が25年から30年であることを考慮すると一般的に25年から30年をコンセッション期間として設定する場合が多いが、ベトナムのような社会主義国家で、かつ政府系資本のオペレーターがコンセッショネアーとして参画する場合は、初期投資の回

収期間をできる限り長期に設定し、50年という期間を設定する場合もある（法令上は期間の上限は規則により財務省が定める耐用年数以内に設定することとなっているが、政策的にこの耐用年数を特例として長期間に設定する事例がある。例えば日本の場合にはガントリークレーンの税法上の耐用年数は、圧縮記帳を許容し、15年としているが、実態上は25年から30年の使用を行っているため、財務計算上はその国の公定償却期間を使用するが、機械の更新時期は25年から30年として投資計画を作成する）。

　コンセッショネアーが上物（機器類）のみへの投資義務を有する場合には、港湾の場合は船舶の大型化の進展が著しく、導入した機器類の実質的な経済的耐用年数が短くなる傾向があるため、20年のコンセッション期間でオプションにより、5年ないしは10年の延長を認めるというケースも多い。

　上述のような不特定多数の荷主の貨物を取扱ういわゆる公共埠頭とは異なり、鉱石や特定の農産物のようないわゆるドライ・バルク貨物を専用的に使用するターミナルの場合は、ターミナルは企業の生産施設の一部として捉えられる。このため、これら物資の生産計画に基づき、コンセッション期間が設定される場合が多いがこのような場合、基本的には公共施設とみなされないため、コンセッションの対象ではなく、一般の企業立地、営業の一環としての手続きが行われる場合が多い。

4　コンセッション対象分野

　コンセッション対象分野の範囲は、コンセッションの目的や内容により異なるのはいうまでもない。過去のコンセッション事例を分析すると、オマーンのサラーラ港では当初はコンテナターミナルの運営のみコンセッショネアーが実施、船舶サービス（パイロット、タグ）は政府が実施していたが、その後在来埠頭の運営を含む港全体とFTZの開発営業をコンセッション対象事業に拡大したときに、船舶登録事務以外は全てコンセッション対象に含めた。

　エルサルバドルのアカフトラ港では既存港湾のリハビリと運営を中心に非効率な港湾の運営と過剰労働力による港湾の投資力、競争力低下の回復をはかり、産業界、消費者にとって生産コストを低下させ、国家経済の強化に寄与することを目的としているため、自己の負担とリスクによって、港湾内、港湾外のエリアのインフラ基盤を運営、維持管理、保全、改修、開発し、同港の活動に関わる各種サービスの商業的開発を推進する港湾運営・管理・開発に精通したコンセッショネアーを求めている。このため、コンセッションの範囲は、全港湾施設（航路・泊地・航行援助施設を含むインフラと倉庫、上屋、整備工場、レクリエーション施設、住宅地及び港湾管理者が保有する港湾外の土地建物）を含めている。

　サラーラ港在来埠頭のコンセッションも同様に港湾の全ての管理・運営をコンセッションにより民営化している。ただし、サラーラ港の場合は、政府自体が一部出資するSPCを設立し、コンテナターミナルの運営は、さらに旧シーランド現地企業へ管理委託契約をし、運営を行っており、サラーラ国ではこの運営形態は一種のサービスポートであるとしている。業務範囲は、水先案内、タグ、係留、停泊、綱取り、荷役、検数、検量、給油・給水、ロジスティック、産業開発、自由貿易地区、その他不動産開発に直接・間接に関係するサービスとなっている。このように港湾のサービスの全てをコンセッションにより民営化するケースは港湾関連産業の未発達な途上国にしばしば見受けられるが、健全な港湾の発展という観点からは多くの問題を抱えている。

　すなわち後に見るように、コンセッショネアーに対し、自らが新規業務を開発するのではなく、第三者に開発を委託、もしくは再コンセッションをする権利をも与えると再コンセッションの条件（公共性、競争性、公平性等の担保の問題）をも契約時点で明確にしておくことが必要となるし、国、もしくは管理者の行政権との抵

触の可能性が発生する。

　エルサルバドルのケースではこのような港湾の管理権全てを民間に譲渡する場合をマスター・コンセッションと呼称している。

　スリランカのコロンボ港SAGT、インドネシアのタンジュンプリオク港JICTにおいてはコンテナターミナルの運営のみコンセッショネアーが実施、パイロット・タグサービスは港湾公社が実施となっている。フィリピンスービック港コンテナターミナルは明確な業務の定義はなされていないが、コロンボ港とほぼ同様と考えられる。

　ベトナムの場合は、BOTで建設されたコンテナターミナルが多く、かつ政府資金が投入されていないため、前述の民間による工場立地許可と同様の手続きが提供されたと思われるが、JICA融資で建設された港湾ではカイメップチーバイ港がコンセッションの初めての適用となっている。現在準備中であるラックフェン港は埋め立て工事と水域、外郭施設にはJICA融資が適用されているが、岸壁、埠頭施設はコンセッションによる整備運営が予定されている。この場合には下物と上物の同時並行の着工が必要であるため、着手前にコンセッショネアーがネゴにより決定されている。運営条件等の契約条件等は未定の状態である。

　以上をまとめると、港湾の中の特定ターミナルの開発・運営を移譲するコンセッションの場合は、パイロットやタグサービス等船舶サービスは港湾管理者が実施し、いわゆる狭義のターミナル運営のみがコンセッショネアーの義務としている場合が多い。

　また、港湾全体の運営をコンセッションする場合には、全ての業務をコンセッション対象とするのが効率的運営の観点からは望ましいが、この場合には独占的行為の監視や規制をいかなる手段で実施するかが問題となろう。

5　コンセッション価格

　コンセッション価格は、基本的には施設・用地の賃貸料と営業権料（ロイヤルティー）の二要素で構成される。用地の賃貸価格は、港湾に限らず、その国、その都市で国営用地の賃貸料算定基礎等が定めてある場合が多い。施設の賃貸価格は基本的には建設投資額を耐用年数内で回収するのに必要な価格で計算しうる。

　営業権料の算定は、種々の考え方がある。最も素直な価格は民間における会社の買収価格の算定と同様、その会社の潜在的な収益力の見積もりと考えられる。これは、一般的にはその港が従来通りの組織によって（不当な労働力等の減量をはかった後の）将来も運営されると仮定した場合に当該港が得ることのできる利益の現在価値を見積もることにより算定できる。

　具体的には、過去の運営主体の財務データから、毎年の運営コスト、及び需要予測値をもとにコンセッション期間中の在来運営主体の可処分キャッシュフローを計算する。現在価値算定のための割引率はいわゆるオパチュニティー・コストとしてその国の中央銀行や国際金融機関によって公表されている数値を使用する。

　このときに必要な前提条件は、需要予測がF/S段階で通常は楽観的予測、中庸な予測、悲観的予測がなされており、どの予測値を使用するかという問題がある。必要な観点は、コンセッションの目的が、政府／港湾管理者が運営するよりも、より競争的価格で取扱量を増大させることが可能になるためコンセッションを行うというのが主たる目的である場合が多いという事実に着目することである。

　需要予測において、上・中・下という予測値が出てくる背景には、一つはその国の将来の経済成長予測（GDPの伸び率等）の差から出てくる予測値の差と、料金に代表される競争的環境にある港の競争力の見通しの差から出てくる予測値の差がある。ここで実施する収益力の評価は、できる限り最確値を用いて実施することが必要であり、そのためには需要の見積もりをより精緻に実施することが必要である。

　コンテナ貨物等にあっては、競争地域内にある船社の港湾選択の戦略とその傾向、競争的港湾の能力（施設能力と能率、料金）等幅広い視点から予測値の確かさを確認しておくことが必要である。

　最終的に選択されるコンセッション・フィーは後に記述するように、当該港の潜在的収益性だけではなく、コンセッション・スキームを当てはめた場合に権利譲渡側である政府／港湾管理者のみでなく、コンセッショネアー側においても安定した

Ⅲ．事業計画の検討（F/Sレベル）

収益性をもたらすことができるか否かを試算し、この3種類の財務予測値をもとに価格水準を決定することが必要である。

前章で記述したようにコンセッションには様々なリスクが内在しており、特に営業リスク／取扱量リスクは大きなリスク要因である。従って、予測値としては中庸値をまず採用し、財務試算を実施し、その後低予測値を用いた感度分析も実施し、財務的リスクの大きさを評価しておくことが必要である。

コンセッション・フィーは前述した構成要素があり、実務におけるコンセッション・フィーの徴収方法は、営業レベルを重視した変動部分のみからなるレベニューシェア、もしくはプロフィットシェア、固定フィーと変動フィーの組み合わせ、固定フィーのみという徴収方法があるが、それぞれの特徴はⅠ章4.2に記述した通りである。

5.1 コンセッション・フィーに関する一般的な考え方

コンセッション・フィー構成は、我が国の公社ターミナルのように、ターミナルを一定期間貸し付けるリース契約の場合とは異なり、フルコンセッションでは固定費部分と変動費部分からなるのが典型的である。固定費ポーションは、オペレーターが港湾管理者側に支払う借料に相当するもので、公共セクターが準備・提供する土地、施設／ユーティリティーの使用に対するものである。この固定フィーは、利益按分の一部も組み込んでいる。すなわち、借料は実行上、オペレーターがターミナル運営から利潤を上げる許可を与える代償として譲許側に支払う要素を含む。

コンセッション譲許側に補償として支払われる額の変動フィー部分は、オペレーターの活動の水準に応じて支払う対価といえる。この変動費部分には、最低水準以下に取扱量が落ち込んだ場合のリスクを分担し、オペレーターを免責するために使われる最低取扱水準も含まれる。この方法は、ターミナルを通過する潜在的交通量に関して、大きな不確実性要因がある場合や、コンセッション譲許側が、厳しい、技術上及び価格上の規制を課したいと考える場合には、最も有効なアプローチである。

コンセッション・フィーとして徴収する全体の額や固定フィー分と変動フィー分をどのように振り分けて実際の料金とするかは、取扱量リスク（営業リスク）がどの程度か、取扱量の期待伸び率がどの程度か、コンセッショネアーに課す初期投資額の大きさがどの程度であるか、また譲許側の初期投資額もしくは長期借入資金の返済義務額がどの程度であるか等を考慮し、双方の財務リスクを最小化する方法が

選択されるべきである。

経験的には、コンセッション料金の水準やそのエスカレーション（料金引き上げ）条項は、コンセッション契約の一部として決定する必要がある。また、その決定・検討は、港湾の効率的運営が目的であるコンセッションの場合には、オペレーターの収益水準よりはむしろ貨物取扱量のレベルをもとに決定すべきである。

コンセッション譲許側（港湾管理者）が、入札の要件として固定費及び変動費の初期段階の水準を設定・提示するという選択肢もあるが、上記の水準は、入札審査のための財務的な評価基準（ビジネスプランの良否の判断基準の一つ）として、最も頻繁に用いられることからも、港湾管理者が設定するのではなく、入札者から提案させる方が多い。ただし、最低価格に関しては契約交渉をスムーズに運ぶために、入札前にコンセッション譲許側において腹案として準備している場合が多い。

5.2　受忍しうるコンセッション・フィーのレベル

受忍可能なコンセッション料金レベルを把握するためには、事業からの財務的な回収能力を評価する必要がある。応札者は、個々のビジネスプランを提出するにあたって、各々の市場開拓可能性や財務回収性を示すことにはなっているが、コンセッション譲許側自身による評価をしておくことが重要である。

受忍可能なコンセッション・フィーの水準を評価するには、詳細な市場分析、財務分析を実施し、譲許側（政府）及びコンセッショネアー双方の財務的寄与率の評価が必要となる。

コンテナターミナルの財務的な実現可能性を評価し、ビジネスプランを作成する際に、最も基本的かつ重要となる情報は、コンテナ輸送の潜在市場である。当該地域での競争力等を考慮したその港湾で期待しうる市場規模の推計作業は、可能な限り詳細に、トランシップ貨物、背後圏から生じる自国貨物、FCLやLCL及び空コンテナを同定することである。なぜならば、これらの貨物種別により、異なる料金体系を有することから、港湾収入の検討に大きく影響するからである。

一般雑貨埠頭やバルクターミナルの場合には、基本的には小口荷主や特定荷主を対象とするターミナルが多いため、潜在的な荷主の特定が重要である。

通常は、上記のような解析評価は、当該事業のフィージビリティー調査段階でも実施されている。しかしながら、一般的な感度分析としては、料金レベル、効率性、サービス水準（税関、タグボートやパイロットサービス等）をケース設定してまで

は実施していない。従って、ビジネスとしての実現可能性を評価するためには、より詳細な感度分析を、一層現実的な条件設定のもとで実施する必要がある。

特に、コンセッショネアーが主要船社である場合、当該船社が現実的な戦略に基づいて推計がなされる場合には、当該コンセッショネアーが集荷することになる計画取扱量は、かなりの精度を有していると考えられる。

財務分析における感度分析は、タリフ設定やターミナル生産性、人件費、予備資材調達コスト、燃料・光熱費、原価償却、保険料、運営が外注委託される場合には管理委託料、不良債務、専門家調達費用、システム及び情報コスト、オフィス事務費等の営業費用、他の一般管理経費及び私企業の営業状況による利払いコスト等について複数のシナリオを設定して実施する必要がある。

このような現実的な仮定をおいて、財務分析は、コンセッション契約全期間に対して実施すべきである。財務的な実現可能性の評価は、計画されているリスク分担方法に基づいて、予想キャッシュフロー、予想純資産状況、資本収益比率、投資資本配当等に基づいて実施する。

コンセッション・フィーとして、実現可能性のある水準は、前述のリスク分担スキームによって多大な影響を受ける。特に、資本支出のシェア（コンセッションスポンサーとコンセッショネアーの投資資本シェア）の影響が大きい。従って、財務分析は、投資シェア分担の検討と一体的に実施するのが望ましい。

財務的な実現可能性に関する感度分析を実施後、コンセッション・フィーの水準については、コンセッション契約期間中の利潤の純現在価値（NPV）に基づき決定する。コンセッション・フィーは、基本的には土地・施設のリース料であり、コンセッションスポンサーの投資額（ローンの返済利子含む）に基づき計算される固定費と一般的にはロイヤルティーもしくはのれん料（good will）と称されるもので、上記の利潤のNPVに基づき算出され、コンセッション期間を通じて、収入に対する任意のパーセンテージで定期的に支払われる変動費をベースに決定されるのが望ましい。

コンセッション・フィー水準とタリフレベルや貨物量等を含む営業上の要因を変数として、リスク分担の枠組みが財務的に可能かどうかを評価する方法として、本章9.（プロジェクト評価）に示す財務指標を用いることを提案する。

すなわち、コンセッション・フィーの総額は譲許側が自ら運営した場合に期待しうる粗利率の現在価値が収入に対するコンセッション・フィーの額の比率（レベニューシェア方式をとる場合はこれがコンセッション・フィーの率の上限額となる）

とし、譲許側が貸与する土地の賃貸料（周辺地価を参考に設定）、資産の評価額の現在価値もしくは支払うべき長期借入金の返済額をベースに固定フィーの水準を決め、上記レベニューシェアの上限値との差額を変動フィーと設定する。

このように仮設定したコンセッション・フィーでコンセッショネアー及び譲許側のコンセッション期間中の前記財務諸指標を比較検討し、両者が共に健全な運営が可能となる額を設定する。従って、コンセッション・フィーの可能な水準は取扱量とタリフ（コンセッショネアーの基本収入額を決定する）、機器や人件費等運営経費、投資額等それぞれの財務の影響を与える諸要素によって影響される。

コンセッショネアー側にあっては、株主資本利益率（ROE）を問題とする場合があるが、これはコンセッショネアーとしての会社が、株主に対する利益率がJV構成員の重要な判断基準となるためであり、実施機関にとっては、何ら意味を有する指標とはならない。むしろ実施機関にとっては、コンセッショネアーの会社が債務超過となり、倒産の危機に陥り、コンセッションの目的が達成できなくなることを防ぐ目的で債務・資本比率を契約で縛る場合が多い。

5.3 コンセッション・フィーの試算例

コンセッション・フィーの妥当な水準は、コンセッショネアーとコンセッション譲許側（しばしば港湾管理者と同じ主体である）のコンセッション期間中の財務計算を行い、様々な財務指標を比較して、妥当な水準を決定する。下記はA国におけるコンセッションの事例を示している。

財務は取扱量の予想や、投資の分担方法、導入する機器の数量等の他、ユーザーから支払われる各種料金の受領者（オペレータの収入とするか、港湾管理者の収入とするか）等により異なってくる。一般的には図15に示すような料金授受が関係者の間でなされる。

図15 港湾における料金収受

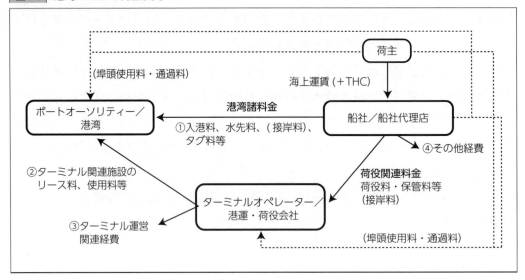

　港湾料金は対象国の法令や規則、あるいは港湾管理者の規則で定められている。これらに基づきその国における料金体系と関係者間での資金、収入、支出の流れを把握する。

　A国のコンセッション・フィーの決定のための財務計算ではこの関係者間の金銭の流れをもとに財務計算を行い、コンセッションの条件の変化や需要の変化に対する感度を分析している。表10は感度分析のための入力条件とこの入力条件のもとで計算されたコンセッション・フィーの値を示している。

　この試算例では、コンセッション・フィーは固定費と変動費で構成されており、固定費は基本的には譲許側がターミナルに投資した資金の金利を含めた毎年度の返済資金をコンセッション期間中で回収する必要のある額であり、変動費はコンセッショネアーの収入のパーセンテージで徴収するという前提になっている。これらは需要の変動により、収入が十分ではなく、全額を支払うと採算不良となる場合があるため、五年ごとに固定費の支払い額を変更しつつ採算性を見ることができる財務モデルとなっている。

　この事例では、港湾管理者が、初期投資としてターミナルの建設費（2バース）とターミナルのオペレーションに必要な基本的機器である、ガントリークレーン（4基）及び、RTG（Rubber Tired Gantry Crane）(15基)を整備、その他の機器及びクレーン、RTGの更新投資はコンセッショネアーが行うという前提になっている（コンセッション期間は30年としているため、実質ガントリークレーンの更新は不要としている）。

荷役能率については、クレーンの時間当たり取扱い能力（個数／時間／基）を入力する（この事例では20個／時間／基としている）。

表11はこれらの入力条件でのコンセッショネアーと譲許側（港湾管理者）のコンセッション期間中の財務状況を示したものであり、財務評価は、コンセッション・フィー水準とタリフレベルや貨物量等を含む営業上の要因を変数として、リスク分担の枠組みが財務的に可能かどうかを評価する方法として、本章9.1に示す財務指標を用いている。

この事例では、運営効率以外の指標は全て良好な状態にあること、コンセッション・フィーの水準も、港湾管理者が直営で運営を行った場合（従来の政府企業による運営の実績を参考に、民間による運営よりも取扱量が30%は低下するであろうという仮定を置いている）の営業利益率（この事例では59.44%）以下のコンセッション・フィーであれば、民間が参入するインセンティブがあると判断している。

III. 事業計画の検討 (F/S レベル)

図10 財務計算入力条件

Terminal Capacity (TEU)		600,000	First	End
Concession Year			2013	2043

Year	first 5 years	2nd 5 years	3rd 5 years
Demand Control	100%	100%	100%

Productivity	No-working hours		Productivity (Box/hour)
Average Ship Size (10,000TEU)	2		20
Average Ship Size (6,200TEU)	2		20
Average Ship Size (4,000TEU)	2		20
Average Ship Size (3000TEU)	2		20
Average Ship Size (1000TEU)	2		20

Wharfage		TOC	PMB
Wharfage for Vessels	100%	100%	0%
Wharfage for Cargo	100%	100%	0%

Maintenance dredging		TOC	PMB
Maintenance dredging	100%	0%	100%

Income Tax		TOC	PMB
Rate of income tax	25%	25%	0%

Equipment Renewal		TOC	PMB
Crane Renewal	4	4	0
RTG Renewal	15	15	0

Equipment Leasing Status Switch			Yes (1)
If QGC is leased to TOC (for only loan repayment case)			0
If RTG is leased to TOC (for only loan repayment case)			0

Concession Fee Level		Fixed	Variable
Conccession Fee Level	First 5 years	100%	0%
	Second 5 years	100%	0%
	Third 5 years	100%	10%
	Max after fixed=0		30%

Concession Fee Type	Vietnam Type (1), Loan repayment (0)		0

Insurance & Claims %of Revenue		TOC	PMB
Insurance & Claim Rate		1.50%	1.00%

5 コンセッション価格

Bad Debt Ratio to Revenue	TOC	PMB
Bad Debt Ratio to Revenue	0.50%	0.00%

Debt/Equity Ratio	Debt	Equity
used only for initila 3 years investment	6	4

Exchange Rate	JPY	VND
US$	82.4	20,828

Loan Condition	term	interest
PMB JICA Loan	30	0.40%
PMB Local Loan (Government)	30	0.00%
PMB Local Loan (Private)	10	8.00%
TOC Long Term Loan	10	8.00%

Parameter for Fluctuation of Investment Cost	PM
Infrastructures	100%
Equipment (Crane)	100%
Equipment (RTG)	100%
Consulting Service	100%
PMB Local Loan Portion	100%

Ⅲ. 事業計画の検討（F/S レベル）

図11　財務計算出力表

			Financial Indicators		2013
TOC	PROFITABILITY (Net Operating Income/ Net Fixed Assets)				
		Rate of Return on Net Fixed Assets (Criterion: over %)	8.00%		-186.15%
	OPERATIONAL EFFICIENCY				
		Operating Ratio (Criterion: under 0.7- 0.75)			4.60
		Working Ratio (Criterion: under 0.5- 0.6)			4.28
	LOAN REPAYMENT CAPACITY				
		Debt Service Coverage Ratio (Criterion: over 1.0)			0.00
		concession fee rate (fixed)			100%
		concession fee rate (variable)			0%
	FINANCIAL INTERNAL RATE OF RETURN		10.1%		
	RETAINED EARNINGS TOTAL		47,537		
		total concession fee/ revenue			348%
	MAXIMUM CONCESSION FEE RATE	NPV (Profit/Revenue)	71.66%		
			Financial Indicators		2013
PMB	PROFITABILITY (Net Operating Income/ Net Fixed Assets)				
		Rate of Return on Net Fixed Assets (Criterion: over %)	8.00%		0.87%
	OPERATIONAL EFFICIENCY				
		Operating Ratio (Criterion: under 0.7- 0.75)			0.76
		Working Ratio (Criterion: under 0.5- 0.6)			0.04
	LOAN REPAYMENT CAPACITY				
		Debt Service Coverage Ratio (Criterion: over 1.0)			0.00
		Retained Earnings Total		167,217	
	FINANCIAL INTERNAL RATE OF RETRUN			2.3%	

5　コンセッション価格

	2014	2015	2016	2017	………	2037	2038	2039	2040	2041	2042	2043
	-42.11%	-25.92%	27.66%	56.22%	………	19.08%	22.28%	25.72%	33.82%	43.07%	59.72%	120.66%
	1.16	1.07	0.95	0.89	………	0.85	0.85	0.85	0.85	0.85	0.85	0.77
	1.09	1.00	0.89	0.84	………	0.70	0.70	0.70	0.70	0.70	0.70	0.70
	-1.50	-0.08	2.66	4.33	………	1.66	1.47	2.76	3.23	3.42	3.50	3.38
	100%	100%	100%	100%	………	100%	100%	100%	100%	100%	100%	100%
	0%	0%	0%	0%	………	10%	10%	10%	10%	10%	10%	10%
	83%	76%	66%	62%	………	50%	50%	50%	50%	50%	50%	50%

	2014	2015	2016	2017	………	2037	2038	2039	2040	2041	2042	2043
	0.89%	0.91%	0.94%	0.97%	………	5.24%	6.73%	6.98%	7.24%	7.51%	7.82%	8.16%
	0.76	0.76	0.76	0.76	………	0.49	0.37	0.37	0.37	0.37	0.37	0.37
	0.04	0.04	0.04	0.04	………	0.04	0.04	0.04	0.04	0.04	0.04	0.04
	9.74	0.93	0.93	0.94	………	1.24	1.24	1.25	1.26	1.26	1.26	1.26

6 プロジェクトコストの推計

プロジェクトコストは収入源である港湾諸料金とともにコンセッションの条件設定に最も重要な要素である。プロジェクトコストは通常（1）資本コスト、（2）運営コスト、（3）維持コストに分類できる。

港湾のターミナルの場合の主要な資本コストは、下物と呼ばれる岸壁の建設費と上物と呼ばれる建屋・ゲート、荷役関連機器等である。荷役機器等は一般的にコンセッション期間以内に耐用年数が来るため、機器の耐用年数に応じた更新投資額も推計する必要がある。

運営・維持コストは、コンセッショネアー側の場合、主要な費目は、オペレーターの管理事務所の人件費、現場荷役作業等の作業員の人件費、光熱費、機器等が消費する燃料費、機器の維持修繕経費（概ね初期投資額の1％程度）、ターミナル基本施設の経常維持・補修費（ほぼ初期投資額の0.1％程度）である。

6.1 必要投資額

コンセッションの一つの大きな目的が資金負担のパートナーとしてのコンセッショネアーを見出すことである。港湾、特にコンテナターミナルのような近代的ターミナルの開発には多大な初期投資が必要となる。このため、JICAローンによる港湾の開発事業ではインフラの整備とショアークレーン等初期投資額の大きな部分はソフトローンで整備し、オペレーターによって使い方が異なる荷役機器、建家、コンピューターシステム等の上物はコンセッショネアーの負担とする投資分担が行われるのが一般的である。

ターミナルを運営するためには、目標とする能力を発揮するための機器等への必要不可欠な投資がある。目標とする能力を担保するため、コンセッショネアー側で負担すべき必要投資額を見積もり、契約において、投資の最低義務額を設定することはしばしば行われる。

最低必要投資額は、営業開始までに整備すべき機器、コンピューターシステム、建家等の他、場合によってはMARPOL条約等で義務付けられる廃棄物の受け入れ・焼却施設等の整備を含めることもある。またコンセッション期間中に必要な機器の更新投資も実施されなければならない。このため、これら必要最低投資額を見積も

り、この投資が達成されることを担保するため、入札者の要件として、必要最低投資額を担保する額をコンセッショネアーが設立する会社の払込資本金の最低額として現金支払いを義務付けることが一般に行われている。

必要投資額については、前述コンセッション料の試算を実施するためにもその見積もりは必要であり、より正確な価格を見積もるために、コンセッション計画策定前に詳細設計調査（D/D）による建設期間中の工程計画を含む積算価格を算出しておくことが望ましい。特に途上国での投資は、大半の機器や工事費が輸入による外貨を必要とすることが多いので、為替による価格変動が採算性に大きな影響を及ぼすため、その国における過去の為替の変動を考慮した投資額の推計が重要である。

プロジェクトコストは、プロジェクトへの投資可能性を決める重要な要素である。プロジェクトコストは、大きく分けて建設コストと運営コストに分かれるが、特に重要なのは建設コストである。

既存のF/S調査等がある場合には、この調査結果をレビューすることになるが、この場合のコストのチェックポイントを以下に示す。建設コストは実施された設計内容に基づき、妥当な施工法を検討のうえ、積算を行うという手順で推計されるため、この作業の各段階が合理的な検討がなされているかをチェックすることが必要である。

設計のチェックポイント

設計のチェックには、まず設計条件が妥当であるかをチェックする必要がある。すなわちプロジェクト位置の自然条件と施工条件の把握が重要である。

a．設計条件
　（1）自然条件
　　　① 気象・海象条件
　　　　●現象を十分把握しているか
　　　　●特別な現象（漂砂や静振等）を見落としていないか
　　　　●風向、風速や波高・周期等が十分に予測されているか
　　　② 土質条件
　　　　●土性を十分把握しているか
　　　　●土質強度をボーリングのばらつき等を考慮して十分安全にとっているか

（2）施工条件
　①　自然条件からくる施工の制約
　　●季節風、風、潮汐、潮流等から施行できない状況を予測してあるか
　　●特殊な現象からくる制約を考慮しているか
　②　施工法の選択
　　●現地の施工法を十分考慮しているか
　　●無理な大型機械等の導入などを前提としていないか
　　●施工機械の種類、容量、台数が現実的か

b．構造物法線と構造タイプ
（1）法線
　①　地盤や地形を十分考慮しているか
　　●砕波の起こりやすいところ、波の集中するところでないか
　　●局所的に地盤の弱いところでないか
　②　隅角部を不用意に作っていないか
　③　防波堤の場合、構造によって工夫されているか
　④　航路の場合、方向、曲率半径等に工夫があるか
　　●山や岬等目印となるものを利用しているか
　　●横波、横方向からの流れを評価しているか
　⑤　将来の拡張の可能性あるいは余地を考慮しているか

（2）構造タイプ
　①　オーソドックスな構造としているか
　②　現地で調達できない材料、機械を必要としていないか
　③　維持補修ができるだけ不要なタイプとなっているか
　④　施工が容易な設計となっているか（できる限り海上工事を避けること）

c．構造・断面・強度
（1）各種安全率を適切にとっているか
（2）鋼材の腐食対策として腐食しろを十分とってあるか

（3）航路の場合、幅員、水深、斜面勾配が適切か
（4）岸壁背後地の沈下や吸出しの対策を考慮しているか
（5）洗掘に対する余裕を十分とってあるか
（6）将来の延長や増深の可能性、余地を残しているか
（7）上載荷重（特にコンテナクレーン等）は自社が予定する機器の設置が可能な配慮がなされているか

積算のチェックポイント

　通常 F/S 調査で実施される積算は D/D（detailed design）段階で実施される積算とは大きく異なっている。F/S 調査ではコストは∓15～20％の精度で試算されるが、このような大きな誤差は港湾プロジェクトの PPP の採算性にクリティカルな状態となる。従って、現地での施工事例等を調査し、できる限り精度の高い積算値を得ることが必要となる。また建設期間が3～4年と長くなり、借入金元利支払いにも大きく影響するため、積算は工期別、外貨・内貨別、工種別で建設費、資材購入費、engineering service 費、contingency、維持管理費に分けて積算がなされる必要がある。

　適正な費用算出のためのチェックポイントは次の通り。
（1）労務費
　　　●熟練労働者と未熟練労働者の区別を工種ごとにつけておく
　　　●海外技術者の必要性の有無

（2）材料単価、機械購入費
　　① 外貨・内貨別共通事項
　　　過去の価格動向、政府の単価、地元建設業者・コンサルタント・商社等から類似工事の価格をヒアリングして相互チェックする。
　　② 外貨項目
　　　国内調達を第一に考え、入手不可能なもの、価格的に合わないものは輸入材とする。
　　　輸入材価格は国際価格を調べる。すでに輸入実績のあるものについては CIF、プロジェクト価格、現地輸送費を明確にする。
　　③ 内貨項目

現地の材料供給先にて材料の調達可能性（材質、量）、運搬方法を調査する。

④ 機械購入費

荷役機械、運営用機器は耐久年数を調査し、更新時期を明確にする。

⑤ 作業用機器、船舶輸送費、回航費及び損料

その国にすでにあるもの、新規購入するもの、海外より運搬、回航するものの３種に分ける。

現地での調達可能性を十分調査する。

海外調達の必要なものは、近隣諸国での調達可能性を調査する。

⑥ 歩掛、代価

現地の実情（例えば石山の場所、供給量等）を考慮して運搬方法、機械を仮定して合理的、経済的な方法を探す。そのため同じ地域の同種工事の実績を調査する。

⑦ 維持修繕費

維持浚渫費は維持費の大きな項目である。維持修繕費は通常建設工事費の１％程度を見ている。

6.2　運営コスト

　ターミナル運営コストは、スポンサー側（港湾管理者）では、主要なものは、航路の維持浚渫費、基本施設の維持・補修費と現場事務所の管理経費（主として人件費）であり、コンセッショネアー側（オペレーター）では、機器、照明等のための燃料及び光熱費、人件費、施設維持費、しばしば岸壁前面泊地の浚渫費はオペレーター側の責任となるため維持浚渫費がある。

　A国のターミナルでの事例では、機器の維持費は一般的に初期投資額のほぼ１％／年、土木・建築施設の場合は初期投資額のほぼ0.2％／年程度がかかる。この事例ではガントリークレーンとRTGの初期投資はスポンサー側が行うため、維持費の10％をスポンサー側、90％をコンセッショネアー側が負担、施設の維持費はスポンサー側が20％、コンセッショネアー側が80％を負担するとしている。多くの場合、これら維持費はコンセッショネアー側が負担するケースが多いが、この事例の場合は、施設・機器の建設後にコンセッショネアーとの契約が行われるため、設計・施工に伴うリスクをスポンサー側がある程度は負担するという考えとなっている。

燃料光熱費は、スポンサー側は現場港湾事務所の光熱費、コンセッショネアー側（オペレーター）は機器の燃料費、コンテナターミナルの場合は、冷凍コンテナ用電気料金、クレーン等の電気料金が主要な費用である。経験値としては、機器の初期投資額のほぼ2％が燃料・光熱費として経費がかかるが、オペレーターによっては取扱い貨物量（TEU）に比例させ、TEU当たりの燃料・光熱費原単位をもとに推計している。

次に大きな費用を占めるのが、人件費であるが、これは国により、職種によって賃金体系が異なるため、その国における賃金実態を調査したうえで、必要な人員構成計画を作成し、人件費の試算を行う。

人件費はターミナルの港湾管理事務所の人員構成と給与体系、オペレーターの人員構成と給与体系をもとに推計する。オペレーター側はターミナル事務所の経営スタッフと現場オペレーションの労働者との2種で構成され、現場オペレーションの要員は導入する機器の数量と、ターミナル・オペレーションのシフト制をもとに推計する。取扱量が増加すれば、機器の追加も行われるので当然に人員の増強（addで示している）が行われることに注意する必要がある。

これ以外にオペレーター側の運営費（間接経費）として、事務所の諸経費（overhead cost）があるが、これはほぼ管理事務所人件費の40％程度をみればよい。また、オペレーター側の大きな支出項目はコンセッション・フィー（スポンサー側は収入項目）があるが、これは財務計算の前提条件に基づき固定費（インフラが政府側によって提供される場合には基本的にはインフラ初期投資額の元利償還金額をベース）と変動費（レベニュー／プロフィットの％）により算出した料金とする（BOTの場合には$/TEUで支払う場合がある。付録にコンセッション・フィーの事例を添付しているので参照のこと）。

III. 事業計画の検討（F/S レベル）

付録：コンセッションフィー事例

Sri Lanka	SAGT　　BOT		
	For first 3 years		
	Volume/year (TEU/y)		
	0-250,000		$1　/TEU
	250,001-550,000		$2　/TEU
	550,001		$3　/TEU
	Fourth year and after		
	Minimum requirement		
	550,000		$3　/TEU
	Fifth year and after		
	Same as above with escalation corresponding with terminal charge		

Indonesia	JICT		
	Royalty Fee: 10% of gross preceding month revenue		
	Monthly payment		

Salalah	Container Terminal		
	Land Rent: Stated in separate land lease agreement		
	$255,814/y: increased annually by 3%		
		1st yr	$255,814
		15th yr	$36,941.63
		30th yr	$602,842.45
	50% of net profit followng the formular for specific calculation of net profit		

6 プロジェクトコストの推計

Thailand	Thai Laem Chabang B5		1 bart=$	0.034162	
	year	baht		US$	
		Fixed	Additional	Fixed	additional	total
	1	0	0	0	0	0
	2	0	0	0	0	0
	3	10,000,000	20,000,000	341,620	683,240	1,024,860
	4	15,000,000	20,000,000	512,430	683,240	1,195,670
	5	20,000,000	20,000,000	683,240	683,240	1,366,480
	6	30,000,000	20,000,000	1,024,860	683,240	1,708,100
	7	35,000,000	23,000,000	1,195,670	785,726	1,981,396
	8	40,000,000	23,000,000	1,366,480	785,726	2,152,206
	9	60,000,000	23,000,000	2,049,720	785,726	2,835,446
	10	75,000,000	23,000,000	2,562,150	785,726	3,347,876
	11	100,000,000	26,000,000	3,416,200	888,212	4,304,412
	12	125,000,000	26,000,000	4,270,250	888,212	5,158,462
	13	365,000,000	26,000,000	12,469,130	888,212	13,357,342
	14	365,000,000	26,000,000	12,469,130	888,212	13,357,342
	15	365,000,000	32,000,000	12,469,130	1,093,184	13,562,314
	16	365,000,000	32,000,000	12,469,130	1,093,184	13,562,314
	17	365,000,000	32,000,000	12,469,130	1,093,184	13,562,314
	18	365,000,000	32,000,000	12,469,130	1,093,184	13,562,314
	19	365,000,000	38,000,000	12,469,130	1,298,156	13,767,286
	20	365,000,000	38,000,000	12,469,130	1,298,156	13,767,286
	21	365,000,000	38,000,000	12,469,130	1,298,156	13,767,286
	22	365,000,000	38,000,000	12,469,130	1,298,156	13,767,286
	23	365,000,000	45,000,000	12,469,130	1,537,290	14,006,420
	24	365,000,000	45,000,000	12,469,130	1,537,290	14,006,420
	25	365,000,000	45,000,000	12,469,130	1,537,290	14,006,420
	26	365,000,000	45,000,000	12,469,130	1,537,290	14,006,420
	27	365,000,000	54,000,000	12,469,130	1,844,748	14,313,878
	28	365,000,000	54,000,000	12,469,130	1,844,748	14,313,878
	29	365,000,000	54,000,000	12,469,130	1,844,748	14,313,878
	30	354,000,000	54,000,000	12,093,348	1,844,748	13,938,096

7 運営収入の推計

7.1 港湾におけるタリフ構造

　ターミナル運営による収入はユーザーから徴収する港湾料金、荷役料金であるが、これは国により法令・規則で規定されている場合が多いため、事前にその国の港湾運営規則類をレビューしておくことが必要である。

　先に述べたように、タリフ・コントロールは、港の経済的側面での様々な規制・調整のために使用される最も一般的な方法である。タリフは、それぞれの港湾で異なる。というのも、提供されるサービス（例：コンテナ荷役、タグボート、水先案内）、使用施設（例：ガントリークレーン、ヤード、上屋）、タリフを課す関係者（例：船社または船社代理人、船荷主）、そして従量の単位（例えば、水先案内料の場合、船舶のGRTまたは喫水に応じて徴収される）が、各港湾によって様々であるからである。このため、タリフは一見ばらばらで複雑のように見えるが、そのコアは、あらゆる港湾に共通する「船舶や貨物の取扱いに必要な基本的サービス」である。タリフ管理者は、総料金の大半を占める（下表参照）、また全ての港湾が一般的に提供するこれらのサービスに注目するのが通例である。

項目	総料金に占める比率
インフラの使用料	5% - 15%
接岸関係費	2% - 5%
貨物荷役費	70% - 90%
フォワード料金	3% - 6%

　この基本的サービスは、二つのカテゴリーに分けることができる。

（1）船舶へのサービス

　基本的な船舶サービスには、船舶の出入港と離接岸に係る業務が含まれ、これらは、水先人料、水先案内船料、タグボート料金（離接岸）、綱取（綱放）料、そして航路や航行補助施設の使用（入港料）などである。また、基本的な船舶サービスには、関連する港湾施設の使用（例：ドック施設・岸壁の占用）や一般的な港の公共施設の使用も含まれ、一般にPort Dueという形で徴収される。

(2) 貨物へのサービス

基本的な貨物サービスは、3つの関連する業務を含んでいる。

- (ア) 船舶と岸壁（ドック）または保管場所間の横持ち輸送
- (イ) 保管場所とゲート外部間の輸送
- (ウ) ヤード内である一定日数間の一時的な蔵置（コンテナのケース）、関連料金は労働者、岸壁上の荷役機械、ヤード内の設備（レンタル）、そして港湾施設（「備え付け設備」と「埠頭使用料」）の使用についてのものである

図16港湾料金とその発生場所は、典型的なコンテナターミナルにおいて、これらの料金がどこに適用されるか、関連を示している。

図16 港湾料金とその発生場所

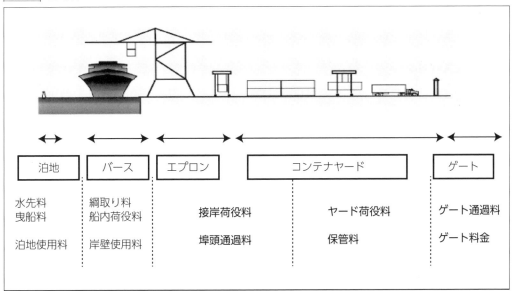

タリフ規定が必要な場合、タリフの管理者は、最初にサービスの内容と提供者を見定める必要がある。伝統的な従来型の港湾、すなわち公共のポートオーソリティが港湾運営を行っていた際には、公共の事業体が上記基本的なサービスの全てを実際に提供していた。これは、タリフ管理者の視点からすれば、わかりやすい形である。つまり、全ての基本的なサービスを公共体が独占し、規制は一者（＝公共体）を対象とすれば良いからである。

Ⅲ. 事業計画の検討（F/Sレベル）

　今日、多くの港が、民間オペレーターに港湾施設をリースして運営させる家主型（ランドロード）ポートオーソリティに発展し、直接船社や荷主にサービスを提供するのは民間オペレーターが中心である。このような状況では、民間オペレーターは、水先案内、タグボート、船内荷役、保管、そして、ヤード・サービスといった、以前、公共ポートオーソリティの領域であったサービスについても提供することになる。こうしたサービス提供者の責任のシフトにより、金の流れととともに全体のタリフシステムが変わってきているといえよう。もちろん、ポートオーソリティ（または他の政府法人）は、航行援助に係る費用や港湾使用料、そして（リース形態や港湾施設の構成にもよるが）岸壁使用料やゲートサービス料なども徴収し続けるのが一般的である。しかしながら、またポートオーソリティは、一方でバースからゲートまでの各種サービス（例えば船内荷役、ヤード内荷役、保管）を提供し、料金を徴収するオペレーターとのリース契約を結ぶのである。このようにして、タリフ管理者は、単一主体に対する規定から、多くのオペレーターが提供するサービス全体をカバーするような規定へと変化していくこととなる。

　図19は、マイアミ港におけるコンテナ貨物について港湾料金の関係の事例を示している。港湾は、地元政府の管轄下で、家主型（ランドロードポート）オーソリティとして設立されている。現在、マイアミにおける船舶料金は、全ての米国港湾と同様に、港湾維持管理費（Federal Harbor Maintenance Fee）と呼ばれる特別な料金を含んでおり、浚渫や航行支援施設を賄うため、米国連邦政府によって徴収されている。その料金は、貨物の価格の0.125％、または、平均的なコンテナ貨物価格が5万ドルとして、約63ドルである。しかしながら、地元ポートオーソリティにより課され、船舶のGRTを基準に計算されるHarbor Feeとよばれる第二の料金がある。また、岸壁使用料は、「接岸負荷量（Load on Arrival）」（船長×24時間）あたり約20ドルで換算される。

　マイアミにおける貨物料金は、埠頭使用料に含まれ、1.7ドル／トンまたは14トンのコンテナに換算して25.15ドルである。貨物の埠頭使用料は、船社に直接請求され、それは海上運賃（Freight）の中に含まれることになる。荷役料金に関しては、船内荷役とターミナルまたはゲート荷役に係る料金の2種類がある。船内荷役は、民間荷役業者により行われ、クレーン料金を除き平均35ドル／個が徴収される。ターミナル荷役は、地元荷役業者、全四社の民間JVであるPOMTOCにより行われ、空コンテナを含む全てのタイプのコンテナに対し、49.87ドル／運搬を徴収している。ガントリークレーン料金は、450ドル／hの時間単価に基づき徴収される。なお、ク

レーンは、ポートオーソリティが所有しているが、民間荷役業者が運営している。

ポートオーソリティは、荷主との間での直接的な料金徴収関係はなく、船社及びオペレーターとのみ関係がある。荷主は、港湾維持管理費のみ、連邦政府に直接払っている。

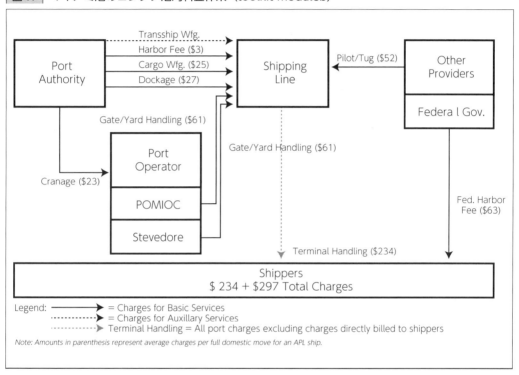

図17 マイアミ港のコンテナ港湾料金体系 （toolkit moduleb）

図18は、カルタヘナポートソサイエティー（Port Society of Cartagena）（コロンビア）における港湾料金の流れを示したものであり、港湾毎に料金の流れが如何に異なっているかがわかる。マイアミでは、施設は地元ポートオーソリティにより管理されているが、カルタヘナでは、コロンビアにおける他港と同様、施設は、コロンビアの法律でポートソサイエティーと呼ばれる民間会社によって管理されている。ポートソサイエティーの基本的な責任範囲はバックアップエリア（バース背後のエリア）の運営であるが、積み卸し作業の荷役は民間の荷役業者が実施している。さらに、水先案内やタグボートの業務を行う他の民間オペレーターもいる。これらのオペレーターは、船内荷役の請負会社とともに、ポートソサイエティーにより、港湾施設の使用料（いわば参入料）が請求される。マイアミのケースと異なり、ポートソサイエティーは、荷主との直接的な料金徴収関係があり、またオペレーター（荷

役請負会社)にバース及び埠頭の使用料を直接請求している。荷主は、ヤード内荷役の料金も、荷役会社によって直接請求される。

　民営化により出現する複雑さは、タリフの管理者が、港湾サービスがどのように提供され、誰が誰に料金を支払っているかについて、認識を深めることが必要になっていることを示唆するものである。国は同じでも、それぞれの港湾における運営規定次第で、様々な料金フロー構成がありうるであろう。これら、マイアミ港とカルタヘナ港の2つの図に示されるように、競争の程度にもよるが、タリフ管理者は、ポートオーソリティだけでなく、実際の港湾運営に関わる多くの民間事業者の価格設定の状況を監視する必要が出てくるものと考えられる。

図18　カルタヘナ港のコンテナ港湾料金体系

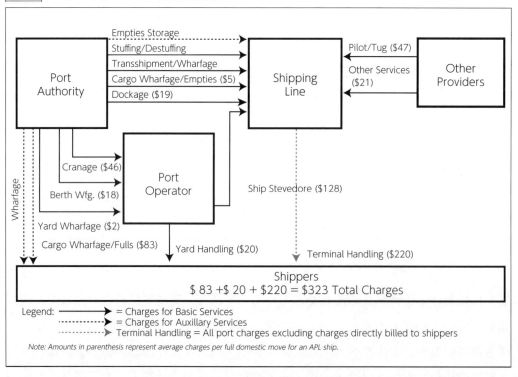

　ベトナムにおいては、ターミナル料金は表12に示す体系となっており、民営化されたのちも基本的に国営企業が運営していたときに定めた政府料金の体系を引き継いでいる。

　ベトナムの政府が定める港湾管理者が徴収する料金は表13の通りである。Wharfageが船舶用と貨物用に分けられているのは船舶用は多くの国で定義されて

いるDockage（岸壁使用料）であり、貨物用はWharfage（埠頭通過料）に相当するものである。コンセッションの場合、オペレーターは政府／港湾管理者へコンセッション・フィーの固定費を支払うため、これら2種類の料金はオペレーターが徴収し、オペレーターの収入とされる。

　これら料金による収入を推計するには、需要予測において、各料率の単位となっている、貨物の種類ごとの量の推計、利用船舶のサイズ別利用頻度、係留時間等の推計が必要となってくることに注意を要する。

III. 事業計画の検討（F/S レベル）

表12 ベトナムのターミナル料金

Container Handlng Charge	Unit	Sigonport	
		Total	By Ship Gear
20-feet contaner (Laden)	USD/Con.	59.00	45.00
20-feet contaner (Empty)	USD/Con.	40.00	26.00
40-feet contaner (Laden)	USD/Con.	90.00	69.00
40-feet contaner (Empty)	USD/Con.	59.00	38.00
Over 40-feet contaner (Laden)	USD/Con.	124.00	103.00
Over 40-feet contaner (Empty)	USD/Con.	78.00	57.00
Reefer 20-feet Container	USD/Con.	59.00	45.00
Reefer 40-feet Container	USD/Con.	90.00	60.00

Charge for Storage (Box-days)	Unit	VICT	Sigonport
20-feet contaner (Laden)	$/Con-day	1.45	1.50
20-feet contaner (Empty)	$/Con-day	0.73	1.00
40-feet contaner (Laden)	$/Con-day	2.18	3.00
40-feet contaner (Empty)	$/Con-day	1.09	1.50
Over 40-feet contaner (Laden)	$/Con-day	3.27	3.50
Over 40-feet contaner (Empty)	$/Con-day	1.73	2.25
Reefer 20-feet Container	$/Con-day	1.63	1.20
Reefer 40-feet Container	$/Con-day	2.45	1.70

Bulk, Break Bulk	Unit	Sigonport	
		Total	By Ship Gear
Construction Material	USD/ton	5.30	3.70
Steel	USD/ton	4.60	3.00
Fertilizer	USD/ton	3.45	1.85
Coal	USD/ton	3.45	1.85
Manufacturing Good (B.B)	USD/ton	5.30	3.70

Mooring	90.00	USD/each
Unmooring	90.00	USD/each
Moorng	45.00	USD/each
Unmooring	45.00	USD/each

7　運営収入の推計

	Sigonport	Decision 61		
	Equipment	Total	By Ship Gear	Equipment
	14.00	63.00	57.00	6.00
	14.00	40.00	34.00	6.00
	21.00	94.00	85.00	9.00
	21.00	59.00	50.00	9.00
	21.00	136.00	127.00	9.00
	21.00	89.00	80.00	9.00
	14.00	63.00	57.00	6.00
	21.00	94.00	85.00	9.00

	Decision 61
	1.60
	0.80
	2.40
	1.20
	3.60
	1.80
	0.88
	1.28

	Sigonport	Decision 61		
	Equipment	Total	By Ship Gear	Equipment
	1.60	6.20	4.60	1.60
	1.60	5.70	4.10	1.60
	1.60	3.90	2.30	1.60
	1.60	3.90	2.30	1.60
	1.60	6.20	4.60	1.60

III. 事業計画の検討（F/S レベル）

表13 ベトナムの港湾料金

Port Tarrif	New
Tonnage Dues	98/2008/QD-BTC
Entry	0.032
Departure	0.032
Maritime Safety Fee	98/2008/QD-BTC
Entry	0.100
Departure	0.100
Anchorage Fee	
For transport means	98/2008/QD-BTC
Within 30 days	0.0005
From day 31	0.0003
For cargoes	0.070
Wharfage	
For transport means	98/2008/QD-BTC
Stay at wharf	0.0031
Stay at buoy	0.0013
For cargoes	
Handling at wharfage	98/2008/QD-BTC
Conventional cargoes	0.180
20-feet container	1.600
40-feet container	3.200
Over-40-feet container	4.000
Handling at buoy	0.090
Transport means	98/2008/QD-BTC
Refrigerating vehicles, crawler, grab, road roller, forklift, crane	2.700
15-seat cars or lower, trucks of capacity of 2.5 ton or lower	0.900
Other cars/trucks apart from the above mentioned	1.800
Liquid	0.900
Cargo going through oil/gas specialized ports	0.900
For passengers	98/2008/QD-BTC
Entry	1.000
Departure	1.000
Procedure fee	
State mamagement fee	98/2008/QD-BTC
Vessels of 100GT and lower	10.000
Vessels from 100GT to 500GT	20.000
Vessels from 500GT to 1000GT	50.000
Vessels of 1000GT and higher	100.000
Certification fee	20.000

7　運営収入の推計

Previous	Unit	Remarks
88/2004/QD-BTC		164/2010/TT-BTC, 50,000GT<
0.032	USD/GT	0.0192
0.032	USD/GT	0.0192
88/2004/QD-BTC		164/2010/TT-BTC, 50,000GT<
<u>0.135</u>	USD/GT	0.06
<u>0.135</u>	USD/GT	0.06
88/2004/QD-BTC		
<u>0.0050</u>	USD/GT-hour	
<u>0.0030</u>	USD/GT-hour	
0.070	USD/ton	
88/2004/QD-BTC		
0.0031	USD/GT-hour	
0.0013	USD/GT-hour	
88/2004/QD-BTC		
0.180	USD/ton	
1.600	USD/con.	
3.200	USD/con.	
4.000	USD/con.	
0.090	USD/ton	
88/2004/QD-BTC		
2.700	USD/unit	
0.900	USD/unit	
1.800	USD/unit	
0.900	USD/ton	
0.900	USD/ton	
88/2004/QD-BTC		
1.000	USD/person	
1.000	USD/person	
88/2004/QD-BTC		
10.000	USD	
20.000	USD	
50.000	USD	
100.000	USD	
20.000	USD/time	

8　政府の支援策

　コンセッション基本計画において、その他の重要な項目として、コンセッショネアーに与えるインセンティブがある。可能なインセンティブには次のようなものがある。

　まず、新規に整備されるターミナルにあっては、運営（営業）が軌道に乗るまでにかなりの習熟期間が必要となる。このため、コンセッショネアーの操業初期の財政負担を軽減する目的で、
　（1）コンセッショネアーが購入する機器等の輸入税の減免措置
　（2）操業初期（4～5年）の所得税の減免措置
　（3）コンセッション・フィーの軽減措置
等を与える場合がある。

　ターミナルの開発がJICAローンのようなソフトローンで実施される場合には、借り手である政府／港湾管理者には据え置き期間が設定されている。エルサルバドルラウニオン港のケースでは本体ローンは償還期間20年、うち据え置き期間7年、ベトナムCM-TVターミナルの場合は償還期間30年、据え置き期間10年となっている。従って、L/A調印後プロジェクトが円滑に実施されれば、操業開始後4年から5年は返済義務が生じないため、コンセッション・フィー収入が少なくても政府／港湾管理者側の財務にはあまり影響を与えない。

　所得税の減免措置等については、オマーンにおいてはコンセッショネアーの法人所得税が5年間は免除されており、それ以降に関しても免税措置を依願できることとなっている。輸入機器に関する関税免除もオマーンの場合には与えられており、通常JICAローンにより実施されるプロジェクトには、輸入される資機材には関税免税が条件とされている場合が多く、受け入れ側政府にあってもコンセッショネアーの実施する輸入機材に関しても関税の免税措置は所得税の減免措置よりも受け入れやすい措置であると考えられる。

9 プロジェクト評価

PPPとしてのプロジェクトの評価は財務分析により、プロジェクトの収益性、債務弁済の安全性、運営の効率性の評価を行うが、これ以外に相手政府の立場からPPPとして実施することの妥当性を評価することとなる。

9.1 収益性（プロジェクトの採算性）

FIRR（Financial Internal Rate of Return: 財務的内部収益率）

$$\sum_{t=1}^{n} \frac{(\text{cash inflow})^t - (\text{cash outflow})^t}{(1+r)^{t-1}} = 0$$

を成立させるrを内部収益率という。

投資の収益性を現在価値で評価したもので、投資の収益性評価指標としては最も包括的な指標である。rが投資者の基準収益率を上回るかどうかによってプロジェクトのFeasibilityを評価するものである。投資者には融資者と出資者があり、基準収益率は融資者の金利と出資者の期待収益率によって決まる。従って、仮にDebt/Equity Ratioが70/30の場合で借入金利が8％、期待収益率が15％とすれば基準収益率は0.7*8％+0.3*15％=10.3％となる。

Rate of Return on Net Fixed Assets（純固定資産利益率）（単年度）

$$\frac{\text{税引前金利負担前純利益}}{\text{純固定資産}}$$

償却後の固定資産に対応する投下資金がどの程度の収益を生み出しているかを判断する指標で、最低限調達金利に見合う利益率が確保されていることが必要であり、調達金利を下回ってしまうと金利を払えなくなってしまう。世銀（調達金

利約8％）では、純固定資産利益率が7％以上であることを要求している。

9.2　債務弁済の安全性

Debt Service Covering Ratio（金融債務補填率）（単年度、累積）

$$\frac{営業利益 + 減価償却費}{長期借入金返済額 + 長期借入金支払利息}$$

　資金の貸し手（金融機関）が、債権を回収できるか否かを判断するための最も標準的な指標で1以上が不可欠だが、1に近い水準では少しでも環境が悪化すると債権回収が困難になることになる。世銀では1.75以上のDSCRを要求している。

Debt Equity Ratio（負債資本比率）
　DSCRと関連付けて見るべき指標で、DSCRが1以下になるようであれば、資本比率を上げ借入金を減らすことが必要である。目安となる比率としては50/50、67/33であり、資本比率が25/75（33％）を下回ると低い資本比率と考えてよい。

9.3　運営の効率性：運営主体の財務的健全性

Operating Ratio（運営経費率）

　　営業経費／営業収入　（％）
　収入及び経費に受取利息、支払利息は含まない。また営業経費は減価償却費を含む。

　企業の運営が効率的に行われているかどうかを判断するための指標で、一般に港湾の場合70％〜75％以下の水準であればよいとされている。投資額が巨額になる港湾の場合、減価償却費が営業経費の大きな割合を占めることとなる。従って、投資額の大小、投資時期によって減価償却費も大きく変動するため、Operating Ratioは経営効率以外の要因に左右されることになる。従ってこのような場合にはWorking Ratioの方が運営の効率性の指標としては適切と考えられる。

Working Ratio（償却前運営経費率）

$$\frac{減価償却費以外営業経費}{営業収入} \quad (\%)$$

　日常の港湾の運営が効率的に行われているかどうかを判断する指標で、50％〜60％以下の水準であればよいとされている。

9.4 VFM (Value for Money)

　通常、港湾プロジェクトをPPPプロジェクトとして実施しようとする国では、（特に従来サービスポートとして公的機関が建設・運営してきた国では）港湾プロジェクトをPPPとして実施する前には、一般的に実施されるF/S（Feasibility Study）に加え、PSC（Public Sector Comparator）との比較のうえでVFMを推定し、PPPプロジェクトとして実施することの妥当性を検討する。

　このため、まずF/Sをベースにプロジェクトのコスト（インフラ、上物、機器）の妥当性を検討することが必要である。コストについて途上国で特に注意を要する点は、機器等に関しては、通常は外国貿易を扱うターミナル（外貿ターミナル）ではターミナルそのものが保税地区になっているのが普通であるため（ターミナルから出入するときに関税がかかる）、保税措置が取られているところが多く（機器の更新等で導入した機器をその国内で販売するときには関税がかかる）、免税措置をとられるが、国によっては、輸入機器に対して輸入税を課すところがある。ベトナムの場合には国内で生産できる機器については国内産品保護の立場から輸入税を課している。

　ターミナルの建設コストについては、通常はF/Sの段階では対象国における平均的な施工方法をもとに過去の事例を参照しつつ労賃や資機材コストを見積もっているが、その国に事例のない大型岸壁等の設計、施工にあっては、周辺国における市場単価等を調べることが必要である。

　またPPPの対象とするプロジェクトの場合は、近年多くの国で、PPPの妥当性を証明するためにVFMを比較することが義務付けられている。

　VMF（Value for Money）とは一般に「支払に対して最も価値の高いサービスを供給する」という考え方であり、同一の目的を有する2つの事業を比較する場合、支

払に対して価値の高いサービスを供給する方を他に対し「VFMがある」という。公共施設等の整備に関する事業をPPP事業として実施するかどうかについては、PPP事業として実施することにより、当該事業が効率的かつ効果的に実施できることを基準にしている。

　公共が自ら実施する場合の事業期間全体を通じた公的財政負担の見込み額の現在価値を「PSC」(Public Sector Comparator)といい、PPP事業として実施する場合の事業期間全体を通じた公的財政負担の見込み額の現在価値を「PPP事業のLCC」(LCC: Life Cycle Cost)と称している。

　Value for Moneyを計算するには次の手順が踏まれる。

　　S1：ベースラインのPSCの作成（資本コスト、運営コスト、資金調達コストを含む、従来方式でのプロジェクト実施のLCC）
　　S2：プロジェクトリスクの発生時期、発生確率、及び大きさの事前評価と同定及び官民の負担方法の同定
　　S3：リスクコストと公的機関に固有の比較優位、劣位の評価に基づくPSCの調整
　　S4：PPP代替案（Shadow Bid）のリスク調整済みLCCの推計（公的機関により負担されるコストも含む）
　　S5：2つの方法のコスト比較

VFMを実施するための前提を以下に示す。

- Project life cycle cost：建設費、調達費及び監督費、運営・維持費、資金調達コスト、公租公課及びインフレ
- Risk Adjustment：異なる調達方式のもとでの残留及び移転リスクの価値推計
- Competitive neutrality adjustment：公的機関に固有の比較優位、劣位を考慮した調整
- Discount rate：time value of moneyを計算するためのプロジェクト期間中のcash flowの調整

これらの手順を示したものが図19である。

図19 VfM分析の手順(U.S Department of Transportation P3-Value Orientation Guide より)[6]

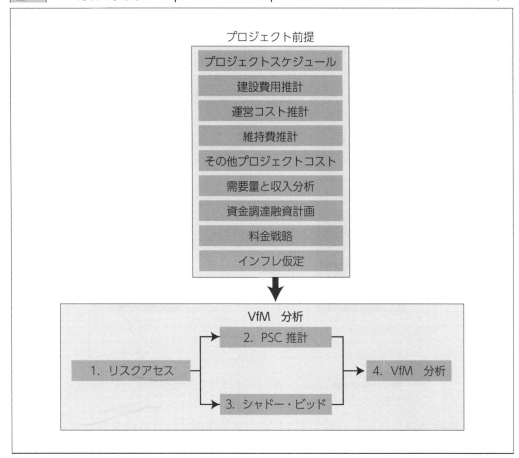

VFMはPSCでプロジェクトを実施する場合とShadow Bidで実施する場合の公共側のプロジェクト期間中のコスト（Life Cycle Cost［LCC］）差のPSCコストに対する比率であらわされる。これらのコストはそれぞれの場合のプロジェクトリスクを評価し、リスク調整済み、及び比較優位（劣位）評価後のコストで比較される。

図20の事例はPSCとPPPオプションのコスト比較を行ったものである。

この事例では、公共調達のベースラインコストは＄60milに対し、PPPプロジェクトでは＄65mil、ベースラインコストではPPPの方が＄5mil多くかつその他コス

---

6 https://www.fhwa.dot.gov/ipd/p3/toolkit/analytical_tools/

トと資金調達コストがさらに＄6milかかる一方で、リスク移転による減額が＄13mil、及び比較優位性調整額が＄8milでコスト差を克服し、結果として政府側は＄9milの節約が可能であり、VFMは7％である。この事例ではリスク移転をPPPプロジェクトにできることにより、より高いベースラインコストを克服してPPPの実施の方が優れているという結果になっている。

図20 P3-VALUE Orientation Guide（U.S. Department of Transportationより）

ここで港湾プロジェクトに関するVFMの試算事例で試算方法を見てみる。

代替え案とするPPPスキームはLandlord Portタイプで、コンセッションにより政府系企業がJICAローンで岸壁、QGC（Quay Gantry Crane）とRTG（Rubber Tiered Gantry Crane）を整備、コンセッショネアーはその他の機器を設置しターミナル運営を行う方式である。資金の流れを示したものが図21である。

図21 資金の流れ

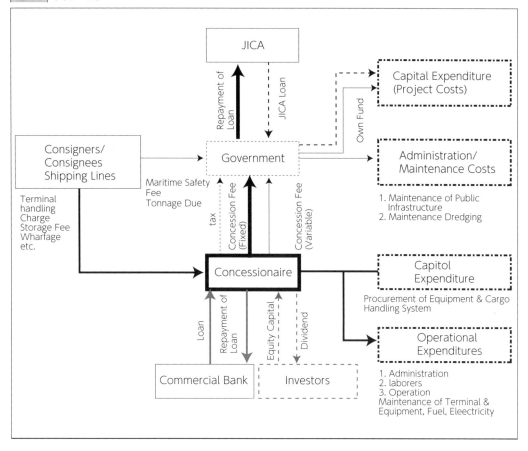

PSC 算定シート（収支予測、インフレなし）

現状では、ターミナル運営は、政府100％所有のSOEにより運営されており、管理部門の人件費は民間ベース単価の約60％となっているが、要員数はほぼ倍となっていることから、PSCでは管理部門の運営経費（人件費）はPPPの場合に比べ1.2倍としている。また現業部門はいずれも現地雇用の職員であり、単価はほとんど変わらないが、民間ベースでは220人程度であるのに比べ、SOEでは330人程度となっていることから、現業部門の運営経費（人件費）は1.5倍とした。

また維持コスト、燃料費等は精算効率を考慮し、PSCの場合は民間実施に比し、約133％増しとなっている。

所得税及び保険に関しては、SOEの場合も民間実施の場合も制度に差はないため、PSCにおいて所得税を見込んでいる。

III. 事業計画の検討（F/S レベル）

表14 PSC 算定事例

Statement of Cash Flows ($'000s) of Cai Mep	2008	2009	2010	2011	2012
Cash Beginning	0	0	0	0	0
Cash Inflow	1,226	27,825	56,037	72,687	87,118
CASH FLOWS FROM OPERATING ACTIVITIES	0	0	0	0	0
Operating Income	0	0	0	0	0
Depreciation (equipment) (for PMB Asset)	0	0	0	0	0
Depreciation (equipment) (Concessionaire)	0	0	0	0	0
Depreciation (Buildings of PMB)	0	0	0	0	0
Depreciation Expense (Infrastructures)	0	0	0	0	0
[Total No cash Items included in Net Income (Depreciation)]	0	0	0	0	0
CASH FLOWS FROM FINANCING ACTIVITIES	1,226	27,825	56,037	72,687	87,118
Initial Long-Term Loans (PMB)	1,060	24,023	48,289	62,476	74,674
Long-Term Loans (PMB Reinvestment)	0	0	0	0	0
Long-Term Loans (PMB Local Portion)	164	3,725	7,503	9,732	11,664
Short-Term Loan (PMB)					
Long-Term Loan (Concessionaire)	0	0	0	0	0
Short-Term Loan (Concessionaire)					
Capitalized Interest (Long-term: Government)	2	76	246	479	780
Cash from Equity (cncessionaire)					
Cash Outflow	1,226	27,825	56,037	72,687	87,118
CASH FLOWS FROM INVESTING ACTIVITIES	1,226	27,825	56,037	72,687	87,118
Construction in Progress (PMB)	1,060	24,023	48,289	62,476	74,674
Capitalized Interest (Long-term: Government)	2	76	246	479	780
Assets Acquired (PMB)	0	0	0	0	0
Assets Acqired Local Portion (PMB)	164	3,725	7,503	9,732	11,664
Assets Acquired (Concessionaire)	0	0	0	0	0
CASH FLOWS FROM FINANCING ACTIVITIES	0	0	0	0	0
Repayment of Initial Loan Principal (PMB)	0	0	0	0	0
Repayment of Interest on Initial Loans (PMB)	0	0	0	0	0
Repayment of Lon-Term Loan Principal (PMB Reinvestment)	0	0	0	0	0
Repayment of Interest on Long-Term Loans (PMB Reinvestment)	0	0	0	0	0
Repayment of Lon-Term Loan Principal (PMB Local Portion)	0	0	0	0	0
Repayment of Interest on Long-Term Loans (PMB Local Portion)	0	0	0	0	0
Repayment of Lon-Term Loan Principal (Concessionaire)	0	0	0	0	0
Repayment of Interest on Long-Term Loans (Concessionaire)	0	0	0	0	0
Repayment of short-Term Loan (PMB)	0	0	0	0	0
Repayment of Interest on Short-Term Loans (PMB)	0	0	0	0	0
Repayment of short-Term Loan (Concessionaire)	0	0	0	0	0
Repayment of Interest on Short-Term Loans (Concessionaire)	0	0	0	0	0
Income Tax (Concessionaire and PMB)	0	0	0	0	0
Cash Inflow - Cash Outflow	0	0	0	0	0
Cash Ending	0	0	0	0	0

正味現在価値（NPV）=21,955（'000$）

	2013	2014	2015	………	2036	2037	2038	2039	2040	2041	2042	2043
	0	2,192	9,032		43,129	46,879	51,142	54,731	61,123	68,052	75,175	82,344
	100,278	8,829	9,969		20,929	26,747	21,733	22,422	20,929	22,551	22,209	20,929
	-871	8,829	9,969		20,929	20,929	20,929	20,929	20,929	20,929	20,929	20,929
	-10,430	-730	410		10,027	10,027	11,826	11,826	11,826	11,826	11,826	14,088
	3,649	3,649	3,649		1,871	1,871	72	72	72	72	72	72
	1,079	1,079	1,079		4,201	4,201	4,201	4,201	4,201	4,201	4,201	1,938
	417	417	417		417	417	417	417	417	417	417	417
	4,413	4,413	4,413		4,413	4,413	4,413	4,413	4,413	4,413	4,413	4,413
	9,559	9,559	9,559		10,902	10,902	9,103	9,103	9,103	9,103	9,103	6,841
	101,149	0	0		0	5,819	805	1,493	0	1,622	1,280	0
	77,261	0	0		0	0	0	0	0	0	0	0
	0	0	0		0	286	0	0	0	286	0	0
	12,107	0	0		0	0	0	0	0	0	0	0
	7,659	0	0		0	5,532	805	1,493	0	1,336	1,280	0
	1,058	0										
	3,064	0	0									
	98,086	1,989	12,961		17,178	22,485	18,145	16,030	13,999	15,428	15,039	13,799
	98,086	0	0	………	0	5,819	805	1,493	0	1,622	1,280	0
	77,261	0	0		0	0	0	0	0	0	0	0
	1,058	0	0		0	0	0	0	0	0	0	0
	0	0	0		0	286	0	0	0	286	0	0
	12,107	0	0		0	0	0	0	0	0	0	0
	7,659	0	0		0	5,532	805	1,493	0	1,336	1,280	0
	0	1,989	12,961		17,178	16,666	17,340	14,537	13,999	13,806	13,759	13,799
	0	0	9,522		9,522	9,522	9,522	9,522	9,522	9,522	9,522	9,522
	0	1,162	1,152		352	314	276	238	200	162	124	86
	0	0	0		57	57	86	86	57	57	86	86
	0	0	0		27	23	41	34	27	23	41	34
	0	0	1,497		1,497	1,497	1,497	1,497	1,497	1,497	1,497	1,497
	0	0	0		0	0	0	0	0	0	0	0
	0	460	460		4,266	4,138	4,692	2,244	1,840	1,837	1,822	1,950
	0	368	331		1,456	1,115	1,226	916	855	708	668	625
	0	0	0		0	0	0	0	0	0	0	0
	0	0	0		0	0	0	0	0	0	0	0
	0	0	0		0	0	0	0	0	0	0	0
	0	0	0		0	0	0	0	0	0	0	0
	2,192	6,840	-2,992		3,750	4,262	3,589	6,392	6,930	7,123	7,170	7,130
	2,192	9,032	6,040		46,879	51,142	54,731	61,123	68,052	75,175	82,344	89,474

III. 事業計画の検討（F/S レベル）

PPP-LCC の算定（収支予測、インフレなし）

表15　PPP-LCC 算定事例

Statement of Cash Flows ($'000s)	2008	2009	2010	2011
CASH BEGINNING	0	0	0	0
CASH INFLOW	1,226	27,825	56,037	72,687
CASH FLOWS FROM OPERATING ACTIVITIES	0	0	0	0
Operating Income	0	0	0	0
Depreciation (equipment) (for PMB Asset)	0	0	0	0
Depreciation (Buildings of PMB)	0	0	0	0
Depreciation Expense (Infrastructures)	0	0	0	0
[Total No cash Items included in Net Income (Depreciation)]	0	0	0	0
CASH FLOWS FROM FINANCING ACTIVITIES	1,226	27,825	56,037	72,687
Initial Long-Term Loans (PMB)	1,060	24,023	48,289	62,476
Long-Term Loans (PMB Reinvestment)	0	0	0	0
Long-Term Loans (PMB Local Portion)	164	3,725	7,503	9,732
Short -Term Loan (PMB)				
Capitalized Interest (Long-term: Government)	2	76	246	479
CASH OUTFLOW	1,226	27,825	56,037	72,687
CASH FLOWS FROM INVESTING ACTIVITIES	1,226	27,825	56,037	72,687
Construction in Progress (PMB)	1,060	24,023	48,289	62,476
Capitalized Interest (Long-term: Government)	2	76	246	479
Assets Acquired (PMB)	0	0	0	0
Assets Acquired Local Portion (PMB)	164	3,725	7,503	9,732
CASH FLOWS FROM FINANCING ACTIVITIES	0	0	0	0
Repayment of Initial Loan Principal (PMB)	0	0	0	0
Repayment of Interest on Initial Loans (PMB)	0	0	0	0
Repayment of Lon-Term Loan Principal (PMB Reinvestment)	0	0	0	0
Repayment of Interest on Long-Term Loans (PMB Reinvestment)	0	0	0	0
Repayment of Lon-Term Loan Principal (PMB Local Portion)	0	0	0	0
Repayment of Interest on Long-Term Loans (PMB Local Portion)	0	0	0	0
Repayment of short-Term Loan (PMB)				
Repayment of Interest on Short-Term Loans (PMB)	0	0	0	0
Income Tax (Concessionaire only)	0	0	0	0
CASH INFLOW-CASH OUTFLOW	0	0	0	0
CASH ENDING	0	0	0	0

正味現在価値（NPV）＝22,634（'000$）　VFM＝2.9%

	2012	2013	2014	········	2037	2038	2039	2040	2041	2042	2043
	0	0	11,311		49,485	52,261	55,029	57,842	60,728	63,657	66,577
	87,118	101,738	11,311		14,476	14,189	14,189	14,189	14,476	14,189	14,189
	0	11,311	11,311		14,189	14,189	14,189	14,189	14,189	14,189	14,189
	0	2,832	2,832		7,488	9,287	9,287	9,287	9,287	9,287	9,287
	0	3,649	3,649		1,871	72	72	72	72	72	72
	0	417	417		417	417	417	417	417	417	417
	0	4,413	4,413		4,413	4,413	4,413	4,413	4,413	4,413	4,413
	0	8,479	8,479		6,701	4,902	4,902	4,902	4,902	4,902	4,902
	87,118	90,427	0		286	0	0	0	286	0	0
	74,674	77,261	0		0	0	0	0	0	0	0
	0	0	0		286	0	0	0	286	0	0
	11,664	12,107	0		0	0	0	0	0	0	0
	780	1,058	0								
	87,118	90,427	1,162	········	11,699	11,422	11,377	11,303	11,547	11,269	11,225
	87,118	90,427	0		286	0	0	0	286	0	0
	74,674	77,261	0		0	0	0	0	0	0	0
	780	1,058	0		0	0	0	0	0	0	0
	0	0	0		286	0	0	0	286	0	0
	11,664	12,107	0		0	0	0	0	0	0	0
	0	0	1,162		11,413	11,422	11,377	11,303	11,261	11,269	11,225
	0	0	0		9,522	9,522	9,522	9,522	9,522	9,522	9,522
	0	0	1,162		314	276	238	200	162	124	86
	0	0	0		57	86	86	57	57	86	86
	0	0	0		23	41	34	27	23	41	34
	0	0	0		1,497	1,497	1,497	1,497	1,497	1,497	1,497
	0	0	0		0	0	0	0	0	0	0
	0	0	0		0	0	0	0	0	0	0
	0	0	0		0	0	0	0	0	0	0
	0	11,311	10,149		2,777	2,768	2,813	2,886	2,929	2,920	2,965
	0	11,311	21,460		52,261	55,029	57,842	60,728	63,657	66,577	69,542

PPP-LCC（コンセッショネアー）

表16 PPP-LCC 算定事例

Statement of Cash Flows ($'000s)	2013	2014	2015	2016
Cash Beginning	0	-11,169	-13,233	-14,090
Cash Inflow	-3,510	-1,237	-67	2,003
CASH FLOWS FROM OPERATING ACTIVITIES	-11,169	-1,237	-67	2,003
Operating Income	-12,248	-2,316	-1,146	924
Depreciation (equipment) (Concessionaire)	1,079	1,079	1,079	1,079
[Total No cash Items included in Net Income (Depreciation)]	1,079	1,079	1,079	1,079
CASH FLOWS FROM FINANCING ACTIVITIES	7,659	0	0	0
Long -Term Loan (Concessionaire)	4,595	0	0	0
Short -Term Loan (Concessionaire)				
Cash from Equity	3,064	0	0	
Cash Outflow	7,659	827	790	911
CASH FLOWS FROM INVESTING ACTIVITIES	7,659	0	0	0
Assets Acquired (Concessionaire)	7,659	0	0	0
CASH FLOWS FROM FINANCING ACTIVITIES	0	827	790	911
Repayment of Lon-Term Loan Principal (Concessionaire)	0	460	460	460
Repayment of Interest on Long-Term Loans (Concessionaire)	0	368	331	294
Repayment of short-Term Loan (Concessionaire)				
Repayment of Interest on Short-Term Loans (Concessionaire)	0	0	0	0
Income Tax (Concessionaire only)	0	0	0	158
Cash Inflow - Cash Outflow	-11,169	-2,064	-857	1,092
Cash Ending	-11,169	-13,233	-14,090	-12,998

PIRR＝10.1％、DSCR＝1.803（平均）、-1.5（最低）、EIRR＝221.1％

9 プロジェクト評価

	2017	2018	....	2037	2038	2039	2040	2041	2042	2043
	-12,998	-11,054		21,438	24,047	26,019	30,671	35,772	40,987	46248.15
	4,438	21,015		14,243	9,516	10,204	8,711	10,047	9,991	8710.911
	3,103	4,260		8,711	8,711	8,711	8,711	8,711	8,711	8710.911
	2,023	2,266		4,510	4,510	4,510	4,510	4,510	4,510	6772.473
	1,079	1,994		4,201	4,201	4,201	4,201	4,201	4,201	1938.438
	1,079	1,994		4,201	4,201	4,201	4,201	4,201	4,201	1938.438
	1,336	16,755		5,532	805	1,493	0	1,336	1,280	0
	1,336	16,755		5,532	805	1,493	0	1,336	1,280	0
	2,494	18,160	....	11,635	7,544	5,552	3,610	4,832	4,730	4111.231
	1,336	16,755		5,532	805	1,493	0	1,336	1,280	0
	1,336	16,755		5,532	805	1,493	0	1,336	1,280	0
	1,158	1,405		6,102	6,739	4,058	3,610	3,496	3,450	4111.231
	460	593		4,138	4,692	2,244	1,840	1,837	1,822	1949.539
	257	327		1,115	1,226	916	855	708	668	624.7655
	0	0		0	0	0	0	0	0	0
	441	485		849	821	899	914	950	960	1536.927
	1,944	2,854		2,609	1,972	4,652	5,101	5,215	5,261	4599.68
	-11,054	-8,199		24,047	26,019	30,671	35,772	40,987	46,248	50847.83

Ⅲ. 事業計画の検討（F/Sレベル）

リスク調整

　港湾プロジェクトで発生するリスクのうち、大半は契約上の処理及び保険によってカバーが可能であるが、これらによりカバーできないリスクとしては、この事例のPPPの場合、インフラの建設工事におけるCost Over-run、Time Over-run、Operating Risk、Performance Risk、Market Demand/Traffic Riskがある。

　これらについては以下のようなリスク分析表を作成し、評価を行う。

Cost Over-run Risk

　インフラ建設工事はいずれの場合にも政府側が実施するためPSCにおいてもPPPにおいても同様のリスクが発生する。リスクの価値は建設コストに対する比率で表示する。

	Effect on PPP base cost assumption	Liklihood of risk occuring	total risk
Construction Risk (percentage of total cost)			
base costを下回る	-10%	0%	0.000%
base costを下回る	-5%	10%	-0.500%
変化無し	0%	80%	0.000%
Base costを上回る	10%	10%	1.000%
Base costを上回る	20%	0%	0.000%
合計		100%	0.500%

Time Over-run Risk

　建設期間の延長によるリスクについてもPSC、PPPのいずれにおいても同様のリスクである。

	Effect on PPP base cost assumption	Liklihood of risk occuring	total risk
Construction Risk (percentage of total cost)			
base costを下回る	-6か月	0%	
base costを下回る	-3か月	5%	-0.15ヵ月
変化無し	0ヵ月	85%	0
Base costを上回る	3か月	10%	0.3ヵ月
Base costを上回る	6か月	0%	0
合計		100%	0.15ヵ月

Operation Risk

運営リスクは、一般にPSCの方がストや熟練職員の不足等により大きくなる。ここではリスクの大きさはPPPに対する比較で発生確率を仮定している。リスクの価値は運営費用の増減で計量する。

PPPの場合の政府側への影響はこのリスクがコンセッショネアーへ移転されるためリスクがなくなる。

	Effect on PPP base cost assumption	Liklihood of risk occuring	total risk
Construction Risk (percentage of total cost)			
base costを下回る	-20%	0%	0.000%
base costを下回る	-10%	10%	-1.000%
変化無し	0%	65%	0.000%
Base costを上回る（中庸）	10%	20%	2.000%
Base costを上回る（極端）	20%	5%	1.000%
合計		100%	2.000%

Performance Risk

Performance RiskについてもPPPの場合は契約により最低Performance義務を課せられること及び熟練職員による運営がなされるため、PSCの方が大きい。リスクの価値は収入の増減で計量する。ここではこのリスクはPPPに対する比較リスクであるため、PPPの場合はリスク価値は0である。

PPPの場合にはこのリスクはコンセッショネアーに移転されるため、PPPの政府側コストについては、コンセッション・フィーの変動部分の増減で影響される。

	Effect on PPP base cost assumption	Liklihood of risk occuring	total risk
Construction Risk (percentage of total cost)			
base costを下回る	-20%	0%	0.000%
base costを下回る	-10%	10%	-1.000%
変化無し	0%	60%	0.000%
Base costを上回る（中庸）	10%	20%	2.000%
Base costを上回る（極端）	20%	10%	2.000%
合計		100%	3.000%

III. 事業計画の検討（F/S レベル）

Market/Demand/Traffic Risk

需要の変動リスクは主として対象地域・国の経済変動に大きく左右されるため、PSC の場合も PPP の場合も同様と考えられる。PPP の場合の政府側へのリスクはコンセッション・フィーの変動部分の増減となってあらわれる。

	Effect on PPP base cost assumption	Liklihood of risk occuring	total risk
Construction Risk (percentage of total cost)			
base cost を下回る	-20%	0%	0.000%
base cost を下回る	-10%	10%	-1.000%
変化無し	0%	75%	0.000%
Base cost を上回る（中庸）	10%	15%	1.500%
Base cost を上回る（極端）	20%	0%	0.000%
合計		100%	0.500%

III. 事業計画の検討（F/S レベル）

リスク調整済みキャッシュフロー
PSC

表17 リスク調整済み PSC 算定事例

Statement of Cash Flows ($'000s) of Cai Mep	2008	2009	2010	2011
Cash Beginning	0	0	0	0
Cash Inflow	1,225	28,052	56,518	73,313
CASH FLOWS FROM OPERATING ACTIVITIES	0	0	0	0
Operating Income	0	0	0	0
Depreciation (equipment) (for PMB Asset)	0	0	0	0
Depreciation (equipment) (Concessionaire)	0	0	0	0
Depreciation (Buildings of PMB)	0	0	0	0
Depreciation Expense (Infrastructures)	0	0	0	0
[Total No cash Items included in Net Income (Depreciation)]	0	0	0	0
CASH FLOWS FROM FINANCING ACTIVITIES	1,225	28,052	56,518	73,313
Initial Long-Term Loans (PMB)	1,060	24,243	48,753	63,078
Long-Term Loans (PMB Reinvestment)	0	0	0	0
Long-Term Loans (PMB Local Portion)	163	3,731	7,518	9,752
Short -Term Loan (PMB)				
Long -Term Loan (Concessionaire)	0	0	0	0
Short -Term Loan (Concessionaire)				
Capitalized Interest (Long-term: Government)	2	77	248	484
Cash from Equity (cncessionaire)				
Cash Outflow	1,225	28,052	56,518	73,313
CASH FLOWS FROM INVESTING ACTIVITIES	1,225	28,052	56,518	73,313
Construction in Progress (PMB)	1,060	24,243	48,753	63,078
Capitalized Interest (Long-term: Government)	2	77	248	484
Assets Acquired (PMB)	0	0	0	0
Assets Acqired Local Portion (PMB)	163	3,731	7,518	9,752
Assets Acquired (Concessionaire)	0	0	0	0
CASH FLOWS FROM FINANCING ACTIVITIES	0	0	0	0
Repayment of Initial Loan Principal (PMB)	0	0	0	0
Repayment of Interest on Initial Loans (PMB)	0	0	0	0
Repayment of Lon-Term Loan Principal (PMB Reinvestment)	0	0	0	0
Repayment of Interest on Long-Term Loans (PMB Reinvestment)	0	0	0	0
Repayment of Lon-Term Loan Principal (PMB Local Portion)	0	0	0	0
Repayment of Interest on Long-Term Loans (PMB Local Portion)	0	0	0	0
Repayment of Lon-Term Loan Principal (Concessionaire)	0	0	0	0
Repayment of Interest on Long-Term Loans (Concessionaire)	0	0	0	0
Repayment of short-Term Loan (PMB)	0	0	0	0
Repayment of Interest on Short-Term Loans (PMB)	0	0	0	0
Repayment of short-Term Loan (Concessionaire)	0	0	0	0
Repayment of Interest on Short-Term Loans (Concessionaire)	0	0	0	0
Income Tax (Concessionaire and PMB)	0	0	0	0
Cash Inflow - Cash Outflow	0	0	0	0
Cash Ending	0	0	0	0

正味現在価値 NPV＝16,082（'000$）

	2012	2013	2014	······	2038	2039	2040	2041	2042	2043
	0	0	2,039		39,975	43,372	49,572	56,310	63,241	70,220
	87,767	100,353	8,372		21,616	22,304	20,811	22,433	22,091	20,811
	0	-1,024	8,372		20,811	20,811	20,811	20,811	20,811	20,811
	0	-10,620	-1,224		11,666	11,666	11,666	11,666	11,666	13,928
	0	3,644	3,644		72	72	72	72	72	72
	0	1,079	1,079		4,201	4,201	4,201	4,201	4,201	1,938
	0	421	421		421	421	421	421	421	421
	0	4,452	4,452		4,452	4,452	4,452	4,452	4,452	4,452
	0	9,596	9,596		9,145	9,145	9,145	9,145	9,145	6,883
	87,767	101,378	0		805	1,493	0	1,622	1,280	0
	75,306	77,530	0		0	0	0	0	0	0
	0	0	0		0	0	0	286	0	0
	11,674	12,058	0		0	0	0	0	0	0
	0	7,659	0		805	1,493	0	1,336	1,280	0
	787	1,067	0							
		3,064	0							
	87,767	98,314	1,998		18,219	16,104	14,073	15,502	15,112	13,872
	87,767	98,314	0	······	805	1,493	0	1,622	1,280	0
	75,306	77,530	0		0	0	0	0	0	0
	787	1,067	0		0	0	0	0	0	0
	0	0	0		0	0	0	286	0	0
	11,674	12,058	0		0	0	0	0	0	0
	0	7,659	0		805	1,493	0	1,336	1,280	0
	0	0	1,998		17,414	14,611	14,073	13,880	13,832	13,872
	0	0	0		9,595	9,595	9,595	9,595	9,595	9,595
	0	0	1,171		278	240	201	163	125	86
	0	0	0		86	86	57	57	86	86
	0	0	0		41	34	27	23	41	34
	0	0	0		1,497	1,497	1,497	1,497	1,497	1,497
	0	0	0		0	0	0	0	0	0
	0	0	460		4,692	2,244	1,840	1,837	1,822	1,950
	0	0	368		1,226	916	855	708	668	625
	0	0	0		0	0	0	0	0	0
	0	0	0		0	0	0	0	0	0
	0	0	0		0	0	0	0	0	0
	0	0	0		0	0	0	0	0	0
	0	2,039	6,374		3,397	6,200	6,738	6,931	6,979	6,939
	0	2,039	8,413		43,372	49,572	56,310	63,241	70,220	77,159

PPP-LCC

表18 リスク調整済み PPP-LCC 算定事例

Statement of Cash Flows ($'000s) of Cai Mep	2008	2009	2010	2011	
CASH BIGINNING	0	0	0	0	
CASH-INFLOW	1,225	28,052	56,518	73,313	
CASH FLOWS FROM OPERATING ACTIVITIES	0	0	0	0	
Operating Income	0	0	0	0	
Depreciation (equipment) (for PMB Asset)	0	0	0	0	
Depreciation (Buildings of PMB)	0	0	0	0	
Depreciation Expense (Infrastructures)	0	0	0	0	
[Total No cash Items included in Net Income (Depreciation)]	0	0	0	0	
CASH FLOWS FROM FINANCING ACTIVITIES	1,225	28,052	56,518	73,313	
Initial Long-Term Loans (PMB)	1,060	24,243	48,753	63,078	
Long-Term Loans (PMB Reinvestment)	0	0	0	0	
Long-Term Loans (PMB Local Portion)	163	3,731	7,518	9,752	
Short -Term Loan (PMB)					
Capitalized Interest (Long-term: Government)	2	77	248	484	
	1,225	28,052	56,518	73,313	
CASH FLOWS FROM INVESTING ACTIVITIES	1,225	28,052	56,518	73,313	
Construction in Progress (PMB)	1,060	24,243	48,753	63,078	
Capitalized Interest (Long-term: Government)	2	77	248	484	
Assets Acquired (PMB)	0	0	0	0	
Assets Acquired Local Portion (PMB)	163	3,731	7,518	9,752	
CASH FLOWS FROM FINANCING ACTIVITIES	0	0	0	0	
Repayment of Initial Loan Principal (PMB)	0	0	0	0	
Repayment of Interest on Initial Loans (PMB)	0	0	0	0	
Repayment of Lon-Term Loan Principal (PMB Reinvestment)	0	0	0	0	
Repayment of Interest on Long-Term Loans (PMB Reinvestment)	0	0	0	0	
Repayment of Lon-Term Loan Principal (PMB Local Portion)	0	0	0	0	
Repayment of Interest on Long-Term Loans (PMB Local Portion)	0	0	0	0	
Repayment of short-Term Loan (PMB)					
Repayment of Interest on Short-Term Loans (PMB)	0	0	0	0	
Income Tax (Concessionaire only)	0	0	0	0	
CASH INFLOW-CASH OUTFLOW	0	0	0	0	
CASH ENDING	0	0	0	0	

正味現在価値（NPV）＝20,750（'000$1）VFM＝29.3%

	2012	2013	2014	2015	……	2039	2040	2041	2042	2043
	0	0	11,384	21,597		8,818	8,716	8,687	8,702	8,708
	87,767	102,039	11,384	11,384		11,349	11,349	11,635	11,349	11,349
	0	11,384	11,384	11,384		11,349	11,349	11,349	11,349	11,349
	0	2,867	2,867	2,867		6,404	6,404	6,404	6,404	6,404
	0	3,644	3,644	3,644		72	72	72	72	72
	0	421	421	421		421	421	421	421	421
	0	4,452	4,452	4,452		4,452	4,452	4,452	4,452	4,452
	0	8,517	8,517	8,517		4,944	4,944	4,944	4,944	4,944
	87,767	90,656	0	0		0	0	286	0	0
	75,306	77,530	0	0		0	0	0	0	0
	0	0	0	0		0	0	286	0	0
	11,674	12,058	0	0		0	0	0	0	0
	787	1,067	0							
	87,767	90,656	1,171	12,252	……	11,451	11,377	11,620	11,343	11,298
	87,767	90,656	0	0		0	0	286	0	0
	75,306	77,530	0	0		0	0	0	0	0
	787	1,067	0	0		0	0	0	0	0
	0	0	0	0		0	0	286	0	0
	11,674	12,058	0	0		0	0	0	0	0
	0	0	1,171	12,252		11,451	11,377	11,334	11,343	11,298
	0	0	0	9,595		9,595	9,595	9,595	9,595	9,595
	0	0	1,171	1,161		240	201	163	125	86
	0	0	0	0		86	57	57	86	86
	0	0	0	0		34	27	23	41	34
	0	0	0	1,497		1,497	1,497	1,497	1,497	1,497
	0	0	0	0		0	0	0	0	0
	0	0	0	0		0	0	0	0	0
	0	0	0	0		0	0	0	0	0
	0	11,384	10,213	-868		-102	-29	14	6	51
	0	11,384	21,597	20,728		8,716	8,687	8,702	8,708	8,759

III. 事業計画の検討（F/Sレベル）

PPP（コンセッショネアー）キャッシュフロー

表19 リスク調整済みPPP（コンセッショネアー）算定事例

Statement of Cash Flows ($'000s) of Cai Mep	2013	2014	2015	2016
Cash Beginning	0	-11,396	-14,135	-15,698
Cash Inflow	-3,737	-1,774	-641	1,366
CASH FLOWS FROM OPERATING ACTIVITIES	-11,396	-1,774	-641	1,366
Operating Income	-12,475	-2,853	-1,720	287
Depreciation (equipment) (Concessionaire)	1,079	1,079	1,079	1,079
[Total No cash Items included in Net Income (Depreciation)]	1,079	1,079	1,079	1,079
CASH FLOWS FROM FINANCING ACTIVITIES	7,659	0	0	0
Long-Term Loan (Concessionaire)	5,361	0	0	0
Short-Term Loan (Concessionaire)				
Cash from Equity	2,298	0	0	
Cash Outflow	7,659	965	922	879
CASH FLOWS FROM INVESTING ACTIVITIES	7,659	0	0	0
Assets Acquired (Concessionaire)	7,659	0	0	0
CASH FLOWS FROM FINANCING ACTIVITIES	0	965	922	879
Repayment of Lon-Term Loan Principal (Concessionaire)	0	536	536	536
Repayment of Interest on Long-Term Loans (Concessionaire)	0	429	386	343
Repayment of short-Term Loan (Concessionaire)				
Repayment of Interest on Short-Term Loans (Concessionaire)	0	0	0	0
Income Tax (Concessionaire only)	0	0	0	0
Cash Inflow - Cash Outflow	-11,396	-2,739	-1,563	487
Cash Ending	-11,396	-14,135	-15,698	-15,212

PIRR=11.4%、DSCR=2.04（平均）、-1.84（最低）、EIRR=414.6%

9　プロジェクト評価

	2017	………	2037	2038	2039	2040	2041	2042	2043
	-15,212		42,289	46,963	51,001	57,718	64,885	72,165	79,491
	3,766		16,997	12,269	12,958	11,465	12,801	12,745	11,465
	2,430		11,465	11,465	11,465	11,465	11,465	11,465	11,465
	1,351		7,264	7,264	7,264	7,264	7,264	7,264	9,526
	1,079		4,201	4,201	4,201	4,201	4,201	4,201	1,938
	1,079		4,201	4,201	4,201	4,201	4,201	4,201	1,938
	1,336		5,532	805	1,493	0	1,336	1,280	0
	1,336		5,532	805	1,493	0	1,336	1,280	0
	2,435	………	12,323	8,232	6,240	4,298	5,520	5,419	4,800
	1,336		5,532	805	1,493	0	1,336	1,280	0
	1,336		5,532	805	1,493	0	1,336	1,280	0
	1,099		6,790	7,427	4,747	4,298	4,184	4,139	4,800
	536		4,138	4,692	2,244	1,840	1,837	1,822	1,950
	300		1,115	1,226	916	855	708	668	625
	0		0	0	0	0	0	0	0
	263		1,537	1,509	1,587	1,602	1,639	1,649	2,225
	1,331		4,674	4,037	6,718	7,167	7,280	7,326	6,665
	-13,881		46,963	51,001	57,718	64,885	72,165	79,491	86,156

Ⅳ. Due Diligence

> **簡易デューディリジェンス**
> PPP事業として事業の実施が可能か否かを評価するには、プロジェクトのフィージビリティーと経済合理性のチェック、商業的可能性（民間事業者の出資可能性）、PPPのValue for Money、財務的可能性（資金回収の蓋然性）及び環境社会配慮の観点から評価する。

（解説）

　PPPにおけるDue diligenceは適切な基準のもとに検討を行うという意味で使用されており、コンセッション計画の作成（F/Sの実施）から応札準備の全てのプロセスで実施されるが、最も重要なのはF/Sすなわちコンセッション計画のチェック時である。

　F/Sはプロジェクトを理解し、提案されているプロジェクトのいくつかの重要なポイントをアセスするためのベースであり、すなわち提案されているプロジェクトの技術的フィージビリティー、（ホスト国においてはプロジェクトの必要要件を満たしているか、持続的な社会的、経済的便益をその国にもたらすかも含む）、財務的フィージビリティーを評価するものである。

　PPPのF/S（コンセッション計画）は入札書の基礎となるものであり、同時に契約の基礎及び契約ネゴや契約管理の基礎となるものである。プロジェクトのDue Diligenceはコンセッショネアー側においては、投資対象とするプロジェクトに関する法務、財務、ビジネス、人事、環境の側面からの事前チェックを行うことであり、基本的にはF/S（コンセッション基本計画）段階で、おおよその検討は行われている。

　従って、投資決定を行う前の詳細なDue Diligenceは、F/S段階で調査分析を行った、制度的枠組み及びコンセッション基本計画、MOU段階で実施したインフラ詳細設計、積算及び契約書等のレビューを通じ、プロジェクトに内在するリスク（カントリーリスク、プロジェクトリスク、営業・取扱量リスク及び契約リスク）を分析し、プロジェクトの詳細な財務分析を通じて、適切なリスクシェアリング・スキームを確立し、契約の基本要件を設定することになる。

特にPPPプロジェクトでは、SPCを設立し、いわゆるプロジェクトファイナンス方式がとられることが多く、特にリスクの同定とその評価が最も重要なポイントとなる。

このような作業を通じ、最終的には譲許機関へ提出するプロポーザル（ビジネスプラン、コストプロポーザル）の骨格となるコンセッション詳細計画（権利譲許機関・関係機関の権利・義務、参加の最低要件、コンセッショネアーの構成、運営会社の設立要件、施設返還ルール、コンセッション・フィーの支払い条件、ビジネスプランの構成要件、運営最低基準（performance standard）、料率、コンセッショネアーが負うべき義務等を明確にする。

図22 Due Diligenceとコンセッション詳細計画

```
┌─────────────────┬─────────────────┬─────────────────┐
│  制度的枠組み    │ コンセッション基本計画│ インフラ詳細設計・│
│                 │                 │ 積算・契約レビュー│
└────────┬────────┴────────┬────────┴────────┬────────┘
         │                 │                 │
         ▼                 │                 ▼
   ┌──────────┐            │           ┌──────────┐
   │ リスク分析 │            │           │ 財務分析  │
   ├──────────┤◄───────────┴──────────►├──────────┤
   │1) カントリーリスク│                  │1) リスク回避コスト│
   │2) プロジェクトリスク│                │2) 管理者による保証│
   │3) 営業取扱量リスク│                  │3) 財務感度分析  │
   │4) 契約リスク│                        │              │
   └─────┬────┘                         └──────┬───┘
         ▼                                     │
   ┌──────────────────┐               ┌──────────────┐
   │リスクシェアリングスキーム案│──────►│契約基本要件設定│
   │                  │               │  一般条項    │
   │                  │               │  特定条項    │
   └──────────────────┘               └──────┬───────┘
                                             │
   ┌────────────────────────────────────────┴──────────┐
   │              コンセッション詳細計画                │
   ├───────────────────────────────────────────────────┤
   │ 権利譲許機関・関係機関の権利・義務、参加の最低要件│
   │ コンセッショネアーの構成、運営会社の設立要件、施設返還ルール│
   │ コンセッション・フィーの支払い条件、ビジネスプランの構成要件│
   │ 運営最低基準、料金案、コンセッショネアーの義務等  │
   └───────────────────────────────────────────────────┘
```

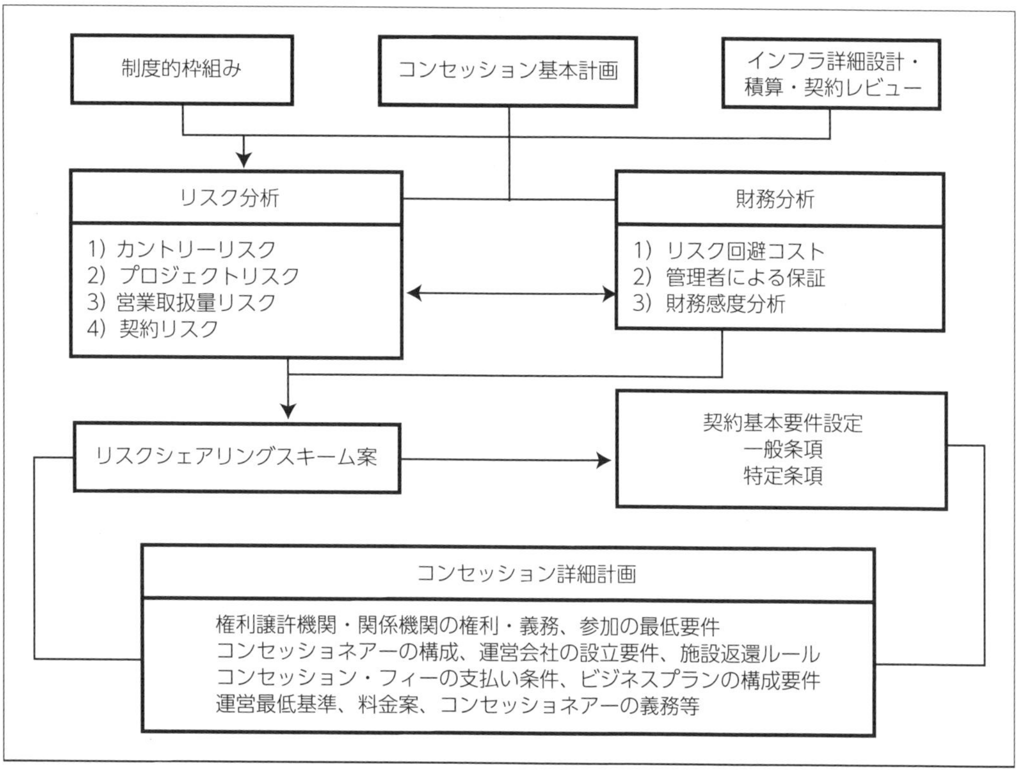

インフラの整備を権利譲許機関が分担する場合には、インフラの設計、施工方法により、コストと引き渡しまでの期間（コンセッショネアー側ではコンセッション・フィーの固定費用部分とコンセッショネアーが設置する機器類の調達と開業スケジュール）に大きく影響を及ぼすため、正規のコンセッション契約を締結する前に、コンセッション基本計画に基づく、MOU（基本合意書）を作成し、詳細設計を両者

Ⅳ. Due Diligence

合意のもとに実施し、詳細設計結果に基づき、契約基本要件を設定するのが良い。

　インフラも含めてコンセッショネアーが分担する BOT 等の場合には、インフラの詳細設計を Due Diligence 時点で実施しておくことが、リスクの低減につながる。

> **Due Diligence 項目**
> Due Diligence は技術的評価、社会経済的費用便益分析（Socio-Economic Cost-Benefit Analysis (SCBA)）、財務分析、リスク評価とリスクアロケーション、PPP ビジネスプランについて行う。

（解説）

　技術的評価は、需要予測（短期（10年）、中期（15年）、長期（20年＋）及び需要発生のシナリオと感度分析を含む）、±15％程度で資本費用を推定するに足る精度の予備的設計・積算、必要な追加的調査項目（MOU 締結後に実施するプロジェクトの詳細定義のための調査）を検討する。

　SCBA には支援基準にある環境社会配慮も含み、プロジェクトの妥当性、便益と定量的アセスと EIS（Environmental Impact Statement）及び住民移転等社会的影響とその対策及び関連費用を含め検討する。

　財務分析は料金水準（現状及びコストを回収できる水準等）、料金の上昇率、債務／資本比率、借入資金形態（利率、償還期間、償還猶予期間、元金支払期間等）のシナリオが検討されることが必要であり、財務分析で記載した諸指標、場合によっては必要な財務的支援が検討できることが必要である。

　リスク評価はプロジェクトに内在するリスクの同定と評価、リスク分散方法と緩和策を検討することが必要である。

　PPP ビジネスケースは入札で要求されるビジネスプランに含まれる事項（機器・施設の投資計画、実施スケジュール、投資のプロフィールと資金調達計画、予測財務表（人件費内訳、年間維持費、減価償却、保険、不良債務、運営コスト、利払い、法人税等を含む）、管理運営計画（段階別管理部門の立ち上げ計画、段階別必要人員、主要管理者の資格・経験、ターミナルコスト、管理計画、環境管理計画、運営システム等）を検討する。また同時に財務プロポーザルで提案すべきコンセッション・フィーの額、投資の内部収益率、リードメンバーの資産保有率、SPC の資産保有率等も検討する必要がある。

Due Diligenceで最も重要な項目は、リスク管理とリスクシェアリングスキーム、需要予測と財務予測である。

> Ⅳ. Due Diligence

1 リスク管理

1.1 原則

ターミナルオペレーターがリスク管理を行う場合、以下のような手順で行われる。

- リスクの特定
- 正当かつ可能な部分のリスクの港湾管理者、国もしくは他の公共体との分担
- パートナー（スポンサー、顧客、サプライヤー、下請け等）とのリスク分担
- 残留リスクの発生（もしくは生起確率）の低減
- 残留リスクの結果の低減または限定（保険の利用等）
- 残留リスクの程度に応じた期待収益率の調整

　オペレーターの活動が指定された公共サービスのマネージである場合には次の２つの原則に基づくべきである。

　プロジェクトの全般的リスクの低減（結果的にはプロジェクトコストの低減）にはリスクの適切な配分を必要とする。コンセッション譲許側とコンセッショネアー及び様々なスポンサーと資金融資先の間のリスク分担は、各リスクを最もうまく（すなわち最小の負のインパクトで）負担しうる関係者を同定しこれらを配分するという考えに基づくこと。

　オペレーターが分担するリスクはそれがいかなるものであれ、より高い利益の確保のため、その水準または期間という意味でサービスコストの増加を伴う。結果的にコンセッション譲許側は、かかるリスクを管理できる立場にないオペレーターへ不要に負担させることをできる限り制限する必要が出てくる。言い換えれば、公的部門がより低廉なコストで負担できるリスクをオペレーターに負担させるのは好ましいことではない。

　ここではオペレーターが様々なリスクを管理し、上記の原則に従ってコンセッションを与える側とコンセッショネアーの間でリスクを公正に分担する方法を説明する。

1.2 カントリーリスクの性格と可能性

1.2.1 法的リスク

　法的リスクはプロジェクトに関係する法令・規則の精緻さの欠如や変更に伴い発生する。プロジェクトが開始される時点に一連のルールが存在することを想定しなければならない。

　不十分な適用法・規則は紛争や解釈の誤りをもたらし、リスクを発生させる。場合によっては法律問題は解釈がいろいろとあるだけでなく判例集という点でも複雑な場合がある。さらには港湾運営に関しては一般慣行がしばしば義務的規則となる場合が多い。従ってプロジェクトの実施前に全般的な法令分析が行われる必要がある。

　特にプロジェクトがオペレーターにとって不慣れな場所で行われる場合には、プロジェクトに内在する様々な原則に通暁した法律アドバイザーを雇用するのが賢明である。これによりプロジェクト実施の遅延が生じる事態を軽減できる。オペレーターの無知による法令違反リスクはオペレーターが負うべきリスクの一つである。

　法令変更のリスクは法令公布時点からの環境が異なることにより生じる。オペレーターがコントロールできない変化に対する法令環境不変の保証をオペレーターが求めるのは正当化できるのかどうかは議論の余地があるというかもしれないが、公共的サービスの継続が危うくならない限りオペレーター間の公正な競争を阻害してまで法的安全性を保証すべきではない。

　他方、公的サービスの管理がオペレーターに委任されている場合には、オペレーターは通常のビジネス環境におかれていない。まず、公的サービスの継続の確保にとってオペレーターの活動の永続性が不可欠であるため、第二に、オペレーターに課された規則の程度がかかる法令環境の変化に対応できなくしているからである。

　結論をいえば、法令の変化がプロジェクトの財務的健全性を危うくするような場合には、安定性を保証するか、かかる状況を回避するための契約変更条項を含めるのが望ましい。

　環境に関する法令の変更のリスクは建設期間中そして／または運営期間中においても特に重要であり、具体化しうる。民営化の決定に先立ち、賢明なコンセッション譲許機関はプロジェクトの環境調査を行うべきである。一般的にこれらの調査によって、既存の海洋環境への海洋構造物の建設のインパクト、船舶廃棄物による汚染の管理、浚渫による汚濁の管理、事故による汚染の管理が明確になる。

環境に関するリスクマネージメントに関しては、環境に関する法令・規則の特定の課題を入札前に明確にし、適宜契約の調印時にネゴすべきである。コンセッション期間中の環境に関する法令変更に伴う建設コストの増分については、コンセッション譲許機関によってオペレーターの免責範囲と手順について契約の再協議を始めるべきである。

1.2.2 金融リスク

国家経済が弱く不安定な国においてはマクロ経済の問題またはその国の財政ルールが株主や資金供与先の双方に対し、プロジェクトが強い通貨で十分な収入を作り出さなくなるというリスクを作り出す。

このような状況を生み出す金銭的リスクには、外貨交換レートの変動、内貨の外貨への交換不能、通貨の移転不能（すなわち、資金の持ち出し禁止）がある。

プロジェクトが外貨所得を生み出す場合、すなわちサービス料が外国船社や荷主に対し請求される場合には外貨交換性の問題は容易に克服できる。通貨移転リスクをヘッジする最も良い方法は、オペレーターへの支払いが対象国外の口座（海外口座）に振り込まれるようにすることである。このような口座の利用にはしばしばその国の許可を要する。

海外口座の開設が可能な場合には外貨交換規制や外貨移転禁止によるリスクは直接プロジェクトの経済性に影響を与えない。

逆に海外口座の開設許可が得られない場合には、他の手段を考えなければならない。コンセッショネアーは政府または中央銀行から外貨交換、移転の保証を取り付けねばならない。かかる保証の決定はしばしば政治的課題となる。

外貨交換リスクについては、支出の大半をその国の通貨で支払われることにより、部分的にはヘッジできる。たとえば、その国の通貨部分の負債を多くする等である。しかし、これでは十分でない場合が多い。

巨大なプロジェクトの資金手当をその国で行うのはほとんど不可能である。さらには、海外投資家は外貨で報酬を支払われる必要がある。これは人件費の一部（外国人の人件費）についてもいえる。事情が許す場合には、ヘッジ物（例えば外貨交換レートスワップ）が外貨交換リスクのマネージに使われる。

もし逆にかかる手段がその国の通貨の不安定さや弱さの故に存在しない場合には、その国の中央銀行が外貨交換の保証をしない限り、外貨交換リスクは株主や、資金供与先が背負うしかないという問題を生じる。このような保証はそのプロジェクト

がその国にとって非常に重要なプロジェクトである場合以外は期待できない。

1.2.3 経済リスク

港湾活動は国内及び国際輸送チェーンの一部を形成している。これらの輸送チェーン上の交通量はかなりな程度、人口、消費、生産、輸出等マクロ経済因子によっている。従って、マクロ経済状況とその期待成長度は港湾の活動水準に強いインパクトを有している。この要素を期待取扱量予測に取り入れることは重要である。

1.2.4 不可抗力

不可抗力は一般的には会社のコントロール外であったり、合理的に予測できない事態で契約時にその防止手段がとれないものをいうが、契約書で規定される不可抗力には以下のものが含まれる。

- 自然リスク：気象現象（サイクロンや例外的な豪雨等）、地震、高潮、火山噴火等
- 工業リスク：火災、核事故等
- 内部的社会政治的リスク：ストライキ、暴動、内紛、ゲリラやテロ活動等
- 戦争、武力抗争のリスク

契約書によっては、その国の権威筋による一方的な決定、特にオペレーターへの差別的な決定が不可抗力として取り扱われることがある。もしこれらの事象が生じた場合には当事者に残っている義務をサスペンドするのが理屈である。契約書にはかかる事態が生じた場合の責任を分担する手続きを含めることができる。

1.2.5 政府の干渉リスク

公的サービスに必要な事項は通常契約書に特記され、コンセッション譲許側は原則として建設、運営期間中いかなる方法によっても、コンセッショネアーがこれらの要求事項を満たしている場合干渉すべきでない。しかしながらコンセッション譲許側はしばしば、公共サービスである、またはユーザーの保護、保安上の理由から、または単に勝手気ままに干渉を行うことがある。

かかる干渉は運営費用の増加や収入の低下に結び付く、新しい運営要件を課したり、追加的投資や新しい制約を課したりする形であらわれる。政府の干渉は理屈が

あるかもしれないが、コンセッショネアーは合法的にコンセッション譲許側に課せられた制約に対する補償を要求したり、コンセッション譲許側の行動により生じる損失の免責を要求する。

　干渉のリスクを緩和する最善の方法は当事者の目的を明示するだけでなく、政府機関の干渉に関する制限を特記する契約書を作成することである。政府の専断な干渉の必要性をなくす条項、例えば、プライス・エスカレーション条項、一定水準以上の取扱量になったときに容量を増加する義務等の条項を入れることもある。

　明らかに政府が干渉するような事態の全てを予見することは不可能であり、定期的に契約について議論を行い、コンセッション契約を深刻な状況変化に対応できるよう、再協議ができるような条項を入れるのも一案である。

1.2.6　政治リスク

　オペレーターは公的機関の決定に付随するリスクを制御はできない。オペレーターは通常このようなリスクをコンセッション譲許機関に転嫁するような契約条項をもって有害な決定から守ろうとする。しかしながらコンセッション譲許機関または政府による契約条項違反はオペレーターが直面するリスクの一つにしか過ぎないため、これだけでは不十分である。

　また、担当機関による契約の承認や免許の発行の遅延はオペレーターへのコスト増となる。また強制収容や国有化のリスクも政治的リスクの範疇に分類される。

　契約上のコミットメントの詳細な分析とは別に、適用法制度の信頼性の問題もある。契約上のコミットメントの有効性はまず紛争解決に利用できる制度に関わってくる。国際商工会議所のルールのような国際的に認知されたルールを適用する中立的な裁定が可能な国際仲裁機関を利用することが望ましい。同様に契約法も相互に受け入れられる第三国の法令を適用法とすることも可能である。

　純粋に契約による方法も有効である一方、政治的リスクの管理方法としては不十分である。実際、紛争の仲裁にまで行くのは稀なことで、もしそうなった場合にはプロジェクトの将来が脅かされる関係となることがしばしばである。

　　しかし、政治的リスクに対する防御の方法は他にもある。融資先に国際機関を入れるのと同様、当該国のスポンサーや融資企業を投資者の一員に入れることも政治的リスクを抑えるために有効化もしれない。

　保険による特定リスクをヘッジするのも有用であり、かかる保険はMIGAのような公的な保険機関や民間の保険会社からも付保できる。

政治的リスクを定量化するのは非常に困難であり、これを除去したりヘッジする方法はない。従って確認される政治的リスクがあまりにも大きく、それを緩和する力があまりにも小さい場合にはオペレーターはプロジェクトを放念することとなろう。

1.3 プロジェクトリスクの性格と可能性

プロジェクトリスクはプロジェクトの実施に必要な資源への投資・運用に関係するリスクで、これらのリスクの大半はオペレーターにより分担される。プロジェクトリスクには建設リスク、委譲リスク、運営リスク、調達リスク、財務的リスクと社会的リスクがある。

1.3.1 建設リスク

建設リスクは、プロジェクトの建設に付随し発生するリスクで予想外のコストの増加または完工時期の遅延をもたらすものである。建設工事の遅れはオペレーターへ、契約上の義務不履行に伴い、スポンサーまたは顧客への支払いや営業開始の遅延による収入不足、建設利息の増加等コストの増加をもたらす。

コスト増の主原因は設計エラーによる機器調達・工事コストの過小見積もりや建設期間の過小見積もりがある。また現場の事前評価不足による仕様変更や現場管理のまずさ、関係機関調整のまずさ、サプライヤーや下請けの倒産等もある。

これらのリスクの回避やスポンサーとのリスク分担を検討するため、コンセッショネアーは詳細設計内容を精査し、仕様書の承認もしくは変更を要求する。これが不可能な場合は建設リスクの全てをスポンサー側に負うよう要求する。

これらのリスクをマネージするには一般的にこれらを建設業者や機器のサプライヤーに転嫁する。これにはいくつかの方法がある。プロジェクトが大きな建設段階を含む場合には融資手段として、通常プロジェクトスポンサーの一員として請け負い業者を含める。これにより建設リスクが株主である建設業者が出資者でない場合にコントロール不可能な非建設業者が負うリスクを回避できる。

建設リスクは、技術的にも財務的にもしっかりした建設業者を選択することによっても軽減できる。プロジェクトスポンサーや融資機関は必ずしも同じ方法で建設リスクを負うことはない。融資機関は運営期間に対し限定された償還請求権によって守られているため、スポンサーに対し、建設期間をカバーする信用保証を要求する。

1.3.2　プロジェクト移譲リスク

委譲リスクはインフラ等の委譲に伴い発生するリスクで、委譲を受けた後には自らの責任で施設を管理運営維持しなければならないため、通常委譲を受ける前に、維持管理費を見積もるために検査する権利を与えられる。たとえ検査能力が十分にあってもコンセッショネアーが契約前の状態が原因で生じる、被る責任を免責するための条項を含めるのが望ましい。

1.3.3　運営リスク

運営リスクは原則として次のリスクが含まれる。

- 不履行によるリスクでコンセッション譲許側にペナルティーを支払わせることができ、期待量以下の取扱量で財務的損失をきたすリスク。
- 入札プロポーザルで運営コストの過小評価を行い運営費用のオーバーランを起こすリスクで費用項目を省略したり、違算を行ったりする場合やオペレーターによる非効率な運営が行われた場合のリスク。
- 取扱量の減少に伴わない収益の損失で保険会社の要求する手順を踏まないで、収入の取り損ねや詐欺、窃盗にあった場合や顧客からのクレーム等。

不履行リスクは港湾の運営に十分な経験を有するオペレーターを選定することで最小化できるし、コストオーバーランや収入不足のリスクはコンセッショネアーとオペレーターの間に期待以上の営業実績に対する報償としての変動部分を組み込ませた固定価格契約（通常は特定の指標に基づいたエスカレーションを適用する）を結ぶことによりオペレーターに転嫁しうる。

コンセッショネアーと港湾管理者はオペレーターとコストプラスフィータイプの契約は、リスクの転嫁とはならないためさけるべきである。

プロジェクト建設会社の場合のように、オペレーターをプロジェクトスポンサーの一員に加えることもあり得る。これによってオペレーターを運命共同体として十分な責任を持たせることができる。

しかしながらかかる手段も完全に運営リスクを排除するわけではない。オペレーターの責務は必然的に限りがある。さらにこの方法は運営リスクを運営会社に対する信用リスクに転換するものである。運営会社は投資支出を負担せず、運営資本を超えることのない限られた初期投資しか行わないのが通常である。運営会社の責務

は従って、株主の補償またはボンド制度によってカバーしうる。

いずれの場合にも、コンセッショネアーはこの内在する運営リスクを管理する資源を持たねばならない。従ってコンセッショネアーに全体を負担させるのは当然でもある。

1.3.4　調達リスク

調達リスクは重要な物品やサービスが得られなくなり、プロジェクトの外部資源の費用が増大するリスクである。これはしばしば水道や電気等公共の独占による提供によらざるを得ない港湾の運営で重要なリスクである。

このリスクを低減したり、回避する方法は2つある。一つはこれらの重要な資源を自ら供給することである。しかしこれは必ずしもフィージブルとは限らない。このようなサービスの提供は特定期間の許可を要するし、金銭的に高くつく場合があるからである。これに代わって、オペレーターがこれらの資源提供者と長期契約を交わすことがある。これによって安定した価格が期待できるし、供給の制限リスクを限定できる。さらには契約に供給が閉ざされた場合の免責条項を含めることもあり得る。

輸入資機材の調達がある場合には、調達リスクは税関に関する問題がある。これは一種のカントリーリスクである。このような場合にはコンセッション譲許側が合理的なリスク分担を行わねばならない。

1.3.5　財務リスク

オペレーターはプロジェクトの融資に必要な株主の資本金を入手し、またはローンを入手することに伴う全てのリスクを負う。同様にプロジェクト会社の立ち上げに伴う全てのリスクも負う。契約書は関係する様々な民間会社の関係を定義付ける（例えば、株主の協定や融資契約）。

株主資本金やローンの頭金を準備する以外に、スタンドバイ・クレジットローンも検討されなければならない。これはプロジェクト会社が遭遇するかもしれない超過コストに融資するのを可能とするものであるからである。

同様に利子率変動リスクも無条件にオペレーターが負わねばならない。このリスクはプロジェクトの投資に使われるローンがフローティング・レートベースである場合に発生する。このリスクは適切な借入方法を選択すること（例えば、ceiling on variable rates, rate swap 等）によってヘッジできる。

1.3.6　社会的リスク

社会的リスクはオペレーターが労働者をリストラしなければならず、退職手当や再教育費用を負担しなければならないときに発生する。その国におけるゼネスト等は不可抗力として分類されることが多く、これは契約で認められる保護手段によって一部がカバーされるだけである。残留リスクをカバーするには保険をかけることも可能である。

港湾セクターでは社会的リスクに関係する特別の労働問題上の課題がある。港湾労働者はしばしば国内法により特別のステイタスが与えられており、オペレーターは単に賃貸労働者の雇用者としての地位にしかすぎなくなる場合があり、これもリスクを発生させる。

港湾やターミナルのコンセッションはしばしば現存労働者の一部を雇用する義務を課す場合があるものの、かなりの人数を削減しなければならない（50％から70％を削減するというのは例外ではない）。港湾管理者はコンセッショネアーに港湾労働者の合理化の自由権を与えるが、これでは社会的リスクを回避するには十分ではない。オペレーターは関係機関がこのような状況をマネージすることができるということの確証を要求する（例えば、再教育、早期退職、配置転換費用等）。さもなければ切り捨てられた港湾労働者はコンセッショネアーに対し責任を遡及するかもしれない。

港湾労働者に関する社会的リスクに加え、その他の特別のステイタスを有する人間（例えば、パイロットや税関職員や港湾管理者の人間等）がいることも社会的リスクを増強する。

1.4　営業取扱いリスクの性格と可能性

営業リスクは予想取扱量の潜在的な不足や価格制約から発生する。取扱量と価格のリスクは港湾改善プロジェクトにおいては中長期の活動予測には不確実性が高いため重要なリスクである。これらのリスクはオペレーターの価格決定と政府により課せられた価格制約によって影響される。

オペレーターと港湾管理者の間のパートナーシップの性格によって貨物量リスクは責任と結果に関して分担する必要が出てくる。コンセッション契約の条項によってこれらのリスクを両者の間に効果的に配分する。しかしながら、たとえ彼らが港湾改善のパートナーであっても、港湾管理者は公共の利益の保護者であり、オペレー

ターは利潤最大化が目的であり両者には自ずから緊張関係がある。

　コンセッショネアーは一般的に、その活動は市場によってコントロールされるべきであるという考えから、港湾管理者との縦のパートナーシップを制限したいと考える。結果として、コンセッショネアーは自身のリスクをマネージできる強い立場にいるためにプロジェクトの管理においてより大きな自由を求める。

　コンセッション譲許側はユーザーの保護、公共利益の保護と市場の独占の乱用を避けることに関心がある。結果的にコンセッション譲許側は技術的、経済的な規制手段をもってオペレーターの行動の自由に制限をかけようとする。

　規則がコンセッショネアーにその代償の支払いや規則を守らせるために必要な検査等に必要な直接費用を含め、コンセッション譲許側に対し、コストを発生させるのは避けがたいことである。

　規則はまたコンセッショネアーに対しても規則がない場合よりもより大きなリスクを抱え、自由度が少なくなることからコストを発生させる。従ってコンセッショネアーはこのより高くなるリスクに対する補償を期待する。

　規則により発生するコストは最終的には港湾利用者または納税者が負担することとなる。従って政府の規制は市場の欠陥を是正し、公共の利益を保護するのに必要最小限にとどめるべきである。

　理論的には、コンセッショネアーと港湾管理者またはその他の規則を課すこととなる機関の間で規則を調整したり、リスクを公平にシェアするための保証や補償手段によって双方が受け入れられる状況に達することができる。

　しかしながら港湾の改善を巡る環境は国により、港により様々な状況があるため、全ての港湾に適用可能な方法はない。技術上の規制、経済的規制の詳細については、2.3の民営化の環境の中で記述したのでここでは重複を避けることとする。

　入札仕様に含まれる契約条件以外にコンセッション譲許側はコンセッショネアーがとる決定を知る権利を持つ方法がある。最も一般的に行われるのは、プロジェクト会社に資本参加することである。これによってコンセッション譲許側は内部から監視することができるが、コンセッショネアーである会社のマネージメントに定期的にコンセッション譲許側が干渉することで、リスクシェアバランスを無効にすることもある。

　この欠陥があるものの、政府によるこの形態の監視は広く行われている。世界の1/3を超えるターミナルで、港湾管理者または自治体がターミナルオペレーター会社の株を有している。一般的にはコンセッショネアーの行動をコントロールしたり、

Ⅳ. Due Diligence

　モニターするのはコンセッション譲許側がコンセッショネアーのある種の戦略的決定をレビューする権利を留保するよううまく設計された契約書を通して行うのがよく、これによって直接株主としてインボルブされるよりは公平なレギュレーターとしての立場を保つことが可能となる。

　リスクシェアの仕方や政府の監視の必要度合いはコンセッションされるターミナルの性格によって影響される。オペレーターが自らの貨物のみを扱う（工場のバルク貨物（鉱石やオイル）や一般貨物（林産品や果実等）のように）特定の荷主や荷主グループまたは船社自身がオペレーターとなる場合には、公共的サービスは必要でないため、港湾管理者による体系的な制度規制はコンセッションで譲許される施設（資産）の保全のための維持管理基準以外は特に必要としない。

　契約では単に指定された活動を行うため譲許した場所の利用をオーソライズするだけのものでよい。固定料金は一般的には公共用地の占有と公的セクターによって提供される施設・機器に見合うものにされる。入港料等ターミナル以外の基本施設の使用料は直接管理者によって利用者（船社もしくは荷主）から徴収するのでさらにターミナルオペレーターから徴収する必要はない。

　競争的環境の下で、第三者に対してオペレーターが活動する場合、貨物量リスクは全てコンセッショネアーによって負担されるのが望ましい。これはオペレーターがこのリスクを競争に影響する運営上のパラメータをコントロールすることによりマネージできる能力がなければならないということを意味している。このことは、公共サービス義務、公共資産の保全や最小能力の維持を確保するための限定された規則等は必要であるが、投資、タリフやサービス水準に関してはかなりの自由度がコンセッショネアーに与えられることを前提としている。

　他方、市場が競争によって規制されるのでタリフは自由に設定しうる。契約は最も高い賃貸料を提案したもしくは最も少ない補助金を提案した候補者と締結することとなる。

　独占的状況下で第三者に対してオペレーターが活動する状況はアフリカ諸国や島嶼国でよく見られるケースである。ターミナルオペレーションで自然独占の存在する場合には必ず経済的監視が必要な公共としての手当が必要となる。譲許側が料金設定を行い、コンセッションを最も高いコンセッション・フィー（もしくは最低の補助金）を提案した候補者に与えられるか、またはコンセッション・フィー（または補助金）を設定し、最低の平均料率を提案した候補者にコンセッションを与えるかの方法がある。

いずれの場合にもプライスエスカレーションと指標を示す条項が必要となる。

取扱量リスクと収益を譲許側とコンセッショネアーの間でシェアするにはいくつかの方法がある。まず、譲許側が特定期間もしくは取扱量が特定水準になるまで独占を保証することができる。契約書にはもし独占状況がなくなった場合には規定の変更が可能な条項を入れるか、契約の達成を免責する条項を入れることができる。

第二の方法は、もし譲許側の取扱量予測がコンセッショネアーによってかなり不確実であると見なされた場合に最低取扱量を保証するということも可能である。かかる不確実性が存在する場合には、コンセッション契約において固定フィーの部分をぎりぎりにしてもし取扱量が最低水準にまで落ち込んだら、オペレーターの重大な収入不足を補うために変動部分（割引）を導入するという方法もとれる。

最後に譲許側とオペレーターは取扱量が特定の量を超えた場合には収益をシェアすることも可能である。

トランジットまたはトランシップメントの場合、トランジットは貨物の発生地も目的地も他国であり、トランシップは貨物を同じ港で船から船へ積み替える場合であり、両方ともその国の経済に付加価値を生み出し、職を作り国富を生み出す機会を作ることで良い影響を与える。

顧客がその国の経済主体でない場合には政府が顧客を保護する必要がない。従って特定の協定がない場合には政府がトランジットもしくはトランシップの量に付随したリスクを負ったり、オペレーターに経済的規制をかける理由がない。

実際、港湾は代替え輸送手段の存在や地域内の競合港湾の能力や国際競争の程度で規制されているトランジットの取扱いでオペレーターが市場独占を行えば利益がある。このような状況下では港湾管理者がこのような望ましい状況から最大限の利潤を求めるのはごく自然なことである。

この場合には、資産（施設）の保全の義務と営業権のオーソライズ以外活動に関する規制は必要なく、補助金を与えたり、営業リスクをシェアする必要がない。港湾管理者は最高を提示した応札者すなわち最も有利な純益シェアの方法（固定フィーと変動フィー）をプロポーズした者にコンセッションを与える。

現実の港湾では上記の状況が混合している場合が多く、とるべき手段をさらに複雑にしている。従って保証制度、監視規制や、公共サービスを維持するのに必要な資金源としてかなりな利潤を生み出す事業を行わせる等の仕組みを組み合わせなければならない。

オペレーターの業務はオペレーター以外の業務（水深の維持、ブイ係留、タグ、パ

イロット等）と組み合わさって顧客に対するサービス水準が決まる。従ってこれらが港湾管理者自身により提供されるか他のプロバイダーによって提供されるかにかかわらず、港湾管理者にこれら施設やパフォーマンス水準の保証を求めるのはごく自然なことである。

このような内容は契約書においては通常コンセッション譲許側の義務条項に記載され、義務不履行の場合には港湾管理者にペナルティーを課す。従って営業リスクは、理論的にいえば、港湾管理者に対する信用リスクに転換されるのである。

同様に陸上輸送モードに関する保証（運用時間、運送業者へのアクセス、新規のインフラ整備、鉄道サービスの最大料金または最小能力等）を含めるのも有効な場合があり、というのは港湾におけるインターモーダルサービスの質が効率的かつコストイフェクティブなオペレーションにとっては重要な要素であるからである。

1.5 契約リスクの性格と可能性

コンセッション契約の両当事者を保護するため、一般的に契約には状況変化に対応するためまたは契約履行に関する紛争に関わる条項を入れる。このような条項の主要要素は、契約の変更条項、契約の終了または更新条項、早期終了条項及び紛争調停手続き条項である。

契約の変更条項には変更のための条件と手順を定める必要がある。例えば、一定期間ごとに定期的に変更するとか、プロジェクトの重要な特定時期に変更するとか、特定量の取扱量に達したときに変更する、またはどちらかの当事者が要求すれば等である。

当初の契約の期間はオペレーターにとっては重要なリスク配慮事項である。契約の更新または延長を定める必要があり、また契約終了時のプロジェクト資産の返還や再購入等の手続きを定めることは絶対に必要である。

早期の契約破棄条項はどちらかの当事者の要求で契約を破棄するための条件とペナルティーまたは補償に関する手続きを定める条項である。オペレーターへの資金融資契約が、オペレーターの倒産の場合に貸し手の権利を他のオペレーターに代替えするような契約の場合には、これらの条項はオペレーターと資金貸し手の融資契約とも整合するものでなくてはならない。

港湾プロジェクトに関する多くのリスクを緩和したり、シェアする方法は契約上の義務や不履行に伴う金銭的サンクションを定める方法がとられる。サンクション

はリスクを特定の金銭的義務（罰金の支払い等）に転換する。このことは順次金銭的義務履行不能となった場合の信用リスクを発生させる。

　当事者の金銭的コミットを確実にする最も効果的な方法は銀行保証を要求することである。これはコンセッショネアーから、またはオペレーターがその民間のパートナーから要求されることがしばしば起こる。このような保証額はそれぞれの当事者のコミットメントを正確に反映しなければならない。他方コンセッション譲許側に関するオペレーターの信用リスクはボンドによってはカバーできないので、通常は政治的リスクとして残留する。

2　リスクシェアリング・スキームの事例と解説：
　　契約書によるリスクシェアリング

　リスクシェアリング・スキームは、コンセッション契約の内容に応じ、コンセッショネアー、コンセッション譲許側双方に発生する潜在的リスクは異なってくる。また個々のリスクが独立・併存するものばかりではなく、相互に相殺しあったり、相乗しあったりする関係のものもかなりある。従って、個々のリスクに対応したリスクシェアリング・スキームは個々のリスクの性格と相互関係を分析した結果、スキームとして総合的に組み合わされた結果として契約書の諸条項にあらわれる。
　ここでは過去の契約書事例から、前述の各種のリスクの分類に従って、リスクシェアをいかなる条文で規定しているかを分析し、できるだけ関係するリスクシェア方式との相互関係を解説する。

2.1　コンセッションの仕組み

　ここで分析の対象とする事例はO国におけるコンテナターミナルの建設・運営に係るコンセッションと、A国おけるコンテナターミナルの建設・運営に係るコンセッションである。O国におけるコンセッションは、競争入札によるものではなく、国際的なターミナル運営会社とO国政府の間でMOUに基づき共同でターミナル開発を合意したものである。一方A国における事例は、JICA融資によりA国政府がインフラと主要なターミナル機器（ガントリークレーン及びRTG）を整備し、コンセッショネアーは競争入札により選定され、ターミナル運営に必要なその他の機器及び、貨物の増加とともに必要となる追加のクレーン等をコンセッショネアーが投資を行うというものである。
　O国の事例では、ターミナルの建設から運営までのノーハウを有していないことから、グローバルオペレーターの現地法人と投資者グループの間で、管理委託契約を締結し、政府と投資者グループとの間でコンセッション契約を締結、建設工事が終了した段階で、実際にターミナルの運営にあたる特別会社（SPC）を投資者グループ及び政府が出資し、設立、管理運営を、グローバルオペレーターの現地法人と管理委託契約に基づき行うという仕組みになっている。
　投資者グループと政府の間で交わされたコンセッション契約に約定された権利義務は、施設がHandoverされた後はこのSPCが継承することとなるため、SPCを契

約当事者に加えるため、更改契約書（Novation Contract）を交わしている。

図23 ○国におけるコンテナターミナルコンセッションの仕組み

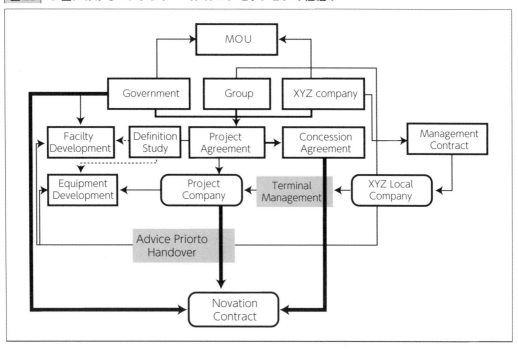

図24 A国におけるコンテナターミナルコンセッションの仕組み

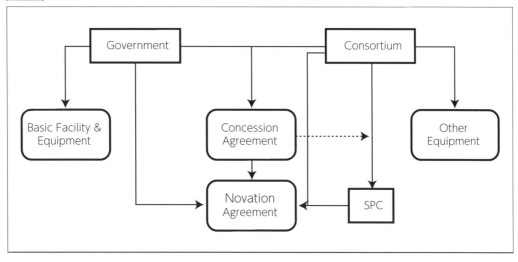

2.2 コンセッショネアーの性格・資格・要件

2.2.1 コンセッショネアーの性格

O国の事例では、コンセッショネアーはプロジェクト会社（Project Company）と称し、政府を含むプロジェクト会社の設立母胎のメンバーを設立者（Founder Members）と称している。設立者の株式保有は実施国側が50％、グローバルオペレーターが30％となっている。残りの20％は一般公開株となっている。

契約書における規定は以下の通りとなっている。すなわちプロジェクト会社は発行株式の80％を保有し、20％を公開し、予定株式数が満たない場合は出資割合に応じてプロジェクト会社設立者が購入することとしている。

| Box 2 | SPCの設立に関する条項 |

Article X: Certain Obligation of the Project Company
(A) Promptly following Ratification, the Group shall procure the incorporation of a public joint company in (Country) as the Project Company, in accordance with the laws of (Country) and shall register the Project Company with (City) Security Market.
(B) The founder members of the Project Company ("Founder Members") shall be the person listed in Section 2 of Attachment 1.
(C) The Founder Members shall on or before Financial Close subscribe for eighty percent (80%) of the total proposed issued Share Capital of the Project Company with each Founder Member to subscribe individually in the proportion set forth in Section 2 of Attachment 1.
(D) The Founder Members shall offer remaining twenty percent (20%) of the proposed Issued Share Capital for public subscription in (Country) in accordance with applicable law. In the event of an under subscription, the Founder Members shall procure the unsubscribed shares in the same proportion as appearing n Section 2 of Attachment 1.

さらにこの事例では、資本金はフェーズⅠの機器等購入に必要な投資額をベースにその40％（$36,494,000）以下とし、資金調達は常に負債／資本比率が60／40を超えないよう資本金を手当しなければならないとしている。

| Box 3 | 資本金規制の条項 |

The Group will procure a level of financing sufficient to ensure that the accumulated capital requirement for the Project Company through the first Operating Year, which shall include achieving Commercial Operation for the first two (2) berths of the Facility and procurement of all Equipment identified in the column headed "1st Operating Year", in Attachment 4, hall be funded with no greater equity than a sixty forty (60/40) debt/equity ratio.

A国の事例では、SPCに政府が投資する義務はないため、資本構成はプロポーザ

ルで提案させることとし、ネゴで合意された資本構成をFinancial Close Dateまでに達成することを義務付けている。

> Certain Obligations of the Special Purpose Company
> (A) Promptly following the Ratification, the Concessionaire shall procure the incorporation of a {form of company, such as joint stock company} in the (Country) as the Special Purpose Company, in accordance with the laws of (Country) and shall register the Special Purpose Company, in accordance with the laws of (Country) and shall register the Special Purpose Company with (Organization) in (Country).
> (B) The Founder Members of the Special Purpose Company shall be the persons listed in the Proposal Documents.
> (C) The Founder Members shall on or before Financial Close subscribe for one hundred percent (100%) of the total proposed Issued Capital of the Special Purpose Company with each Founder Member to subscribe individually in the proportions set forth in the Proposal.

Box 4 Financingに関する条項

> Financial Close
> (A) The Concessionaire shall provide and procure all necessary financing to finance the Concessionaire Equipment and the Concessionaire Facility (ies). In respect of the Concessionaire Equipment and the Concessionaire Facility (ies). the Concessionaire shall achieve Financial Close by the Date for Financial Close unless extended in accordance with the provision of this Agreement.
> (B) The Proposed Project Financing Plan, set out in Attachment 6, will be updated and submitted to the Conceding Authority for approval.
> (C) The Concessionaire will procure a level of financing sufficient to ensure that the accumulated capital requirement for the Special Purpose Company through the first Operating Year, which shall include achieving commercial operation of the Concessionaire Equipment and the Concessionaire Facility (es) shall be funded accordingly.

2.2.2 経済的要件

　経済的要件の一つである公共ターミナルであること（価格・優先順位・サービス水準等の公平性、非競争、価格規制）はO国の事例では以下のように規定されている。すなわち、設立者と管理受託者（この場合はXYZ社）は常に競争環境を保持すること、他のユーザーに対し差別待遇を行わないこと、競争地域内でXYZ社は当該港湾と競合するトランシップターミナル、施設の主要な経営権（10％以上の資本、株式の保有）を保有しないこと、契約上約定されている600,000TEUを達成せず政府が契約を解除した場合には、契約解除後も二年以内は競合するトランシップターミナルの運営を禁止していること、さらには契約期間中実施国の港湾諸規則に準拠して運営することを規定している。また不当な低価格による競争を防止するため最低タリフを契約で規定している。

Ⅳ. Due Diligence

> **Box 5** 経済的要件に関する条項

Article X: Group and XYZ obligations
(A) In order to enhance and maximize the profit-making opportunity of the Facility, the Group and the Manager shall ensure that an open and competitive commercial environment exists throughout the Term and that neither the Group nor the Manager shall adopt practices which would discourage competition.
(B) The Government acknowledges that, as a general principle, the Project Company shall be responsible for the negotiation of the highest possible tariff rates with customers n accordance with guidelines established pursuant to Article YY (x).
(C) The Group shall establish the Tariff Committee as a permanent sub-committee of the Board of Directors and shall include provisions for its establishment in the Articles of Incorporation and its responsibilities which shall include the recommendations of guidelines for negotiating tariffs rates with customers, the rates payable in other competing terminals, and the comparative cost advantages of the strategic location of the Facility and other relevant features of competitors in the market.
(D) An absolute minimum tariff shall be established as set forth in Attachment 16. The Project Company shall not propose or offer a tariff (including rates in contracts with individual customers) that is lower than such minimum without the prior written approval of the Government.
(E) XYZ, as a carrier and customer of the Facility shall be subject to the same general tariff levels as an carrier of similar level of usage, in accordance with the guidelines established by the Project Company. This principle means, inter alia, that XYZ shall at no time have the benefit of a tariff rate lower than the minimum established in Attachment 16 without the prior written approval of the Government.

Article X: Facility Usage and Non Competition
(A) In the event that the Concession Agreement or Management Agreement is terminated by action of the Government pursuant to Article Y (xx) XYZ will not enter into any agreement for the management of or take on any role related to the management in respect of a competing container transshipment facility for the period of two (2) Years from the date of such termination or until the end of the original Term of the Concession Agreement whichever shall first occur.
(B) While serving as Manager, XYZ (including its subsidiaries and affiliates) warrant that it shall not acquire a material ownership interest in any transshipment port of facility in the Region (material interest here meaning an acquisition directly of more than ten percent (10%) of the assets or paid up share capital of such port), or acquire a role in management or marketing of such facilities or ports. Upon application of XYZ to the Board of Directors, such waiver will in no manner prejudice the interests o the Project Company. The Government agrees to be bound by the decision of the Board of Directors in this regard.

　Ａ国の事例の場合も同様な規定を契約書に定めており、公平・公正な競争状態を保つことと、特定船社（この場合は特にコンセッショネアーの一員として船社が参入することを前提としている）に差別的料金を課してはならないこと、最低限の取扱量（performance target）を保証するため、これを下回った場合は契約が解除できること、この場合、コンセッショネアーの一員である船社は、このターミナルと競争関係にある地域でターミナル運営をしてはならないこと等を定めている。

> **Article X: Terminal Usage**
> (A) The Terminal shall be operated as public terminal and open o any reasonable Terminal Users regardless of nationality. The Concessionaire may set preferential berthing rules in order to secure efficient operations of the Terminal, provided that the Concessionaire provides uniform treatment to all those who reasonably request to use the Terminal. The berths of the Terminal shall be used subject to the following:
> (i) The berth of the Terminal shall be used for container ships only
> (ii) The Terminal may be used by other tye of ships subject to the prior written approval of the Conceding Authority
> (B) In cases of emergencies regarding the Port, the national interest, the safety of people or infrastructure, the Conceding Authority shall have the unconditional right to berth any vessel it chooses at the Terminal. The Conceding Authority will do its best not to interfere with the Concessionaire's normal operational activities.
> (C) The Conceding Authority shall have the right to terminate this Agreement in the event that total annual volume at the Terminal (meaning aggregate volume handled across the wharf in either direction) should fall below amount as performance target of three hundred thousand (300,000) TEUs per Operating Year in respect of two (2) consecutive Operating Years, but not including the first five (5) Operating Years of the Concession Period as grace period given to the Concessionaire.
> (D) In the event that this Agreement is terminated by action of the Conceding Authority pursuant to Article X (C), {name of the Founder Member shipping company} will not enter into any agreement for the management/operation of or take on any role related to the management/operation in respect of a competing terminal for the period of two (2) Years from the date of such termination or until the end of the original Term of this Agreement whichever shall first occur.
> (E) The Concessionaire warrants that the Terminal shall at all time during the Concession Period be operated in accordance with applicable port rules and regulations in effect in (Country).

2.2.3 技術的要件

　O国の事例では、将来の拡張に対する投資義務については特に規定がない。というのは本契約はコンセッションとして当初から3段階に分け、合計4バースのコンテナターミナルを建設することとなっており、これ以外に追加のコンテナターミナルを建設する場合にはXYZ社が先取り特権を有する（first refusal right）ものとしている。

　維持・補修に関する義務は施設の移管後はコンセッショネアーが全て負うこととしている。またその基準に関しては、善良なる国際慣習に従い、良好にサービスできる状態に維持するとしか記載されていない。ただし機器に関してはプロジェクト合意書に合致しているかどうかのチェックを政府はいつでもできることとし、欠陥があるときは修復を命じることができるとしている。

　設計仕様、技術仕様に関しては別途交わされている定義調査（definition study）の仕様によるとしている。また安全・環境に関する規定としては、まず機器の設置、運用開始にあたっては当該国の法令に準拠し安全・健康・保安のための現場規則を遵守すること、環境保全に関しては、コンセッショネアーの自弁により当該国が批

准している全ての国際条約及び当該国の法令に従い保全し、必要な措置を講じることとしている。

　A国の事例では、岸壁を含む、主要機器はコンセッションスポンサーである政府が、自ら建設・設置し、コンセッショネアーは、この建設・調達には直接関わることがなく、完成した施設を引き取り、維持・運営をするというスキームであるため、O国の事例のように、設計仕様、技術仕様に関する規定はない。

| Box 6 | 技術的要件に関するO国の条項事例 |

Article X: Group and XYZ Obligations

(A) The Group shall be responsible for procurement, installation and commissioning of the Equipment in accordance with the terms of this Agreement and in accordance with the laws of (Country). Such Equipment shall be of a standard suitable for a world class terminal facility and shall be maintained in a good serviceable condition throughout the Concession Period so as to permit a high level of productivity according to Good International Practices.

(B) For the purpose of carrying out its obligations under Article X (A), the Group shall appoint Suppliers from amongst the suppliers who have been pre-qualified on he basis of criteria agreed between the Group and the Government. Such Suppliers shall be responsible to the Project Company for all aspects of the procurement and commissioning of the Equipment. The Group shall notify the Government of the identity of those Suppliers finally selected. Prior to the replacement of any Supplier so appointed, the Group shall notify the Government of the proposed Supplier's identity and experience and, in the event that such replacement Supplier has not been pre-qualified in accordance with this Article, the Government shall have the right to make timely objection to any such appointment on reasonably justifiable grounds.

(C) Within one hundred and twenty (120) Days of the Commercial Operation Date, the Project Company and XYZ must jointly achieve regular main line vessel calls to the Facility of t least two (2) per seven (7) Days (one in each direction), the failure of which shall constitute an Event of Default hereunder. In the event that such failure continues for an additional sixty (60) Days (for a total of one hundred and eighty (180) Days) the Government shall be entitled to withdraw the concession and terminate this Agreement.

(D) The Group shall permit the Government and the Consultant to inspect the Equipment during installation and commissioning, and throughout the Term of any extension thereof to assure compliance with the Project Agreements. Such action or inaction by either the Government or the Consultant shall not limit the liability of the Project Company or relieve the Project Company of any of its duties under the Project Agreements. The Government of the Consultant may notify the Project Company of any aspect of the procurement, installation, commissioning, use and maintenance of the Equipment which, in the Government's opinion, does not comply with the Project Agreements. The Group shall be required to rectify the matter complained of or otherwise resolve the matter t the extent that tht non-compliance may impair the operation of the Equipment or affect the safety of operations.

(E) Neither the Government's nor the Consultant's inspection of the Equipment shall constitute the Government's or the Consultant's acceptance of the completeness, quality, feasibility, or reliability of the performance of the Equipment.

(F) The Group at its expense, and the Manager, shall ensure that all necessary steps are taken to ensure protection of the environment at the Facility and that response measures are in place to respond to adjacent waters that presents a risk to any the spill or other event at the Facility or the environment. The Group and the Manager shall comply with the Laws of (Country) and with any international conventions to which (Country) becomes a signatory in this respect.

| Box 7 | 設計仕様等に関するO国条項事例 |

Article X: Construction Obligation of the Government

(A) The Government shall use its best efforts to ensure that the Infrastructure Works are carried out in accordance with the Design Specifications, the Engineering Standards and Good International Practices and that the Infrastructure Works will be available for Handover to the Project Company for its intended use to enable the Project Company to achieve the anticipated Commercial Operation Date for each Phase in accordance with the Project Schedule.

Ⅳ. Due Diligence

3 リスクシェアリング・スキーム

3.1 カントリー・リスク

3.1.1 法的リスク

　法令変更によるリスクを回避するため、コンセッション契約ではコンセッショネアーから法令変更による影響を譲許側に通知し、コストの増大以外に契約の履行を直接困難とする理由がある場合にのみコンセッショネアーを救済することとしてい

> Box 8　法令変更条項事例
>
> Article X: Change of Law
> (A) If a Change of Law shall occur during the Term, then the Concessionaire shall give prompt written notice of the occurrence of such Change of Law to the Conceding Authority (and in no event later than ten (10) Days following the date on which the Concessionaire acquires knowledge, actual or constructive (meaning publication of the relevant law in the Official Gazette), of the Change of Law). The Concessionaire shall, within thirty (30) Days of its initial notice, provide the Conceding Authority with a further written notice substantiating the Change of Law and detailing its effect on, and financial implications for, the Concessionaire (the "Substantiating Notice"). In addition to the Substantiating Notice, the Concessionaire shall provide such further information as the Conceding Authority may reasonably require to substantiate the Change of Law and its effect. For the avoidance of doubt, unless otherwise provided in this Article, a Change of Law shall only relieve the Concessionaire from performance of its obligations under this Agreement to the extent that a Change of Law directly prevents (as opposed to merely increases the cost of) performance of a particular obligation hereunder.
> (B) The Conceding Authority shall, within thirty (30) Days of receipt of the Substantiating Notice, notify the Concessionaire in writing of its agreement or objection to the terms of the Substantiating Notice (the "Government Notice").
> (C) The Concessionaire shall have ninety (90) Days from the date of the Government Notice to appeal the Conceding Authority' decision by notice in writing (the "Appeal Notice"). If the Concessionaire fails to give the Appeal Notice within such period, Conceding Authority's determination stated in Government Notice shall be final and binding.
> (D) Following receipt of the Appeal Notice, the Conceding Authority and the Concessionaire shall negotiate in good faith to determine the applicability of the nature of the effect of the Change of Law. If the Parties cannot reach agreement within thirty (30) Days of the receipt of the Appeal Notice, then the Concessionaire may refer the disagreement to an arbitrator appointed in accordance with Article Y. The arbitrator so appointed shall determine whether or not the circumstances and effect thereof set out in the Substantiating Notice constitute a Change of Law and, if so, its effect and what, if any, remedy should be awarded.
> (E) If appropriate, the Conceding Authority and the Concessionare shall endeavor to obtain a written waiver from the appropriate Government department exempting the Concessionaire from the Change of Law and the Concessionaire will use its best efforts to ensure that the necessary cooperation of the Lenders is received in relation thereto.
> (F) Notwithstanding the provisions of this Article it is agreed that neither Party shall be entitled to collect on any damages or proceed to exercise its rights to serve a notice of default while the applicability of effect of a Change of Law is disputed but any such disagreement shall not prejudice any rights hereunder.

る。法令変更による措置の調停手続きを法令変更条項で定めている。

環境に関する法令・規則に関しては、本契約の場合コンセッショネアーの義務として法令遵守と対処手段を講じることが規定され、全てコンセッショネアーの責務としている。特に廃棄物受け入れ施設や廃油処理施設等の設置も本条項からは全てコンセッショネアーが自らの資金で対処することとなるが、事前にこれらの設置費用や運営費用については何ら議論がなされていない模様である。

| Box 9 | 法的リスクに関する条項事例 |

Article X: Concessionaire's Obligations
(A) The Concessionaire at its expense shall ensure that all necessary steps are taken to ensure protection of the environment at the Terminal and that response measures are in place to respond to any spill or other event at the Terminal or the adjacent waters that presents a risk to the environment in compliance wit the Environment Management Plan. The concessionaire shall comply with the laws of (Country) and with any international convention to which (Country) become a signatory in this respect.
(B) The Concessionaire shall be responsible for the sanitation and cleanliness of its premises. As such, it shall be responsible for the sweeping and cleaning of roads, cargo handling areas, offices sheds and other buildings under its responsibility. The Concessionaire shall arrange for the proper collection of all conventionally disposable garbage, in compliance with all laws and regulations. Oily residue, as well as any other potentially harmful waste, shall be disposed of by the Concessionaire in compliance with all sanitary and environmental laws and regulations, including any rules which may specifically applied to the disposal of any potentially hazardous waste, where applicable.

3.1.2 金融リスク

O国の契約においては、コンセッショネアーが公開市場で外貨を購入したり、海外送金したり、O国内で外貨口座を維持すること及び調達のためのドルの制限については、国はいっさいこれを行わないこと、また政府が源泉徴収税を課税したときにはロイヤルティー・フィーの支払いで調整するか適切な免除を要請することができるとしている。また課徴金や費用は全てローカル・通貨で特定され、賃貸料とロイヤルティー・フィーはUS$で支払われると規定している。

A国の事例では、かかる金融取引に関する規制は一切行われていないため、これに関する規定は定めていない。

Box10　金融リスクに関する条項事例

Article X: Further Obligations of the Government
(A) The Government agrees that it will not restrict within (Country) the availability of United States Dollars for purchase by the Group and shall not take any action which may directly or indirectly impede or restrict the Group from (i) purchasing other foreign exchange in the open market, or (ii) transferring abroad any foreign exchange, or (iii) maintaining foreign currency bank accounts in (Country).
(B) In the event that a withholding tax which has a similar effect ("withholding tax") is implemented in (Country) which requires the Project Company to withhold part of the payment of dividends to the Government, the Project Company shall bbe obliged to pay the declared dividend in full to the shareholders and may either recover the increased costs of so dong by an adjustment to the Royalty Fee or may apply to the Government for an appropriate exemption.

3.1.3　経済リスク

　コンテナターミナルの場合、国内のマクロ経済には直接影響を受けにくいこともあり、経済リスクに関しては特に記載をした事例がない。

3.1.4　不可抗力リスク

　コンセッション契約においては不可抗力事由として、acts of God（天災地変）、acts of public enemies（公敵の作為）、war（戦争）、restraints of governments, princes or people of any nation（政府による制限、相手国を問わない通商、渡航停止）、riots（暴動）、insurrections（反乱）、civil commotions（内乱）、flood（洪水）、fire（火災）、strikes（ストライキ）、restrictions due to quarantines（検疫制限）、epidemics（伝染病）、storms（嵐）、その他当事者の制御不能な原因によるものとしている。

　これら不可抗力による調停・裁定を実施するため、不可抗力事由を申請する側は30日以内に不可抗力事由とその影響（復旧コスト、操業停止による損失）等を見積もり、再度プロジェクトのキャッシュフローを見積もり直し、相手側に申請すること、申請された側は申請受理後30日以内に賛否の返事を送付すること、拒否の返事を受領した場合、90日以内に訴追通知を提出しその後30日以内に協議を行う。協議不成立の場合は調停手続きを開始する。コンセッショネアーが一年を超えて操業不能となった場合、もしくは一年の有効期限以内にプロジェクトが成立しないことを宣告した場合、契約を解除できるとしている。かかる場合には保険の支払い手続きを実施できるものとしている。

> **Box 11** 不可抗力条項事例
>
> Article X: Force Majeure
> (A) Event of Force Majeure
>   If, and to the extent that either Party is unable to perform or is prevented after thirty (30) Days from the occurrence of such an Event of Force Majeure, from performing their respective obligations by reason of an Event of Force Majeure, the Party shall be excused from performing part of all of their obligations under this Agreement, and shall note be liable for the imposition of any penalties or be liable for damages (except for any penalties or damaged then due and owing) and any breach or deemed to be in breech under this Agreement to the extent that the performance of an obligation is prevented by the Event of Force Majeure, provided that the Party claiming an Event of Force Majeure shall as promptly as practicable after the occurrence of an Event of Force Majeure, but in no event later than ten (10) Days thereafter, give the other Party written notice describing the particulars of the occurrence and its effect upon its performance under this Agreement and, to the extent known, the expected duration of the failure to perform;
> (B) If the Concessionaire cannot operate the Terminal as a result of an Event of Force Majeure for a period exceeding three hundred sixty five (365) Days or the Concessionaire notifies the Conceding Authority prior to the expiry of the three hundred and sixty five (365) Days period that the Project is not viable then either Party may terminate this Agreement. In such event, any insurance proceeds recoverable as a result of physical loss or damages to the Terminal which have not already been applied towards repair or replacement shall be payable to the Parties as their respective interests may appear.
> (C) Political Force Majeure
> (i) If the Concessionaire incurs increased costs attributable to a Political Force Majeure Event during the Term, it shall utilize any sources of funding such costs. The cost of such additional funding shall be treated as deduction from Concession Fees in respect of each Year during which such additional cost is incurred. Such reduction of Concession Fees shall be the limit of the Concedin Authority's responsibility with respect to such funding.
> (ii) If the Terminal cannot be operated as a result of a Political Force Majeure Event for a period exceeding three hundred and sixty five (365) Days either Party may terminate this Agreement and provisions of Article Z (B) shall apply. The Parties shall meet, without prejudice to the Conceding Authority's rights to terminate, to discuss such termination and settlement of all matters concerning the Project or conditions of reinstating the Project.

3.1.5 政府の干渉リスク

本契約では政府の不当な干渉を避けるため、政府の許可・同意を必要とする重要な項目を付属書に特定化し、これらに関してはコンセッショネアーが必要な許可・免許を契約に従って取得する限り、不当な遅延を生じさせないよう政府が時宜を得て同意を与えることとしている。

重要な同意事項とは、プロジェクト会社の構成・地位、用地に関する許可、プロジェクト会社及び管理受託者の雇用者に関する許可、税関手続き、O国内外における銀行口座の開設運用、保険付与に関するプロジェクト会社の資産の抵当権に関する許可、プロジェクトの実施に関する営業許可その他を特記している。

Ⅳ. Due Diligence

> **Box 12** 政府の義務に関する条項事例
>
> Article X: Execution and Delivery of Agreements, Permits and Licenses
> ....
> (C) Permits and Licenses
> (i) The Concessionaire shall at its cost and expense obtain and maintain in effect all permits, registrations, licenses and approvals (and renewals thereof) required by all Government agencies and authorities with jurisdiction over the Concessionaire in accordance with the laws of (Country) to enable it to perform its obligations under this Agreement. In particular the Concessionaire shall obtain and maintain those permits, registrations, licenses and approvals specified in Attachment 9 (the "Specified Consents") and shall diligently pursue all such applications with a view to obtaining the relevant Special Consents as expeditiously as is practicable. The Concessionaire shall use best efforts to ensure that the information supplied in all applications is complete and accurate. In addition, the Concessionaire shall satisfy the substantive and normal procedural requirements of the Laws of (Country) and shall be submitted within a reasonable period to allow normal processing requirements. Copis of all relevant permits, licenses and approvals when granted shall be promptly made available to the Conceding Authority.
> (ii) The Conceding Authority shall use its best efforts to promote and support the Concessionaire's applications for permits, registrations, licenses and approvals with the relevant authorities as may be reasonably required.

3.1.6 政治リスク

　政治的リスクに関してはコンセッション契約では不可抗力事由を構成するとしており、不可抗力条項に特記している（Box 11の条文を参考のこと）。政治的不可抗力により、金銭的損害を被った場合には、追加的コストが増加したそれぞれの年のロイヤルティー・フィー及び賃貸料から差し引くことができるとしており、一年以上操業が不可能となった場合には他の不可抗力事由が発生した場合と同様の取扱いを行うとしている。

3.2　プロジェクトリスク

3.2.1　建設リスク

　O国の事例の場合はコンセッション契約の前に、譲許側とコンセッショネアー側の分担範囲、それぞれの設計仕様、投資額、工期等について共同調査を実施し、definition study と project agreement として事前合意している。さらにインフラの建設スケジュールは契約書の付属書としてそれぞれの段階ごとに開始時点と終了時点を定義している。

　また建設工事業者に関しては事前資格審査基準をコンセッショネアー側と政府側で事前に合意しており、この資格審査に合格した業者の中から調達することとしている。また共同で設置するステアリング・コミティーの承認なしに、仕様や設計を

変更し得ないとしている。またインフラの建設に要する費用も上限価格を契約で決めている。さらに政府と建設業者の間の建設契約において、コンセッショネアーが保険料を負担することを前提に建設受注業者の保険の共同受益者とすること、施設引き渡し後は建設契約に関する標準保証の受益者をコンセッショネアーとすることとしている。

コンセッショネアーが設置する機器類に関しては政府とコンセッショネアー間で事前に承認された資格審査基準を満たすサプライヤーから調達すること、機器の設置、コミッション、使用期間中政府及び政府の雇用するコンサルタントの立ち入り検査を承認することとしている。

さらには、建設工事、機器設置、引き渡し後も含め双方がかけるべき保険の種類と額を付属書で定め、金銭的損害を被らないようにしている。保険額はインフラ工事に関しては通常の建設工事に関する保険と引き渡し後建設工事期間中に原因を有する事象の生起を含めプロジェクトの総額をカバーすることとしている。機器類についても同様で操業開始前に起因する事象に対しては機器類の取り替え総額をカバーすることとしている。

> **Box 13** 法政府側工事のプロジェクトリスクに関する条項事例
>
> Article X: Construction Obligations of the Government
> (A) The Government shall finance and procure the detailed design and construction of all aspects of the Infrastructure in accordance with the terms of the Definition Study and the Project Agreements.
> (B) The Government shall use its best efforts to ensure that the Infrastructure Works are carried out in accordance with the Design Specifications, the Engineering Standards and Good International Practices and that the Infrastructure Works will be available for Handover to the Project Company for its intended use to enable the Project Company to achieve the anticipated Commercial Operation Date for each Phase in accordance with the Project Schedule.
> (C) For the purpose of carrying out its obligations under Article Z (A), the Government shall appoint Contractor (s) from amongst a list of contractors who have been prequalified by the Government on the basis of criteria agreed between he Group and the Government. The Government shall notify the Group of the identity of the Contractor (s) finally selected and of any replacement of such contractor (s). The Group shall have no right to object to the appointment of any Contractor (s) which have been prequalified in accordance with this Article. The Construction Agreements shall be based upon standard Government contract terms and conditions. No appointment of any Contractor (s) hereunder shall relieve the Government of its obligations or liability to the Group arising under this Agreement of any of the Project Agreements and the Group shall not be liable under the Project Agreements if such choice results in an alteration to the Design Specifications, Engineering Standards or quality of workmanship without the consent of the Steering Committee.
> (D) The Government shall finance the design and construction of the Infrastructure Works. It s acknowledged by the Group that the Government's commitment to the cost of the Infrastructure Works shall not exceed one hundred thousand United Stated Dollars (US$ 128,700,000).

Ⅳ. Due Diligence

> **Box14** コンセッショネアー側工事に関するリスク条項事例
>
> Article X: Group and XYZ Obligations
> (A) The Group shall be responsible for the procurement, installation and commissioning of the Equipment in accordance with the terms of this Agreement and n accordance with the Laws of (Country). Such Equipment shall be of a standard suitable for a world class terminal facility and shall be maintained in a good serviceable condition throughout the Concession Period so as to permit a high level of productivity according to Good International Practices. The Group's Consultant shall issue a Commercial Operation Certificate with respect to each Phase. No such certificate shall be issued unless the Government and Government's Consultant has had an opportunity to inspect the Equipment. Any dispute over whether it is appropriate to issue the said certificate shall be referred to arbitration in accordance with Article ZZ.
> (B) For the purpose of carrying out its obligations under Article X (A), the Group shall appoint Suppliers from amongst the suppliers who have been pre-qualified on the basis of criteria agreed between the Group and the Government. Such Suppliers shall be responsible to the Project Company for all aspects of the procurement and commissioning of the Equipment. The Group shall notify the Government of the identity of those Suppliers finally selected. Prior to the replacement of any Supplier so appointed, the Group shall notify the Government of the proposed Supplier' identity and experience and, in the event that such replacement Supplier has not been pre-qualified in accordance with this Article, the Government shall have the right to make timely objection to any such appointment on reasonably justifiable grounds.
> (C) The Group shall permit the government and the Consultant to inspect the Equipment during installation and commissioning, and throughout the Term or any extension thereof to assure compliance with the Project Agreements. Such action or inaction by either the Government or the Consultant shall not limit the liability of the Project Company or relieve the Project Company of any its duties under the Project Agreements. The Government or the Consultant may notify the Project Company of any aspects of the Procurement, installation, commissioning, use and maintenance of the Equipment which, in the Government's opinion, does not comply with the Project Agreements. The Group shall be required to rectify the matter complained of or otherwise resolve the mater to the extent that the non-compliance may impair the operation of the Equipment or affect the safety of operations.
> (D) Neither the Government's nor the Consultant's inspection of the Equipment shall constitute the Government's or the Consultant's acceptance of the completeness, quality, feasibility, or reliability of the performance of the Equipment.

3.2.2 プロジェクト移譲リスク

　プロジェクト移譲に際しては、政府のコンサルタントが移譲証明書を発行することとしており、この証明書の発行はコンセッショネアー側のコンサルタントが検査し、了承した後に発行すること、証書発行後はコンセッショネアーがインフラに対する保険をかけることとしている。また建設業者に提出させる履行ボンドは、移譲後はコンセッショネアーに権利を譲渡できるようにすること、建設業者が期日に遅れを出した場合には損害を支払うよう建設契約に盛り込むことと、その損失補償金は政府の支払った予定外支出額を差し引いた後、損失額をコンセッショネアーに支払うこととしている。

　Ａ国の事例では、主要な施設は政府が自ら（建設工事を担務する政府機関を通じ）

建設業者・サプライアーと契約し、完成させたのちにコンセッショネアーへHandoverすることとなっているため、リスクの負担方法に若干の違いがある。

> **Box 15** プロジェクト移譲リスクに関するO国の条項事例

> Article X: Construction Obligation of the Government
> (A) Upon the issuance of the Handover Certificate for each Phase of the Infrastructure Works, the Group shall have the responsibility for operation, maintaining and providing insurance for such part of the Infrastructure save for such items already insured as appearing in a snagging list agreed by the Parties or insured by a Contractor. The Group shall be responsible for insuring each part of the Infrastructure (including insurable Events of Force Majeure other than Political Force Majeure Events) after the Handover Date.
> (B) (i) The Government shall procure that no Hanover Certificate shall be issued by the Consultant unless the Consultant has given to the Group's Consultant ten (10) Days' notice, or such shorter notice as may be agreed, that the Consultant proposes on a date specified in such notice to carry out an inspection ("Inspection") of a phase of the Infrastructure Works with a view to issuing a Handover Certificate.
> (ii) If the Inspection does not take place or if following the inspection the relevant Handover Certificate is not issued the Government shall procure that the same is not subsequently issued, unless notice has again been given to the Group's Consultant in accordance with the Article Z (a) (which procedure shall be repeated as often as necessary until the relevant Handover Certificate is issued).
> (iii) Upon receiving notice pursuant to Article Z (a) the Group's Consultant shall be entitled to attend and participate in every Inspection.
> (iv) IIn the event of a dispute arising between the Group's Consultant and the Consultant in relation to the matter referred to in the Article Z (a), then the matter shall be referred to the Steering Committee to mediate. In the event such effort fails, the matter shall be referred to the office of the Minister of Communications for final decision.
> (v) The Government shall ensure that a copy of every Handover Certificate issued by the Consultant shall be supplied to the Group's Consultant and Group's Authorized Representative immediately after issue.
> (vi) Any Handover Certificate issued by the Consultant otherwise than in accordance with the provisions of Article…. Shall be of no effect for the Purpose of this Agreement.
> (vii) Subject to Article …, the Government shall procure the issue of a Handover Certificate as soon as in the opinion of the Consultant a Handover Certificate may properly be issued.
> (C) Within twenty (20) Days after the final Handover Date the Government shall at its won expense supply to the Project Company a complete set of "as built" plans and drawings in relation to the Infrastructure Works.
> (D) If the Contractor (s) shall fail to achieve completion of a Phase of the Infrastructure Works (or any part thereof) within the time prescribed by the Construction Agreement, or such extended time as may be allowed pursuant thereto, then the Government shall charge the Contractor with such penalties and liquidated damage as are provided for by the Construction Agreement and shall pay an amount equal to such sums as are received by the Government to the Project Company, after reduction of reasonable out of pocket expenses incurred by the Government resulting from such delay.
> (E) The Government shall ensure that any Performance Bond provided by each Contractor in connection with the Infrastructure Works shall be in such a form as to be assignable to the Project Company upon the Handover Date. The Government shall not prevent the Project Company from initiating discussion with the issuer (s) of Performance Bond (s) about possible increases, at the Project Company's cost, of the value of such Performance Bond (s).

Ⅳ. Due Diligence

> **Box 16** A国の移譲リスクに関する条項事例

Article X: Handover Obligations of the Conceding Authority

(A) The Conceding Authority shall use its best efforts to ensure that the Government Infrastructure and Government Equipment will be available for the Handover to the Concessionaire for its intended use to enable the Concessionaire to achieve the anticipated Commercial Operation Date in accordance with the Project Schedule.

(B) The Conceding Authority shall advise the Concessionaire in the event any material delay is encountered in the construction work of the Government Infrastructure and/or procurement of the Government Equipment.

(C) In the event any material delay is encountered for the Handover due to the reason attributable to the Conceding Authority, the Conceding Authority shall compensate the Concessionaire for damages arising from such delay either by paying liquidated damages to the Concessionaire for the damages arising from such delay either by paying liquidated damages to the Concessionaire from the relevant liquidate damages paid to the PMU by the Government Construction Contractor or the Government Supplier under the Construction Agreement or by reducing the concession fixed fee or variable fee of the concession fee, such period and reducible amount shall be negotiated between the Parties based on the amount to be compensated.

(D) The Conceding Authority shall procure that no Handover Certificate shall be issued unless the Declaration Procedure has completed.

(E) The Conceding Authority shall give to the Concessionaire's Representative ten (10) Days prior notice, or such shorter notice as may be agreed, for carrying out an inspection ("Inspection") of the Government Infrastructure and the Government Equipment with a view to issuing a Handover Certifiate.

(F) The Conceding Authority shall submit to the Concessionaire a copy of one set of the Final Taking-Over Certificate, all job records, as built document as well as the required written instructions for the satisfactory operation and maintenance of the Government Infrastructure and the Government Equipment operation and maintenance manual including all terminal facilities and equipment which are submitted from the Engineer to PMU for the Inspection as provided in Article X (E).

(G) Upon receiving notice pursuant to Article X (E) the Concessionaire's Representative shall conduct the inspection with the participation of the Conceding Authority.

(H) In the event of a dispute arising between the Concessionaire's Representative and the Conceding Authority in relation the matter referred to in this Article X except (L), then the matter shall be referred to the Steering Committee to mediate. In the event such effort fails, the matter shall be referred to the office of the prime Minister for final decision.

(I) The Conceding Authority shall issue the Handover Certificate upon receiving the written agreement of the acceptance of the Government Infrastructure and the Government Equipment by the Concessionaire.

(J) Upon the issuance of the Handover Certificate, the Concessionaire shall have the responsibility for maintaining and providing insurance for the Government Infrastructure and the Government Equipment save that such items already insured as agreed by the Parties or insured by the Government Construction Contractor and/o the Government Supplier. The Concessionaire shall be responsible for insuring each part of the Government Infrastructure and the Government Equipment (including insurable events of the Force Majeure other than the Political Force Majeure Even) after the Handover Date. The amount to be insured by the Concessionaire are defined in Attachment XX.

(K) The Conceding Authority shall give to the Concessionaire a ten (10) Days prior notice or such shorter notice as may be agreed, for the Government Construction Contractor executing remedial work as well as for the inspection work by the Engineer in accordance with the Construction Agreement before the Defects Liability Certificate is issued to the Government Contractor.

(L) The Conceding Authority shall issue the Commercial Operation Certificate after the inspection of all the Concessionaire Equipment during its installation and commissioning and inspection of all the Concessionaire Facility (ies) after taken-over by the Concessionaire to assure compliance with this Agreement and upon submission of Concession Guarantee by the

> Concessionaire. Any dispute over whether it is appropriate to issue the said certificate shall be referred to arbitration in accordance with Article Y.
> (M) The Conceding Authority shall use its best efforts to ensure that, as of Handover Date, the Concessionaire shall be the beneficiary of the standard warranties issued in connection with the Construction Agreement, and that the Special Purpose Company shall have the right to pursue the Government Supplier directly in respect of its obligations under such warranties.

3.2.3 運営リスク

　O国の事例の場合は、オペレータとしてXYZ社を前提としており、オペレータそのものがコンセッショネアーの出資者となっており運命共同体の一員となっている。さらに、運営上のコスト・オーバーランやコンセッショネアーの不履行リスクを最小限に押さえるため、コンセッショネアーとしてのジョイント・ストック・カンパニー内の役員会へ各年度開始45日以内に組織構成、生産性目標、マーケティング計画とマーケット確保策を提出・レビューし、役員会はこれを修正、最終案を作成し、各年度当初15日以内にこれを政府へ届け出ることとしている。この規程は、コンセッショネアー一員に船社（XYZ社）が含まれているため、他の船社（ユーザー）を積極的に勧誘し、かつ独占的利用を規制する目的で設定されていると考えられる。

　またオペレータによる不履行（生産性達成不履行）リスクを最小限とするため、契約によって最低取扱量達成義務を明記し、達成不履行の場合には管理委託料を支払わないこととしている一方で規定取扱量以上を達成した場合には管理受託者にインセンティブ・フィーを支払うことができる旨明記している。

Box17 運営リスクに関するO国条項事例

> Article X: Group and XYZ Obligations
> (A) The Group and XYZ shall undertake marketing and related activities in sufficient volume in order to ensure awareness of the Facility's availability and resources among other liner companies and to promote usage of the Facility by such companies.
> (B) Not less than forty-five (45) Days prior to the beginning of each Year, the Board of Directors will review a Business Plan for the net Year, which will include the following items:
>   (i) Organization Plan;
>   (ii) Plan for Productivity Targets (with productivity to be measured by international industry standards);
>   (iii) Marketing Plan identifying other liner operators solicited and/or to be solicited; their market share; the potential for acquiring that market share; ad the specific steps to be taken as part of such solicitations.
> Such plan as amended by the Board of Directors shall be furnished to the Goernmet when finalized, but not later than fifteen (15) Days prior to the beginning of the relevant Year.

> **Article X: Facility Usage and Non-competition**
> (A) XYZ as the Manager shall be obliged to ensure that the Facility will have at least two (2) main line vessel calls per seven (7) Days (one in each direction) and related feeder vessels in sufficient numbers and capacity for carrying XYZ' s containers between the Facility and the ports in the Region.
> (B) The Government shall have the right to terminate the Concession Agreement or, in its option, have the Project Company terminate the Management Agreement, in the event that the total annual volume at the Facility (meaning aggregate volume handled across the wharf in either direction) should fall below 600,000 TEUs in respect of two (2) Operating Years of the Concession Period.
> (C) The Management Agreement shall provide that no management fee shall be paid to the Manager in respect of any Operating Year in which the total annual volume at the Facility (meaning the aggregate volume handled across the wharf in either direction) is less than 600,000 TEUs, provided that this provision shall not affect the Manager' s right to be paid all charges, cost and expenses which ae incurred by the Manger and are properly rebillable to the Project Company and payable to the Manager pursuant to the Management Agreement.
> (D) The Manager shall be entitled to receive, in addition to its basic management fee (subject to the provision of Article X (C), and incentive payment as set forth in the Management Agreement.

　A国の事例では、同様に最低限の取扱量を契約で規定し、これを下回ると契約解除の条件となることを明記している。またターミナルの運営を許可なく下請けに供してはならないこと、及び下請けのperformanceが悪い場合は、スポンサー側が一方的に下請け契約の解除を要請できるとしている。

| Box 18 | 運営リスクに関するA国条項事例 |

> **Article X: Terminal Usage**
> (A) The Conceding Authority shall have the right to terminate this Agreement in the event that the total annual volume at the Terminal (meaning aggregate volume across the wharf in either direction should fall below amount as performance target of three hundred thousand (300,000) TEUs per Operating Year in respect of two (2) consecutive Operating Years, but not including the first five (5) Operating Year of the Concession Periods as grace period given to the Concessionaire.
>
> **Article X: Operating Procedures**
> In no case may the management of the Terminal be subcontracted. Specific activities related to the Terminal may, however, be subcontracted with the written approval of the Conceding Authority. If the performance of the subcontractor is clearly detrimental to the management and operation of the Terminal, the Conceding Authority may require the termination of such subcontract. Under such circumstances, the Concessionaire cannot make any claim against the Conceding Authority.

3.2.4　調達リスク

　O国の事例では、調達リスクのうち、運営に必要なユーティリティー（水、電力、電話線を含む）がコンセッション対象区域境界まで運営開始後契約期間中利用可能な状態にすることが契約に明記されている。また建設・運営に必要な機材の輸入に

関する関税の免除、5年間の所得税免除とさらなる5年間の免税の申請権を認めている。またコンセッショネアーが実施するトランシップ業務に対する現行の港湾使用料等の料金以外に課徴金を課した場合には、かかる課徴金はコンセッショネアーが政府に支払うべき金額から差し引くことができるとしている。

> **Box 19** 調達リスクに関するO国条項事例
>
> Article XX Further Obligation of the Government
> (1) Beginning at the commencement of the Construction period and through the Construction Period and the Term, the Government hall make available to the edge of the Site utilities, including water, electrical power and telephone cables in sufficient quantities for the purpose of the Project Company. This obligation does not mean and shall not be construed to mean that the Government guarantees the delivery of utility services to the Site throughout the Term.
>
> Article YY Taxation, Duties and Levies
> (1) The Government shall grant to the Group an exemption from custom duty in _____ in respect of the plant, machinery and equipment and spare parts imported exclusively for the Project in accordance with the Laws of _____ during the Terms of this Agreements. The provision in the previous sentence shall not relieve the Project Company from complying with the relevant procedural requirements under applicable law.
> (2) The Government shall grant to the Group and exemption in respect of income taxes payable by the Project Company in _____ in respect of the Project in accordance with the Laws of _____ for a period of five (5) Years from the first Commercial Operation Date. The Project Company may apply to the Government for a further five (5) Years exemption. Notwithstanding the foregoing the Project Company shall be deemed to be a wholly owned _____ Company.
> (3) In the event that the Government charges any levy duty, port use charge or other similar charges on the sea-to-sea container transshipment business of the Project Company, in addition to or otherwise than such as may exist as at the Effective Date then the amount of such charges shall be deducted from any payments which may be payable to the Government from the Project Company.

一方A国の事例の場合は、コンセッショネアーの責任範囲のターミナルへの電気、水等の供給は、O国の場合と同様政府が責任を持って利用可能とすることとしているが、機器等の調達に係る課税措置についてはO国のように免税措置は講じられていないので、全てコンセッショネアーが負担することとなっている。

Ⅳ. Due Diligence

> **Box 20**　調達リスクに関するA国条項事例
>
> Article ○○　Further Obligations of the Conceding Authority
> (1) Beginning at the Handover Date and throughout the Term, the Conceding Authority shall make available to the edge of the Site utilities, including water, electrical power and telephone cables in sufficient quantities for the purpose of the Concessionaire. This obligation does not mean and shall not be construed to mean that the Conceding Authority guarantees the delivery of utility services to the Site throughout the Term.
>
> Article ○○　Taxation, Duties and Levies
> (1) The Concessionaire shall be responsible for the payment of all taxes, custom duties and other government required levies. The Concessionaire shall bear the costs of all stamp duties incurred in connection with the execution of this Agreement.
> (2) In the event that the Conceding Authority charges any levy duty, port use charge or other similar charges on the terminal operation business of the Concessionaire in addition to or otherwise than such as may exist as at the Effective Date then the amount of such charges shall be deducted from any payments which may be payable to the Conceding Authority from the Concessionaire.

3.2.5　財務リスク

　O国の事例においては、機器調達の資金は全てコンセッショネアーが借入金と自己資金の双方で行うこと、借入金は限定遡及のものとし、かつ借入金はコンセッショネアーが保証するものであり、株主保証としないこと、付属書に記載する最初の操業開始年度に設置すべき機器については契約書に定めるファイナンシャル・クローズ日までにファイナンシャル・クローズを達成することとしている。これにより資金調達リスクが譲許側に及ぶことがないようにしている。

　さらに、利子率変動、負債過剰による運営のリスクを避けるため、付属書において投資計画が規定され（総投資額$91,236,000のうち、40％を資本金（自己資金）で60％以下を借り入れで借入期間は10年、利率は8.5％）、コンセッショネアーへの限定遡及、抵当物請け戻し権喪失を避けるため政府による弁済権をつけ、かつ貸し手の同意をベースに債権の増加なしに、コンセッショネアーの不履行を救済し、その地位を所有できるようにする条件で借り入れを行うとしている。

　一方A国の事例の場合は、コンセッショネアーが負担する初期投資額は規模が小さいこともあり、特にDebt/Equityに係る制約は課していないが、財務上の健全性を確保するため、Financing Planはスポンサー側の承認を得ることとしている。

| Box 21 | 財務リスクに関するO国条項事例 |

Article ○○　Financial Close
(1) The Group shall provide and procure all necessary financing (both in the form of debt and equity) to finance the Equipment. The debt financing sought shall be on a limited recourse basis. Specifically, such debt may be guaranteed by the Project Company, but will not be guaranteed by any of its shareholders. In respect of the Equipment identified in the column headed "First Operating Year", in Attachment XX, the Group shall achieve Financial Close by the Date of Financial Close unless extended under the provision of this Agreement.
(2) The Proposed Project Financing Plan, set out in Attachment YY, will be updated and submitted to the Government for approval with respect to ensuring that the sixty/forty (60/40) debt to equity ratio has not been exceeded from time to time as soon as available to the Group up to the Financial Close in respect of the Equipment identified in the column headed "First Operating Year", in Attachment XX.
(3) Notwithstanding Article ○○ (1) and (2), the Government shall not be obliged to commence construction of the Infrastructure Works on the Site until such time as the Group notifies the Government that t has achieved Financial Close in respect of the Equipment identified the Column headed "First Operating Year", in Attachment XX, by the Date for Financial Close, the Group shall pay to the Government all proven damages suffered by the Government as a direct consequence of such failure, subject to an agreed limit of three million United States Dollars (US$3,000,000). In the event the Group fails to achieve Financial Close n respect of the Equipment identified in the column headed "First Operating Year", in Attachment XX, within one hundred and eighty (180) Days of the Date of Financial Close, the Government shall have the right at its option to withdraw and terminate the Concession. The Government shall have no further remedy against the Group or XYZ in respect of a failure to reach Financial Close.

(xx) The Group will procure a level of financing sufficient to ensure that the accumulated capital requirement for the Project Company through the first Operating Year, which shall include achieving Commercial Operation for the first two (2) berths of the Facility and procurement of all Equipment identified in the column headed "First Operating Year", in Attachment XX, shall be funded with no greater equity than a sixty/forty (60/40) debt/equity ratio.

| Box 22 | 財務リスクに関するA国条項事例 |

Financial Close
(A) The Concessionaire shall provide and procure all necessary financing to finance the Concessionaire Equipment and the Concessionaire Facility (ies). In respect of the Concessionaire Equipment and the Concessionaire Facility (ies), the Concessionaire shall achieve Financial Close by the Date for Financial Close unless extended in accordance with the provisions of this Agreement.
(B) The Proposed Project Financing Plan, set out in Attachment XX, will be updated and submitted to the Conceding Authority for approval.
(C) The Concessionaire will procure a level of financing sufficient to ensure that the accumulated capital requirement for the Special Purpose Company through the first Operating year, which shall include achieving commercial operation of the Concessionaire Equipment and the Concessionaire Facility (ies), shall be funded accordingly.

3.2.6 社会的リスク

O国の事例の場合は、全くの新規サービスであるため、従前の労働者を引き受けることは基本的にはなく、新規に雇用するというのが原則であるが、実態はコンテナターミナルのコンセッション契約と同時にコンベンショナル・ターミナルの運営も将来コンセッションすることが事前合意されている。しかし、コンベンショナル・ターミナルについては様々なリスクが不明な状態であるため、正式契約を交わさず、MOUのみで暫定的に二年間の運営を行っている。この暫定期間中に雇用者の処分の方法に関しても政府との非公式協議を行いつつ契約後にコンセッショネアーが再雇用する人間、再雇用条件を協議してきている。

具体的には全雇用者のリストから有資格者、早期勧奨退職者、再教育後再雇用者に分類し、早期勧奨退職、再教育は政府側の負担で実施するという覚え書きとなっている。従って契約上は法令で決められた現地雇用率（現地人雇用義務率）を守ることが規定されているのみである。

A国の事例でも、港湾規則において、港湾労働者の資格要件が定められているため（その後この規定は廃止されたが）現地人雇用義務を課している。

Box 23	社会リスクに関する条項事例

Article ○○　Operating Procedures
(1) The Concessionaire warrants that all necessary personnel shall be employed for the efficient operation and management of the Terminal. The Concessionaire shall adopt a practice for training and employing _____ nationals with the objective of filling positions with nationals subject to availability, commensurate knowledge and experience for the relevant position.

3.2.7 営業取扱量リスク

O国の事例の場合、コンセッション対象事業がコンテナのトランシップメント事業であるため、基本的には前掲リスク分析とリスク管理の項で記載したように、顧客がその国の経済主体でないため、政府が顧客を保護する必要がなく、政府がトランジットもしくはトランシップの量に付随したリスクを負ったり、オペレーターに経済的規制をかける理由がない。とはいうものの、政府がインフラ整備に関する投資義務を負っているため、投資の見返りは確保する必要があり、そのための最低取扱量の確保は契約でコンセッショネアーの義務に課している。(前掲運営リスク参照)

前述の営業・取扱量リスクで解説した一般的なリスク回避の方法のうち、政府によるコンセッショネアー側のとる営業に関する決定事項を知る方法として、本契約の場合はコンセッショネアーへの出資者の一員となること、レギュレーターの役割を果たすためビジネス計画を毎年度当初政府に提出させることは前述の運営リスクの項で説明した通りである。しかしながら、本契約ではコンセッショネアーへ出資することでコンセッショネアー側の利益運命共同体としての地位を有していることと、ビジネス計画を監視するというレギュレーターとしての地位の双方を政府が有することとなっているため、利益相反が生じており、適切な事例とは言い難い。

これらの他、本契約では取扱量保証のため、最低取扱量の設定、立ち上がり期間(猶予期間)の設定、オペレーターへのインセンティヴ、ペナルティーの付与等のリスクシェアの仕組みが組み込まれている。(いずれも前掲運営リスク参照)

A国の事例では、最低取扱量を定めているが、これ以外にコンセッショネアーはターミナルの運営状況の報告、財務状況報告を提出することを義務付けている。これはO国の場合のようにSPCに政府が出資しているわけではないので、主としてレギュレーターとしての観点からターミナルが公共ターミナルとして公平・公正に運営されているかを監督するための手段でもあり、また契約に従ったコンセッション・フィー(変動部分が取扱量に応じた価格となっている)が契約通りに支払われているかをチェックするための報告である。

これとは別に、コンセッショネアーの取扱量リスク、営業リスクをカバーするという意味で、コンセッション・フィーを状況に応じて見直すという規定も設けられている。

IV. Due Diligence

> **Box 24** 営業リスクに関する条項事例
>
> Article ○○　Concessionaire's Obligations
> (1) The Concessionaire shall prepare ad submit the reports to the Conceding Authority as follows: During the Term, the Concessionaire shall submit to the Conceding Authority a monthly report with regard to the following;
>   (a) Operation of the Terminal and other information as required by the Conceding Authority in accordance with such formats systems and procedure as directed by the Conceding Authority;
>   (b) Volume of the cargoes according to the type, any insurance procured and maintained by the Concessionaire along with copies of the Certificate of Insurance;
>   (c) Manpower employed in the operation of the Terminal; and
>   (d) Any other items deemed reasonably necessary by the Conceding Authority in connection with the operation and maintenance of the Terminal.
> (2) The Special Purpose Company shall submit to the Conceding Authority every fiscal year the Special Purpose Company's non-consolidated financial statements prepared in accordance with generally accepted accounting principles in ＿＿＿, on the following conditions;
>   (a) The actual financial statements should cover at least information with regard to statement of profit and loss, cashflow and balance sheet;
>   (b) The Special Purpose Company's annual financial statements must be audited by the authorized independent auditor in good standing appointed by the Special Purpose Company, with prior consent of the Conceding Authority. The financial statements must include the notes or comments made by the auditor;
>   (c) The financial statements must be submitted to the Conceding Authority as follow;
>   (i) The annual statements must be submitted within three (3) Months after the Special Purpose Company's books are closed.
>   (ii) Audited profit and loss statement shall be submitted on an annual basis to the Conceding Authority as attachment to the annual payment of the Concession Fees.
> (3) The Concessionaire shall, at any time, inform the relevant authority of ships arrivals and departures for approval. The Conceding Authority shall cooperate with the Concessionaire to procure such approval, unless there is or has been any violation of any applicable law or regulation or in case safety in the port area is endangered.

3.2.8　契約リスク

　O国の事例では契約の曖昧さから発生する様々なリスクを避けるため、まず、契約の不履行に該当する事由を明記し、不履行事由が発生したときの対処手続きを定めている。さらに契約解除の条件と手続き、契約終了時の移管の手続き、準拠法と紛争の調停手続きが定められている。

　契約不履行事由を構成する要件としては、プロジェクト会社（コンセッショネアー）の不履行事由として、本契約書及び他のプロジェクト合意書になされた陳述・誓約・保証でプロジェクトに重大な影響を及ぼすものを含め、契約書及び他のプロジェクト合意書の重要な条項、条件の違反、政府の不履行事由ではない理由でなされた操業期日またはファイナンシャル・クローズの不履行、建設期間中における設立グループによる事業放棄、契約期間中のコンセッショネアーによる放棄、プロジェクトに重要な不利な影響を与える怠慢、間違った表明、または意図的な失敗、当事者間の合意なく本契約に違反してその権利を移譲すること、政府との書面による合

意なくXYZ社を管理者から他に変えること、プロジェクト合意書にある重要な義務の遂行能力に支障をもたらす財務状況がコンセッショネアー側に生じた場合、コンセッショネアーがその債権の支払いを保留したり、そうすることを宣言したり、負債額をモラトリアム宣言したり、支払うべき負債を払えなくなったりそれを認めたり、もしくは意図的か強制的かにかかわらずコンセッショネアーが破産した場合、本契約に定めた保険を確保、維持し損ねた場合、Performance Target 条項に定める母船の寄港を果たせなかったときとしている。

　また政府側の不履行事由としては、コンセッショネアーが正しく行った特定の同意請求に対し不当に政府が同意しなかった場合、特定の同意が正当な理由なく無効になったり、限定された期間に対して与えられたもので正当な理由なくその更新を行わなかった場合、政府が買収、強制収容または国有化によりコンセッショネアーの株式もしくは資産の部分もしくは全てを取得し過半数の株の制御を行った場合、コンセッショネアーもしくはXYZ社の不履行事由によらず政府がプロジェクトスケジュール内に引き渡しを達成しなかった場合、建設期間中の政府による放棄、契約でなされた政府の陳述・保証・誓約を含め本契約書の重要な違反を行った場合、プロジェクトに重大な悪影響を及ぼす怠慢、過誤もしくは意図的な過誤、当事者間の合意なく政府が契約に反してその権利を譲渡した場合としている。

　さらにXYZ社の不履行事由として、本契約になされ、プロジェクトに悪影響を及ぼす、陳述、保証、誓約を含め重要な条項の違反、プロジェクトに悪影響を及ぼす怠慢、過誤意図的失敗、当事者間での合意なく契約に違反してその権利を譲渡した場合、プロジェクト合意書の重要な義務を遂行する能力に影響するXYZ社の財務状況が生じた場合、XYZ社がその債権の支払いを保留したり、そうすることを宣言したり、負債額をモラトリアム宣言したり、支払うべき負債を払えなくなったりそれを認めたり、もしくは意図的か強制的かにかかわらずコンセッショネアーが破産した場合（再編または合併をのぞく）、Performance Target 条項に規定する母船の寄港を果たさなかった場合としている。

　また契約解除の方法と手続きは別途条項が定めてある。これには便宜上の契約解除、不履行による契約解除、政治的不可抗力による契約解除、Operation Procedure 条項に定める取扱量規定条項に従った契約解除に区分して定めており、さらに契約解除によるプロジェクト資産の移転の方法を定めている。契約満期に伴うプロジェクト移転の手続きに関しては別途の条項を定めている。

　A国の事例では、コンセッショネアーと政府の二者間の契約であるため、Event

Ⅳ. Due Diligence

of Defult, Termination に関する事項もこれら二者間の約定違反に関するもののみであるが、内容はほぼ同様の約定を定めている。

> Box 25　契約不履行に関する条項事例

Article ○○　Events of Default
(1) The following shall constitute Project Company Events of Default under this Agreement:
　(ⅰ) a breach by the Project Company of any material term or condition of this Agreement or any other Project Agreement, including, but not limited to, any material breach of a representation, warranty, or covenant made in this Agreement or any other Project Agreement, which has a material adverse effect on the Project;
　(ⅱ) failure by the Project Company to achieve a Commercial Operation Date or Financial Close save where such failure arises as a result of a Government Events of Default or as a result of a delay not the fault of the Project Company on the relevant Handover Date;
　(ⅲ) Abandonment by the Group at any time during the Construction Period;
　(ⅳ) Abandonment by the Project Company at any time during the Term;
　(ⅴ) Any gross negligence, misrepresentation or willful misconduct by the Project Company which has a material adverse effect on the Project;
　(ⅵ) any assignment by the Project Company, of XYZ as Manager without the written consent of the Government;
　(ⅶ) the replacement by the Project Company, of XYZ as Manager without the written consent of the Government;
　(ⅷ) a material adverse change occurs in the financial condition of the Project Company which would affect he Project Company's ability to fully perform all of its material obligations under the Project Agreements;
　(ⅸ) the Project Company should suspend payment of all or any class of its debts, or announces an intention to do so, or a moratorium is declared in respect of any of its indebtedness, or the Project Company is unable to or admits its inability to pay its debts as they fall due, or a resolution is passed to wind up or liquidate the Project Company whether voluntary or compulsory;
　(ⅹ) the Project Company's material failure to obtain, maintain and comply with the insurance requirements of this Agreement;
　(ⅺ) the Project Company's failure to achieve main line vessel calls as set forth in Article ZZ.
(2) The following shall constitute Government Events of Default under this Agreement:
　(ⅰ) a Specified Consent not being issued for unsupportable reasons upon application having been duly made by the Project Company which has a material adverse effect on the Project;
　(ⅱ) a Specified Consent ceasing to remain in full force and effect (unless revoked for cause) or f granted for a limited period, not being renewed for unsupportable reasons upon application having been duly made, which as a material adverse effect on the Project;
　(ⅲ) the expropriation, compulsory acquisition or nationalization by the Government of (a) any Part or whole of the shares of the Project Company if the result would be for the Government to acquire ownership or control of a majority of the shares in the Project Company, or (b) any assets or rights of the Project Company which fundamentally and adversely affect the enjoyment by the Project Company of any of its respective rights with respect to the Project assets, or the performance by the Group or the Project Company of any of their obligations pursuant to the Project Agreements;
　(ⅳ) failure by the Government to achieve Handover Date within the Project Schedule (including any applicable grace periods) save where such failure arises as a result of an Event of Force Majeure or a Project Company Event of Default or is otherwise attributable to the Project Company or XYZ;
　(ⅴ) abandonment by the Government at any time during the Construction Period;
　(ⅵ) a breach by the Government of any material term or condition of this Agreement, including but not limited to any material breach of a representation, warranty or covenant made in this agreement which has a material adverse effect on the Project;

> (vii) any gross negligence, misrepresentation or willful misconduct by the Government which has a material adverse effect on the Project; and
> (viii) any assignment of rights by the Government in violation of this Agreement except as agreed by the Parties.
> (3) The following shall constitute XYZ Events of Default under this Agreement:
>   (i) a breach by XYZ of any material term or condition of this Agreement including, but not limited to, any material breach of a representation, warranty or covenant contain herein;
>   (ii) any gross negligence, misrepresentation or willful misconduct by XYZ which has a material adverse effect on the Project;
>   (iii) any assignment by XYZ of its rights in violation of this Agreement except as agreed by the Parties;
>   (iv) a material adverse change occurs in the financial condition of XYZ which would affect XYZ's ability to fully perform all of its material obligations under the Project Agreements;
>   (v) XYZ should suspend payment of all or any class of its debts, or announce an intention to do so, or a moratorium is declared in respect of any of its indebtedness or XYZ is unable to or admits its inability to pay its debts as they fall due or resolution is passed t wind up or liquidate XYZ whether voluntary or compulsory (other than for the purpose of re-organization or consolidation);
>   (vi) XYZ's failure to achieve main line vessel calls as set forth in Article ZZ.
> (4) Upon the occurrence of any Event of Default, the Party not in default as appropriate shall give written notice of the Event of Default to the defaulting Party. Such notice shall set forth, in reasonable detail, the nature of the Event of Default and , where known and applicable, the steps necessary to cure such Event of Default. Following the giving of notice of default, the Parties shall consult for a period of up to thirty (30) Days (or such longer period as they may agree) (except in relation to Article yy and zz where there will be no time to cure the Event of Default) as to what steps shall be taken with a view to mitigating the consequences of the relevant event having regard to all the circumstances. Failure to reach agreement on such steps shall give rise to a right of termination by the non-defaulting Party. With respect to a XYZ Event of Default, the right of termination relates to the Management Agreement only. For the avoidance of doubt, this right of termination means that the Government may require termination of XYZ as Manager, but shall not be entitled to withdraw the Concession from the Project Company.

> **Box 26** 契約解除に関する条項事例

Article ○○　Termination and Consequences
(1) Termination for Convenience
   (i) in the event that the Government terminates this Agreement unilaterally without cause then the Government shall deliver to the Project Company a prior written notice of termination of not less than ninety (90) Days specifying the termination date. If this Agreement is so terminated then the Government shall:
      (a) pay the outstanding liabilities of the Project Company, including without limitation liabilities to the Lenders under the Finance Agreements, less any sum held in the name of the Project Company in any escrow account for the purpose of making payments to the Lenders and insurance proceeds (if any) to the extent that there has been no default thereunder by the Project Company prior to the notice of termination;
      (b) if the Government terminates for convenience prior to the Commercial Operation Date for Phase 1 of the infrastructure, pay to the Project Company a sum equal to all the audited third party development and other associated costs reasonably and exclusively incurred in connection with the Project, plus an additional seven and one half percent (7.5%) of such sum. For the purpose of this Article, third party shall exclude any associates, subsidiaries or companies under the control of the Group members;
      (c) if the Government terminates for convenience during the Concession Period, pay to the Project Company a sum equal to the Issued Share Capital of the Project Company at the average price per share of the Project Company share on Security Market for the three (3) year period immediately prior to the date o the notice of termination.
   (ii) If the Parties cannot agree on the value of the payments to be made under (i) (b) or (c) above, the matter shall be referred to an arbitrator appointed pursuant to Article ZZ to determine. The Government shall make payment of all items not disputed notwithstanding such referral.
   (iii) Repayment to the Project Company for amounts due to Lenders contemplated (i) (a) above shall be affected within ninety (90) Days of the date of actual termination together with payment of appropriate interest due in accordance with the Finance Agreements;
   (iv) Repayment to the Project Company for amounts due under this Article ○○ (1) shall be effected within ninety (90) Days from the date of actual termination.
(2) Termination for Default
   Should the Agreement be terminated following an Event of Default, either Party may proceed to arbitration in accordance with Article YY to recover provable damages arising from the termination. Any claim for reimbursement of actual development and other associated costs incurred by a Party shall include those development and associated costs incurred in connection with the Project prior to Ratification and all additional costs properly, necessarily and directly incurred thereafter.
(3) Termination for Political Force Majeure
   If this Agreement is terminated in accordance with Article ZZ then the Government shall pay to the Project Company:
      (i) a sum equal to the outstanding liabilities of the Project Company, including without limitation liabilities to the Lenders under the Finance Agreements, less any sum held in the name of the Project Company in any escrow accounts for the purpose of making, payment to the Lenders, to the extent that there has been no default thereunder by the Project Company prior to the notice of termination which sum shall be payable within ninety (90) Days of the date of actual termination together with payment fo interest as provide under the Finance Agreements;
      (ii) a sum equal to the Owners Equity calculated on the date immediately prior to the date of notice of termination, to the extent not redeemed by the Project Company; and

> (iii) a sum equal to those development and associated costs reasonably, properly, necessarily and directly incurred by the Project Company. If the Parties cannot agree on the value of the payments to be made under this Article ○○ (3) (iii), then the matter shall be referred to an arbitrator appointed pursuant to Article ZZ to determine.
>
> (4) Termination pursuant to Article XYZ (violation of performance target)
> Should the Agreement be terminated pursuant to Article XYZ, the Government will pay to the shareholders of the Project Company, subject to appropriate adjustment for:
>   (i) transport requirements for disposing of assets which will no longer be utilized at the Site; and
>   (ii) any liabilities which are paid or assumed by the Government.
>   Such amount as adjusted shall not exceed the sum of the Net Book Value of the said assets.

Box 27 プロジェクトの返還に関する条項事例

> Article ○○ Termination and Consequences (continued)
> (5) Transfer of the Project Assets on Termination
>   (i) Without prejudice to the foregoing provisions and the rights of each Pay hereunder to seek compensation in the event of termination of this Agreement whatever cause, the Government shall be entitled (1) to enter and operate the Facility; and (2) to receive and use such drawings, designs, studies, materials, reports and other related documents prepared or procured by the Group in connection with the Project and the Facility to the date of termination.
>   (ii) Upon termination of the Agreement prior to the expiration of the Term pursuant to Article ZZZ, and payment by the Government thereunder, the Government may elect to assume ownership and control of the Equipment and the Additional Equipment. Upon such election the Project Company shall transfer clear title to the Equipment and the Additional Equipment to the Government.
>   (iii) In the event of termination of the Agreement by the Government as a result of a Project Company Event of Default or XYZ Event of Default, the Project Company shall transfer clear title to the Equipment and the Additional Equipment to the Government upon payment by the Government to the Project Company of the lower of the apprised fair market value or the Net Book Value of the Equipment and the Additional Equipment, adjusted for any liabilities to which said assets are subject and which are paid or assumed by the Government.

4 コンセッション財務分析と需要予測

4.1 財務分析の目的

　港湾コンセッション財務分析は、コンセッション計画を策定する際に、想定されているコンセッション・スキームでプロジェクトの採算性がどの程度のものになるのかをあらかじめ分析し、コンセッション入札のための基本的な財務要件を設定すること、及び契約交渉にあたり、応札者とどの程度まで妥協できるか、コンセッション譲許側、コンセッショネアー双方の財務的リスクの内容と水準を予測し、可能な妥協の範囲を事前に検討するために行う。

　従って、財務分析で実施する内容は、設定されたコンセッション条件（JICA ファイナンスプロジェクトの場合には、基本計画策定で説明したように、ファイナンス対象施設に関しては、コンセッション・フィーの固定部分でその元利償還が可能なこと、変動部分でプロフィット・シェアーを行うこと、最低フィーの水準（粗利率）はコンセッション譲許側が自ら投資・運営を行った時に期待できる期待粗利率の現在価値とすること）を基本に、可能な財務的要件（コンセッショネアーの必要最低投資額、コンセッション・フィーの水準、コンセッショネアーの資本構成、資金借入要件、最低パフォーマンス水準等）を可変指標とし、財務諸表により、内部収益率（FIRR）、粗利率、純固定資産利益率（Return on Net Fixed Asset）、運営経費率（Operating Ratio）、償却負担前運営経費率（Working Ratio）、金融債務補填率（Debt Service Covering Ratio）をコンセッション譲許側、コンセッショネアー双方について分析することである。

　財務計算の前提となる交通量（Traffic Level）は詳細設計調査で実施された需要予測値をベースとするが、コンセッション期間中の取扱量リスクを考慮した財務分析を行うことが必要であるため、取扱量の変動による財務リスクも感度分析において実施することが必要である。

4.2 財務分析の手順と概要

4.2.1 財務分析手順

財務分析は、コンセッション基本条件の設定(対象プロジェクトのコンセッション事業者(複数分割も可能)と譲許側の責務範囲の設定、譲許側とコンセッショネアー間の投資・維持分担、コンセッション期間、コンセッション・フィーの構成)、

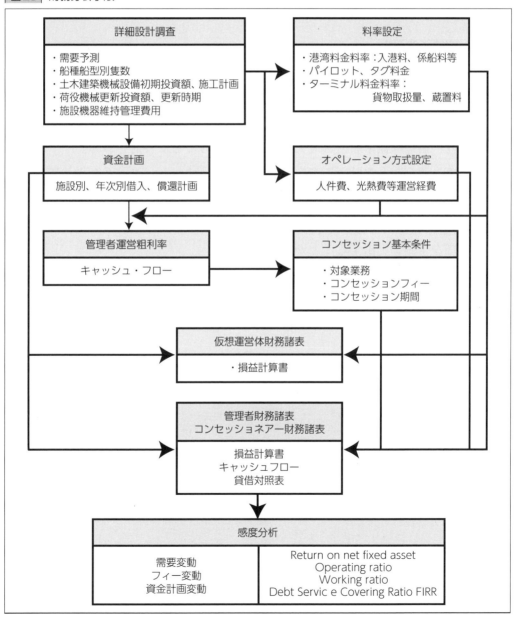

図25 財務分析手順

関係者の収入項目の設定（港湾料金、ターミナル運営収入、コンセッション料収入、資金運用収入、雑収入、補助金収入等）、関係者の支出項目の設定（初期投資額、原価償却費、維持・運営費、財務的支出、特別損失、保険料、税金、免許料等）、資金調達・返済条件の設定、基礎収入額の算定（港湾料金、ターミナル運営収入）、コンセッション料率の設定（固定フィー額と変動フィーのレベニュー／プロフィット・シェア率）、基礎支出額の算定（初期投資、更新投資資金借入・返済計画、運営経費（人件費））、ターミナル別仮想オペレーターの財務諸表の作成、港湾管理者の財務諸表の作成、借受者の財務諸表作成、感度分析（リスク分析）の順に実施する。

4.2.2 需要予測手順

F/Sの段階では需要予測は基本的に、プロジェクトそのもののフィージビリティーを確認するためのものであるため、料金ベースの詳細な予測は不要であり、コンテナターミナルの場合には、貨物需要はTEUベースで空コン、実入りの区別程度の予測であり、船舶は標準船型と最大船型を予測することで検討される。

一方、コンセッション計画を策定するためには、オペレーター及び港湾管理者双方の現実的な料金体系に基づく財務予測のための需要を設定する必要があるため、対象ターミナルの利用方法（トランシップ、フィーダー、メインターミナル等）に基づき、詳細な予測を実施することが必要である。

コンテナターミナルのコンセッション計画用の需要予測の手順は以下に示す通りである。

図26 コンテナ貨物需要予測手順

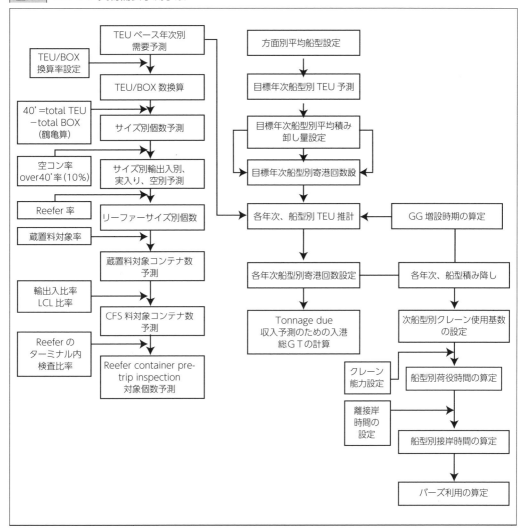

4.3 財務予測事例

表20に示した事例は、A国におけるコンテナターミナルのコンセッション計画のために作成した財務予測の結果を示している。基本的にはⅢ章9.で示した財務指標を評価するためのものであるため、income statementとcash flow statementがあればよい。

財務分析の目的は、港湾管理者（スポンサー側）とコンセッショネアー（オペレーター側）の双方の財務状況が種々のコンセッション条件や需要の変化でどのように財務リスクがシェアーできるかを判断するためのものであるため、財務予測はこれら両者の財務表が必要であり、さらには、詳細な財務条件の下でF/Sで確認したプ

Ⅳ. Due Diligence

ロジェクトの財務健全性がどの程度保たれているかをチェックする意味で、港湾管理者とオペレーターを一体の財務主体とした連結財務表を作成することが求められる。

Ⅳ. Due Diligence

表20 オペレーターの財務計算事例

Statement of Cash Flows ($'000s)	2013	2014	2015	2016
Cash Beginning	0	-11,169	-13,233	-14,090
Cash Inflow	-3,510	-1,237	-67	2,003
CASH FLOWS FROM OPERATING ACTIVITIES	-11,169	-1,237	-67	2,003
Operating Income	-12,248	-2,316	-1,146	924
Depreciation (equipment) (Concessionaire)	1,079	1,079	1,079	1,079
[Total No cash Items included in Net Income (Depreciation)]	1,079	1,079	1,079	1,079
CASH FLOWS FROM FINANCING ACTIVITIES	7,659	0	0	0
Long -Term Loan (Concessionaire)	4,595	0	0	0
Short -Term Loan (Concessionaire)				
Cash from Equity	3,064	0	0	
Cash Outflow	7,659	827	790	911
CASH FLOWS FROM INVESTING ACTIVITIES	7,659	0	0	0
Assets Acquired (Concessionaire)	7,659	0	0	0
CASH FLOWS FROM FINANCING ACTIVITIES	0	827	790	911
Repayment of Lon-Term Loan Principal (Concessionaire)	0	460	460	460
Repayment of Interest on Long-Term Loans (Concessionaire)	0	368	331	294
Repayment of short-Term Loan (Concessionaire)				
Repayment of Interest on Short-Term Loans (Concessionaire)	0	0	0	0
Income Tax (Concessionaire only)	0	0	0	158
Cash Inflow - Cash Outflow	-11,169	-2,064	-857	1,092
Cash Ending	-11,169	-13,233	-14,090	-12,998

Income Statement of the Cai Mep Project ($'000s)	2013	2014	2015	2016
REVENUE				
Wharfage for Vessels	260	1,023	1,102	1,287
Wharfage for Cargo	95	403	443	509
Charge for mooring/unmooring	20	46	46	70
Charge for opening/closing hatch	0	0	0	0
Charge for handling container	2,767	11,688	12,755	14,575
Charge for storage of Container	181	766	838	959
Charge for CFS	52	219	239	274
Charge for PTI (Pre Trip Inspection) of Reefer Container	26	108	117	133
Charge for lift-on/lift -off (R/D) at container yard	0	0	0	0
Charge for handling cargoes				
Charge for general cargo storage				
TOTAL REVENUE	3,401	14,252	15,539	17,807

4　コンセッション財務分析と需要予測

	2017	2018	………	2037	2038	2039	2040	2041	2042	2043
	-12,998	-11,054		21,438	24,047	26,019	30,671	35,772	40,987	46248.15
	4,438	21,015		14,243	9,516	10,204	8,711	10,047	9,991	8710.911
	3,103	4,260		8,711	8,711	8,711	8,711	8,711	8,711	8710.911
	2,023	2,266		4,510	4,510	4,510	4,510	4,510	4,510	6772.473
	1,079	1,994		4,201	4,201	4,201	4,201	4,201	4,201	1938.438
	1,079	1,994		4,201	4,201	4,201	4,201	4,201	4,201	1938.438
	1,336	16,755		5,532	805	1,493	0	1,336	1,280	0
	1,336	16,755		5,532	805	1,493	0	1,336	1,280	0
	2,494	18,160	………	11,635	7,544	5,552	3,610	4,832	4,730	4111.231
	1,336	16,755		5,532	805	1,493	0	1,336	1,280	0
	1,336	16,755		5,532	805	1,493	0	1,336	1,280	0
	1,158	1,405		6,102	6,739	4,058	3,610	3,496	3,450	4111.231
	460	593		4,138	4,692	2,244	1,840	1,837	1,822	1949.539
	257	327		1,115	1,226	916	855	708	668	624.7655
	0	0		0	0	0	0	0	0	0
	441	485		849	821	899	914	950	960	1536.927
	1,944	2,854		2,609	1,972	4,652	5,101	5,215	5,261	4599.68
	-11,054	-8,199		24,047	26,019	30,671	35,772	40,987	46,248	50847.83

	2017	2018	………	2037	2038	2039	2040	2041	2042	2043
	1,359	1,435		1,480	1,480	1,480	1,480	1,480	1,480	1,480
	548	589		892	892	892	892	892	892	892
	70	70		83	83	83	83	83	83	83
	0	0		0	0	0	0	0	0	0
	15,579	16,637		24,638	24,638	24,638	24,638	24,638	24,638	24,638
	1,027	1,099		1,639	1,639	1,639	1,639	1,639	1,639	1,639
	294	315	………	471	471	471	471	471	471	471
	141	150		218	218	218	218	218	218	218
	0	0		0	0	0	0	0	0	0
	19,019	20,296		29,421	29,421	29,421	29,421	29,421	29,421	29,421

IV. Due Diligence

EXPENSE					
DIRECT EXPENSE					
Lobour Cost (Concessionaire)	821	821	821	821	
Maintenance of equipment (Concessionaire including shore cranes)	866	866	866	866	
Fuel & Utilities (for Concessionaire)	329	1,032	1,123	1,275	
Maintenance of infrastructures (Concessionaire: minor repairs)	468	468	468	468	
Maintenance dredging	0	0	0	0	
Total Direct Expense	2,483	3,186	3,277	3,429	
INDIRECT EXPENSE					
Depreciation (equipment) (Concessionaire)	1,079	1,079	1,079	1,079	
Insurance & Claims (??% of Revenue)	51	214	233	267	
Bad Debt (0.5% of Revenue)	17	71	78	89	
Concession Fixed Fee (to PMB)	11,841	11,841	11,841	11,841	
Concession Variable Fee (to PMB)	0	0	0	0	
Concession Fee for RTG (to PMB)	0	0	0	0	
Concession Fee for Crane (to PMB)	0	0	0	0	
Total Indirect Expense	12,988	13,206	13,231	13,277	
GENERAL & ADMINISTRATIVE					
Administrative Personnel (Concessionaire)	127	127	127	127	
Others (personnel cost *40%)	51	51	51	51	
Total General & Administrative	177	177	177	177	
TOTAL EXPENSE	15,649	16,569	16,685	16,883	
OPERATING INCOME	-12,248	-2,316	-1,146	924	
OTHER INCOME/ (EXPENSE)					
Repayment of Interest on Long-Term Loans (Concessionaire)	0	368	331	294	
Repayment of Interest on Short-Term Loans (Concessionaire)					
TOTAL OTHER	0	368	331	294	
EARNINGS before TAXES	-12,248	-2,684	-1,477	630	
INCOME TAX (from Concessionaire only)	0	0	0	158	
NET INCOME after tax	-12,248	-2,684	-1,477	473	
Retained Earnings	-12,248	-14,932	-16,409	-15,936	

	821	821		1,323	1,323	1,323	1,323	1,323	1,323	1,323
	866	866		1,173	1,173	1,173	1,173	1,173	1,173	1,173
	1,364	1,458		2,150	2,150	2,150	2,150	2,150	2,150	2,150
	468	468		468	468	468	468	468	468	468
	0	0		0	0	0	0	0	0	0
	3,518	3,611		5,114	5,114	5,114	5,114	5,114	5,114	5,114
	1,079	1,994		4,201	4,201	4,201	4,201	4,201	4,201	1,938
	285	304		441	441	441	441	441	441	441
	95	101		147	147	147	147	147	147	147
	11,841	11,841		11,841	11,841	11,841	11,841	11,841	11,841	11,841
	0	0		2,942	2,942	2,942	2,942	2,942	2,942	2,942
	0	0		0	0	0	0	0	0	0
	0	0		0	0	0	0	0	0	0
	13,301	14,241		19,573	19,573	19,573	19,573	19,573	19,573	17,310
	127	127	………	160	160	160	160	160	160	160
	51	51		64	64	64	64	64	64	64
	177	177		224	224	224	224	224	224	224
	16,996	18,030		24,911	24,911	24,911	24,911	24,911	24,911	22,648
	2,023	2,266		4,510	4,510	4,510	4,510	4,510	4,510	6,772
	257	327		1,115	1,226	916	855	708	668	625
	257	327		1,115	1,226	916	855	708	668	625
	1,766	1,938		3,395	3,284	3,595	3,655	3,802	3,842	6,148
	441	485		849	821	899	914	950	960	1,537
	1,324	1,454		2,546	2,463	2,696	2,741	2,851	2,881	4,611
	-14,612	-13,158		29,294	31,757	34,453	37,194	40,045	42,927	47,537

Ⅳ. Due Diligence

表21 港湾管理者財務計算事例

Statement of Cash Flows ($'000s)	2008	2009	2010	2011	2012
CASH BEGINNING	0	0	0	0	0
CASH INFLOW	1226.2406	27825.04	56037.188	72687.417	87118.166
CASH FLOWS FROM OPERATING ACTIVITIES	0	0	0	0	0
Operating Income	0	0	0	0	0
Depreciation (equipment) (for PMB Asset)	0	0	0	0	0
Depreciation (Buildings of PMB)	0	0	0	0	0
Depreciation Expense (Infrastructures)	0	0	0	0	0
[Total No cash Items included in Net Income (Depreciation)]	0	0	0	0	0
CASH FLOWS FROM FINANCING ACTIVITIES	1226.2406	27825.04	56037.188	72687.417	87118.166
Initial Long-Term Loans (PMB)	1059.9411	24023.21	48288.738	62476.194	74673.917
Long-Term Loans (PMB Reinvestment)	0	0	0	0	0
Long-Term Loans (PMB Local Portion)	164.17964	3725.455	7502.7403	9732.0161	11664.129
Short-Term Loan (PMB)					
Capitalized Interest (Long-term: Government)	2.1198823	76.37018	245.71001	479.20718	780.12029
CASH OUTFLOW	1226.2406	27825.04	56037.188	72687.417	87118.166
CASH FLOWS FROM INVESTING ACTIVITIES	1226.2406	27825.04	56037.188	72687.417	87118.166
Construction in Progress (PMB)	1059.9411	24023.21	48288.738	62476.194	74673.917
Capitalized Interest (Long-term: Government)	2.1198823	76.37018	245.71001	479.20718	780.12029
Assets Acquired (PMB)	0	0	0	0	0
Assets Acquired Local Portion (PMB)	164.17964	3725.455	7502.7403	9732.0161	11664.129
CASH FLOWS FROM FINANCING ACTIVITIES	0	0	0	0	0
Repayment of Initial Loan Principal (PMB)	0	0	0	0	0
Repayment of Interest on Initial Loans (PMB)	0	0	0	0	0
Repayment of Lon-Term Loan Principal (PMB Reinvestment)	0	0	0	0	0
Repayment of Interest on Long-Term Loans (PMB Reinvestment)	0	0	0	0	0
Repayment of Lon-Term Loan Principal (PMB Local Portion)	0	0	0	0	0
Repayment of Interest on Long-Term Loans (PMB Local Portion)	0	0	0	0	0
Repayment of short-Term Loan (PMB)					
Repayment of Interest on Short-Term Loans (PMB)	0	0	0	0	0
Income Tax (Concessionaire only)	0	0	0	0	0
CASH INFLOW-CASH OUTFLOW	0	0	0	0	0
CASH ENDING	0	0	0	0	0

	2013	2014	………	2037	2038	2039	2040	2041	2042	2043
	0	11311.013		49484.828	52261.33	55029.003	57841.631	60727.821	63656.677	66576.705
	101737.91	11311.013		14475.578	14189.497	14189.497	14189.497	14475.578	14189.497	14189.497
	11311.013	11311.013		14189.497	14189.497	14189.497	14189.497	14189.497	14189.497	14189.497
	2831.6665	2831.6665		7488.2109	9287.273	9287.273	9287.273	9287.273	9287.273	9287.273
	3648.6418	3648.6418		1870.5822	71.520024	71.520024	71.520024	71.520024	71.520024	71.520024
	417.28087	417.28087		417.28087	417.28087	417.28087	417.28087	417.28087	417.28087	417.28087
	4413.4235	4413.4235		4413.4235	4413.4235	4413.4235	4413.4235	4413.4235	4413.4235	4413.4235
	8479.3462	8479.3462		6701.2865	4902.2244	4902.2244	4902.2244	4902.2244	4902.2244	4902.2244
	90426.894	0		286.0801	0	0	0	286.0801	0	0
	77261.454	0		0	0	0	0	0	0	0
	0	0		286.0801	0	0	0	286.0801	0	0
	12107.13	0		0	0	0	0	0	0	0
	1058.3103	0								
	90426.894	1161.7012	………	11699.076	11421.824	11376.87	11303.307	11546.721	11269.47	11224.515
	90426.894	0		286.0801	0	0	0	286.0801	0	0
	77261.454	0		0	0	0	0	0	0	0
	1058.3103	0		0	0	0	0	0	0	0
	0	0		286.0801	0	0	0	286.0801	0	0
	12107.13	0		0	0	0	0	0	0	0
	0	1161.7012		11412.995	11421.824	11376.87	11303.307	11260.641	11269.47	11224.515
	0	0		9522.1408	9522.1408	9522.1408	9522.1408	9522.1408	9522.1408	9522.1408
	0	1161.7012		314.23065	276.14208	238.05352	199.96496	161.87639	123.78783	85.699267
	0	0		57.216019	85.824029	85.824029	57.216019	57.216019	85.824029	85.824029
	0	0		22.886408	41.195534	34.329612	27.463689	22.886408	41.195534	34.329612
	0	0		1496.5216	1496.5216	1496.5216	1496.5216	1496.5216	1496.5216	1496.5216
	0	0		0	0	0	0	0	0	0
	0	0		0	0	0	0	0	0	0
	0	0		0	0	0	0	0	0	0
	11311.013	10149.312		2776.5019	2767.6733	2812.6278	2886.1903	2928.8562	2920.0276	2964.9821
	11311.013	21460.324		52261.33	55029.003	57841.631	60727.821	63656.677	66576.705	69541.687

IV. Due Diligence

Income Statement of the Cai Mep Project ($'000s)	2008	2009	2010	2011	2012	
REVENUE						
Tonnage Dues						
Maritime Safety Fee						
Anchorage Fee for Vessel						
Anchorage Fee for Cargo						
Wharfage for Vessels						
Wharfage for Cargo						
Procedure fee						
Concession Fixed Fee (from TOC)						
Concession Variable Fee (from TOC)						
Concession Fee for RTG (from TOC)						
Concession Fee for Crane (from TOC)						
TOTAL REVENUE						
EXPENSE						
DIRECT EXPENSE						
Maintenance of equipment (for PMB asset)						
Fuel & Utilities (for PMB)						
Maintenance of infrastructures (PMB: major repairs)						
Maintenance dredging						
Total Direct Expense						
INDIRECT EXPENSE						
Depreciation (equipment) (for PMB Asset)						
Depreciation (Buildings of PMB)						
Depreciation (infrastructures)						
Insurance & Claims (1.5% of Revenue)						
Bad Debt (0.5% of Revenue)						
Total Indirect Expense						
GENERAL & ADMINISTRATIVE						
PMB Cai Mep Port Office Administration						
Total General & Administrative						
TOTAL EXPENSE						
OPERATING INCOME						
OTHER INCOME (EXPENSE)						
Repayment of Interest on Initial Loans (PMB)	0	0	0	0	0	
Repayment of Interest on Long-Term Loans (PMB Reinvestment)	0	0	0	0	0	
Repayment of Interest on Long-Term Loans (PMB Local Potion)	0	0	0	0	0	
Repayment of Interest on Short-Term Loans (PMB)						
TOTAL OTHER	0	0	0	0	0	
EARNING BEFOR TAX	0	0	0	0	0	
INCOME TAX (FOR PMB)	0	0	0	0	0	
NET INCOMR AFTER TAX				0	0	
RETAINED EARNING				0	0	

	2013	2014	······	2037	2038	2039	2040	2041	2042	2043
	0	0		0	0	0	0	0	0	0
	0	0		0	0	0	0	0	0	0
	11841.242	11841.242		11841.242	11841.242	11841.242	11841.242	11841.242	11841.242	11841.242
	0	0		2942.0677	2942.0677	2942.0677	2942.0677	2942.0677	2942.0677	2942.0677
	0	0		0	0	0	0	0	0	0
	0	0		0	0	0	0	0	0	0
	11841.242	11841.242		14783.31	14783.31	14783.31	14783.31	14783.31	14783.31	14783.31
	96.196314	96.196314		130.35865	130.35865	130.35865	130.35865	130.35865	130.35865	130.35865
	88.611485	88.611485		88.611485	88.611485	88.611485	88.611485	88.611485	88.611485	88.611485
	116.90305	116.90305		116.90305	116.90305	116.90305	116.90305	116.90305	116.90305	116.90305
	62.92	62.92		62.92	62.92	62.92	62.92	62.92	62.92	62.92
	364.63084	364.63084		398.79318	398.79318	398.79318	398.79318	398.79318	398.79318	398.79318
	3648.6418	3648.6418		1870.5822	71.520024	71.520024	71.520024	71.520024	71.520024	71.520024
	417.28087	417.28087		417.28087	417.28087	417.28087	417.28087	417.28087	417.28087	417.28087
	4413.4235	4413.4235	········	4413.4235	4413.4235	4413.4235	4413.4235	4413.4235	4413.4235	4413.4235
	118.41242	118.41242		147.8331	147.8331	147.8331	147.8331	147.8331	147.8331	147.8331
	0	0		0	0	0	0	0	0	0
	8597.7586	8597.7586		6849.1196	5050.0575	5050.0575	5050.0575	5050.0575	5050.0575	5050.0575
	47.18648	47.18648		47.18648	47.18648	47.18648	47.18648	47.18648	47.18648	47.18648
	47.18648	47.18648		47.18648	47.18648	47.18648	47.18648	47.18648	47.18648	47.18648
	9009.5759	9009.5759		7295.0993	5496.0372	5496.0372	5496.0372	5496.0372	5496.0372	5496.0372
	2831.6665	2831.6665		7488.2109	9287.273	9287.273	9287.273	9287.273	9287.273	9287.273
	0	1161.7012		314.23065	276.14208	238.05352	199.96496	161.87639	123.78783	85.699267
	0	0		22.886408	41.195534	34.329612	27.463689	22.886408	41.195534	34.329612
	0	0		0	0	0	0	0	0	0
	0	1161.7012		337.11705	317.33762	272.38313	227.42865	184.7628	164.98336	120.02888
	2831.6665	1669.9653		7151.0938	8969.9354	9014.8899	9059.8444	9102.5102	9122.2896	9167.2441
	0	0		0	0	0	0	0	0	0
	2831.6665	1669.9653		7151.0938	8969.9354	9014.8899	9059.8444	9102.5102	9122.2896	9167.2441
	2831.6665	4501.6318		112780.24	121750.17	130765.06	139824.91	148927.42	158049.71	167216.95

Ⅳ. Due Diligence

5　PPPビジネスプラン

　入札書類で最も重要な要素がビジネスプランであり、これは（1）マーケティング計画（Marketing Plan）、（2）開発計画（Development Plan）、（3）財務計画（Financial Plan）、（4）管理運営計画（Management & Operation Plan）で構成される。

5.1　マーケティング計画

（1）　港湾交通予測

　ターミナル開発計画及びマーケティング戦略に対応する交通量（取扱貨物量、船舶隻数）のコンセッション期間を通じての予測であり、収入予測の目的に合うよう貨物・船舶の種類とサイズ区別が明確にすることが必要である。コンテナ・ターミナルの場合には以下の表にまとめる。

Throughput Projection	1st year (20XX)		2nd year (20YY)				25th year (20ZZ)	
	TEU	Box	TEU	Box			TEU	Box
International Container								
20-feet container (Laden)								
20-feet container (Empty)								
40-feet container (Laden)								
40-feet container (Empty)								
Over 40-feer container (Laden)								
Over 40-feer container (Empty)								
Reefer Container								
Reefer 20-feet container								
Reefer 40-feet container								
Domestic Container								
20-feet container (Laden)								
20-feet container (Empty)								
40-feet container (Laden)								
40-feet container (Empty)								
Over 40-feer container (Laden)								
Over 40-feer container (Empty)								
Reefer Container								
Reefer 20-feet container								
Reefer 40-feet container								

Ships Call Projection	GT/Ship	TEU/ship call	1st year (20XX) # of ship call	2nd Year (20YY) # of ship call		25th year (20ZZ) # of Ship call
Average Ship Size (10,000 TEU over)						
Average Ship Size (8,000 TEU)						
Average Ship Size (6,000 TEU)						
Average Ship Size (4,000 TEU)						
Average Ship Size (2,500 TEU)						
Average Ship Size (1,600 TEU)						
Total Ship Calls						

（2） マーケティング戦略と方法

上記の貨物・隻数予測の前提としたマーケティング戦略、方法を記載する。（例えば、ボリュームディスカウント料金を導入し、パートナーであるｘｘ船社及びその同盟船の主要寄港地とするとともに、周辺競争港湾からのトランシップ基地とする為メイン航路の寄港が可能な大水深ターミナルを開発する等）

（3） 収入予測

コンセッション期間中の収入予測を前提とした料率と需要予測値をもとに実施する。料率と収入はコンセッション期間中の各年度別に実施する。

料率体系は当局が公布している料率表に準拠してもよい。ただし、船舶及び貨物に対するWharfage（埠頭通過料、岸壁使用料）はそのDueとしての性格上、政府制定料率を使用するのが原則である。

5.2 開発計画

（1） 必要な施設及び機器

譲許側が提供する施設以外に追加投資が必要な機器、施設及びそれらの更新計画と投資額を設定する。

Ⅳ. Due Diligence

		Quantity	unit	Unit cost US$ 1,000	Total cost US$ 1,000	Exchange Rate US$ 1.00=	Specification	Year of Investment/ Replacement
1	Equipment							
1.1	Container Handling Equipment							
	Quay Cranes							
	RTG							
	Yard Tractor							
	Yard Chassis							
	Top Handler							
	Side Handler							
	Tank Lorry							
	Bus for Worker							
	M/R Service Car							
	Forklift 10t							
	Forklift 3t – 5t							
	Forklift for CFS							
	Yard Vehicle							
	Fire Fighting Vehicle							
	Road Sweeper							
1.2	CPU & Operation System							
3	Other Facilities							
4	Administration Cost	1	%					
5	VAT	10	%					
6	Contingency + Escalation + ES	13	%					

（2） 実施スケジュール

費用見積もりにあげた施設・機器の実施スケジュール

2.1 施設建設工事準備

2.2 施設建設スケジュール

2.3 機器調達スケジュール

5.3 財務計画

（1） 投資概要及び資金計画

　追加施設及び機器への投資スキームと資金源（借入資金、資本金、その他）及び借入資金の場合には借入条件（償還期間、利率、担保物件等）を計画する。

　建設・管理・運営のためのSPC（Special Purpose Company）を設立する場合には、SPCの設立メンバーは管理・運営計画に対応する会社形態と同様のメンバーとすること。

　入札時には設立メンバーの資金能力を明確にするため、銀行からの信用保証書（融資限度額証明）と現状の負債状況等の提出が求められる。

　コンソーシアムもしくはJVで参加する場合にはコンソーシアム、JVの取り決めとともに、構成員各社に対し上記と同様の情報の提出が求められる。

　資金能力は（流動資産 − 流動負債）＋融資限度額で表示する。

（2） 予測財務諸表

- 建設・調達時期からコンセッション期間終了時点までの予測財務諸表。
- 財務計算の前提条件。
- 営業収入の値はマーケティングプランに記載したものと同じものとする。
- 予測財務諸表は予測全期間の損益計算書、現金収支計算書、貸借対照表を作成する。
- コンセッションフィーの固定部分の額（US$/year）。
- 変動部分のコンセッション・フィーは財務プロポーザルで提案する額と同額とする。
- 計算は初期年の実質価格で行い、エスカレーションは採用しない。

運営コストは次の項目で推計する。

① 人件費
　人件費は管理・運営計画に対応した人件費とする。単価及び員数は次表に示す。

② 年間維持費

機器の年間維持費は機器への初期投資額に対する比率で計算してもよい。

インフラ・施設の年間維持費は初期投資額に対する比率で計算する。

光熱費その他ユーティリティーコストは機器への初期投資額に対する比率で計算してもよい。

③ 減価償却費

インフラ、建物の減価償却費はその国に特に定めた計算方法がない場合には、耐用年数50年、残存価格5％で定額法で計算する。

機器の減価償却費は各機器の耐用年数をもとに残存価格5％及び定額法で計算する。

中古機器を導入する場合には、推定残存価格に基づいて計算する。

④ 保険、補償、不良債務

これらは通常収入に対する比率で推計する。

⑤ 管理費

人件費以外の管理経費は人件費に対する比率で推計する。

⑥ 利払い

利払い金は、資金計画に呼応した計算を行う。

⑦ 法人税

法人税は対象国の税制に基づき計算する。

Management Office	unit wage US$	income tax + social charge	total unit price	numer of people	total cost
CEO (office manager)					
CFO (treasurer)					
Corporate Secretary					
Operation Staff					
Manager					
Assist. Manager					
Maintenance & Repair					
Manager					
Accounting					
Manager					
Staff					
General Affair & Personnel					
Manager					
Staff					
Labor					

Ship, Yard Operation	unit wage US$	income tax + social charge	total unit price	numer of people	total cost
G.C. Operator					
RTG & Heavy					
Lift Equip. Operator					
Tractor Driver					
Longshore Worker					
Marine Clerk					
M&R					
Boss					
Mechanic					
Electrician					
CFS Operation					
Boss					
Driver & Worker					
Clerk					

5.4 管理運営計画

1. 管理体制設立の詳細計画
   開発段階及び運営段階それぞれの管理部門の体制
2. 要員計画
   管理体制設立計画に対応した要員計画
3. 主要な要員の資格と経験年数
   管理体制設立計画に呼応した各主要要員の資格と経験年数

| No | Name * | Age | Education ** | | Position | Work Experience Container Terminal Operations (years) |
			Level	Year of Diploma		
(1)	(2)	(3)	(4)	(5)	(6)	(7)
1						
2						
3						
etc						

4. ターミナルコスト
   年間運営費（損益計算書の直接経費、間接経費、管理費）を再掲する
5. 管理計画
   SPCの設立メンバーとの関係、譲許機関との関係、港湾管理者等との関係及びSPCの構成と役員構成
   SPCの構成には設立者間の資本構成も記載する
6. 環境管理計画
   政府側で準備されたEIAに整合する環境管理計画を作成（国により制度が異なるためその国の環境法令に基づいた計画とすること）
7. 運営システム
   開発計画に基づくターミナルオペレーションシステム及び港湾関係政府機関とのデータ交換システムを含むITシステム

6 プロジェクト・ファイナンス

　プロジェクトファイナンスとは、プロジェクトにおいて資金調達を行う際、事業者自身が借入を行うのではなく、SPCが事業者として独立して借入を行う仕組みである。資金調達の際の担保は、コーポレートファイナンスと異なり、事業から発生する収益と事業の持つ資産のみが対象となり、親会社への債務保証を求めない。このことを「Non-recourse（不遡及）finance」という。ただ返済の財源を最終的にスポンサーの信用力に求めるもの（例えば債務返済を親会社が100％保証する場合等）の場合はコーポレートファイナンスと認識される。

　プロジェクトファイナンスの場合、借入はSPCによって行われ、融資時点では何ら担保となる資源を有せず事業それ自体が担保であるため、融資を行う銀行側ではプロジェクトの事業性やパフォーマンスを阻害するリスクについて細部にわたるまで検証し、不確実な要因を排除することが必要となる。

　ノン・リコースのプロジェクトファイナンスの場合、返済の財源はプロジェクトからのキャッシュフローのみであるので、銀行側はこれを確保するためにその使途、支払順序等をあらかじめ契約書明記することとなる。すなわち債務／資本比率が高ければ高いほど、SPCは不況時に債務不履行のリスクにさらされ、場合によってはプロジェクトを中断せざるを得なくなる。逆に貸手はプロジェクトの負債が多ければ多いほど、投資資金を保護するためプロジェクトの問題点をしっかりと把握するように働く。

　プロジェクトファイナンスは原則親会社への債務保証を求めないノン・リコースファイナンスであるが、実際には出資者であるスポンサーは、当該事業に精通していることが多く、そのため出資金の拠出以外に何も義務を負わないことは稀であり、通常何らかの財務支援を行うため、プロジェクトファイナンスはリミテッド・リコース（限定遡及）となる場合が多い。

資金構成

　PPPプロジェクトの資金は主に優位弁済債務（senior debt）と資本金（ある場合には劣位株主貸付金（junior shareholder loan）の形をとる）で構成される。これ以外にその他の劣位弁済債務（例えば優位弁済債務と資本金の中間に位置付けられるメザニン債務）を含むこともある。

PPPプロジェクトは官民の最適リスク分担を求めることが必要であるが、同時に民間パートナー間のリスク分担も非常に重要である。資金構成は建設・運営及び収入リスクの慎重な事前評価を通じて計画され、民間のパートナー間で最適リスク分担を図らねばならない。すなわちSenior lendersへのリスクを限定し、これを投資家、下請け会社、保証会社やその他の関係者に契約を通じてリスク分担を図る。

　他の条件が同じであれば、プロジェクトの資金調達力はプロジェクトキャッシュフローの変動性により決定される。キャッシュフローにおけるリスクが高ければ高いほど貸手は必要な債務返済力以上にキャッシュフローの推計におけるクッションを必要とする。これは、状況の悪い状態でも債務返済が必ず行われることを確保するためである。従って毎年度債務返済比率（ADSCR：annual debt service covering ratio）は重要な指標となる（例えば、需要リスクをSPCが追わない場合にはADSCRは1.3x、SPCが需要リスクを負う場合には2.0xが要求される）。

債務

　Senior debtは償還順位において他の形態の資金より上位に位置する。Mezzanine debtは償還順位ではsenior debtより劣位になるが、いわゆるcash waterfall（キャッシュフローの充当順位を定めたもの）におけるキャッシュの配分、SPC精算時の配分において資本の上位に位置付けられる。メザニン債務の償還はSPCの業績の悪さに影響されるが、一般的にはシニアー債務よりも高いリターンが期待できる。

　資金の調達コストは変動利率（市場の動きとともに変動する）をベースに決められる。これらは通常EURIBORやLIBORのような銀行間の貸付利率をベースとしている。これらの変動利率資金とは反対にSPCが受け取る収入は利率とは関係なしに変動する。このミスマッチは利子率スワップを使い修正され、結果的にSPCは固定利子を支払うこととなる（これはしばしばヘッジと呼ばれている）。

資本

　資本は通常スポンサーにより拠出されるが、プロジェクトの建設運営を行うコントラクターにより拠出されたり、金融機関によることもある。大部分の資本（しばしば準株式と呼ばれる）が税や会計処理の利便性から株主の劣後負債(subordinated debt)であることもある。資本所有者はPPPプロジェクトの主なリスクを背負う

こととなるため、より多くのリターンを求めることとなる。

信用補完措置

プロジェクトファイナンスの取引では、様々な形態の信用補完措置がとられる。例えば、スポンサーからのSPCの業務履行への保証や、プロジェクト関連リスクに対する保険等によりシニア・レンダーのリスク回避のための措置をスポンサーへ要求することがある。これはときには官側からの支援が与えられるという形をとることもある。これらの措置の一つにコントラクターに対する履行ボンドの義務付け等がある。

政府が資金調達に関して支援する場合のPPPはフォーフェイティングモデル（Forfeiting Model）と呼ばれ、建設工事が終了し、政府の検査後異議申し立て権の放棄（Waiver of Objection）証明書を発行するとそれ以降政府が貸付者への返済義務を負うという形態のもので、この場合には貸手はもはやパフォーマンスにこだわる必要が無い。

これ以外の調達コストを下げる方法として、政府もしくは政府系金融機関の直接資金構成への参加がある。

資金構成の検討で政府側が考慮すること

資金構成に関して入札に際し、政府側が配慮する事柄には、プロジェクトのバンカビリティー（担保能力）、債務の上限／最低資本の設定、落札からフィナンシャルクローズまでのリスク、借り換え／再融資、プロジェクトへの介入権等である。

プロジェクトの資金調達可能性はバンカビリティー（Bankability）と呼ばれる。これはスポンサーからの資本金拠出だけではなく、必要な融資を受けられるかという意味で用いられる。民側へ大きなリスクを分担させると融資側はキャッシュフロー・マージンが債務返済義務額を超えるまで融資額を引き下げるため、より多くの資本金を要することとなり、SPCは株主に対してより高いリターンを期待されることとなる。このため政府側ではプロジェクトの技術的、財務的実行可能性を担保すること及びリスクの適切なアロケーションを十分に検討する必要に迫られる。

プロジェクトスポンサーはより高いレバレッジを得るため、債務／資本比率を高めようとする。一方政府はしばしば資本投資家より融資者の保護を優先するた

め、需要の保証を与えることもある。しかしながら高いレバレッジのプロジェクトは債務不履行や破産に対しより脆弱となる。従って持続可能なレバレッジ水準を確保するため、資本の最低限度を設定する。このことは融資者の投資を保護するための保証を政府が提供する場合には、特にこの手段が重要となる。

　PPPプロジェクトはプロジェクトがファイナンシャルクローズに至る前、すなわちプロジェクト資金が確実に保証される前に落札を決めサインされる。融資者はこの期間に契約書の詳細なレビューを含むデューディリを終え、融資契約でプロジェクト会社が実際に資金を手にする前に優先要件「Conditions Precedent」を設定する。このプロセスでもし落札者が予定時期までに資金調達ができないとプロジェクトの遅延のリスクとなり得る。

　このため政府側はもし落札者が予定時期までにファイナンシャルクローズを達成できない場合のために入札ボンドを要求し、入札時に融資の裏書を要請することもある。

　借り換えもしくは再融資は、プロジェクト期間が長い場合、長期の借入金が困難な場合、比較的短期融資を借入、途中で再融資を行うというケースが出てくるが、この時再融資の担保がない場合には大きなリスクを背負うこととなる。この場合には契約書において、誰が再融資の責務を担うのかを明示しておくことが必要となるし、二次的融資者の約定をとる（take-out financing）こともある。

　契約には通常いわゆる融資者と政府側の介入権（step-in rights）を定める。介入権はプロジェクト会社が債務を返済できない場合もしくは義務不履行のためPPP契約が終結した場合に有効となり、融資者はマネージャを交代させるか他の会社にプロジェクト会社を買収するかをさせることとなる。

　このため、政府側にとっても融資側にとってもいつ介入権を発動させるかのタイムラインを明確に規定しておくことが必要となる。

7 契約書案の作成

7.1 契約書の構成要素

　コンセッション契約の場合、契約相手が純民間企業であれ、共同出資によるJV会社であれ、一切の運営と施設・機器等の維持・補修も含めた義務を課すのが通常であるため、新設、既存を問わず、受け渡した施設・機器の欠陥があったり、生じたりした場合にその原因が、施設を建設した建設業者の施工ミス、もしくは設計・施工指示のミス、機器のベンダーの製作ミスから、岸壁を利用する船舶の操船ミスや、航行指示を与える港長の指示ミスなどの場合もあり、また利用者がこのように船会社からフォアワーダー、トラック業者等多岐にわたり第三者にその原因を求める場合もある。責任の所在が契約上重要な争点になる可能性があるため、かかる施設・機器の特性を踏まえた契約書の構成が必要である。

　またロイヤルティーもしくは賃貸料の算定、タリフの設定、運営収入の分配等が公正かつ妥当なものであるかは、譲許する施設の性格・特性、利用の仕方により大きく異なるため、港湾の建設・運営に関する相当の知見を有し、かつ経理の方法によっても、配分対象となる利益の算出に差異がでるので、会計基準等にも相当の知見を有したものが判断する必要があることはいうまでもない。また港湾のコンセッションは一般的に20年以上の長期にわたる契約であるのが通常であり、こうした長期間には当初予定していなかった経済変動や、社会変動、特に海運界における経営環境の変動が必ず生じるものと考えられる。このため、契約にあたっては将来生じる可能性のあるリスクに対する洞察とその予防策が盛り込まれていなければならない。

　契約書は契約当事者双方の意図を正確・明確に記録して、当事者間の紛争や誤解を防ぎ、契約締結時の両者の目的通りに履行するために作成されるといえる。従ってせっかく契約書を作成しても、重要な契約条件が脱落していたり、複数の解釈ができるような曖昧な表現で書かれていたりすると、何のために契約書を作成したのかわからない。

　一般的に途上国における港湾のコンセッションは、資金・運営技術を海外企業に依存する目的で行われるものが多く、国際取引契約となることが一般的である。国際取引契約では、契約発効の要件として、政府や関係当局の許認可の取得や届出が

Ⅳ. Due Diligence

要求されるケースが多い。例えば、合弁会社の設立や、港湾運送業務の免許取得、EDIやManagement Information Systemの運用等の許可、認可等である。実務からいえば、契約書の第一の役割は、契約の存在とその内容を証明し紛争を防止することにある。万一紛争になった場合は、その契約書を切り札として相手方と交渉を行い、履行を求める武器とするのが第二の役割である。これは契約書当事者双方によって期待される役割である。双方の権利・義務を規定するのが契約である。

日本の法律では、必ずしも書面のみを重視せず、口頭証拠による立証の余地を残しており、契約書には最小限の項目のみを取り決めておき、契約者双方の長期的な信頼関係に基盤をおいて、様々な事態に対して柔軟に運用しつつ、お互いの立場を尊重し、お互いの契約目的を達成するよう協力しようとする。簡明な契約書にとどめて、交渉・協議した事項をあえて、全て契約書に盛り込もうとしないのは、相手方との誠実な交渉による解決が了解事項、前提となっている。従って、契約書の条項にしても、「本契約書に記載なき事項または疑義を生じた事項については、両者が信義誠実に協議し、解決を図るものとする」旨取り決めるのが一般的であるが、文化も制度も異なる海外との契約においては、かかる取り決めは有効に機能しない場合が多い。従って、契約書締結以前の徹底した議論と事前合意を詳細に行うことが必要となる。

特定の状況に従って、コンセッション契約は以下の事項を含むいくつかの契約の組み合わせから成り立っている。

- 未開発用地の賃貸契約；港湾管理者がSPCにコンセッション区域の占有権を賦与する公的書類
- ターミナルアクセス契約でコンセッション区域にSPC及び港湾管理者のアクセスを規定したもの
- 港湾サービス契約；港湾管理者がSPCに対しパイロット、タグや浚渫等様々な港湾サービスの提供を規定したもの
- スポンサーの直接契約；政府／港湾管理者とSPCの間で競争に関してかわされた契約
- SPCと技術コンサルタントの間の新規施設の設計のための設計契約（港湾管理者は通常、誰が設計を実施するかまたは雇用の条件に関しては直接管理権を有しないが、いかなる設計もこれをレビューする権利を保留している）

- SPC と建設会社の間の建設／開発業務のための建設契約（港湾管理者はこれでもって、品質管理権を行使する）
- SPC とその資金貸手の間の開発のための資金調達に関する書類；港湾管理者も一部の資金を供与することもある）
- 港湾を運営するため、SPC と彼が選定する管理者（オペレーション会社）の間の管理契約書

典型的なコンセッション契約書では一般に下記の事項に関する条件を明確に規定している。

- コンセッションに含まれる用地、施設、機器（例えばコンテナクレーン、トランステナー、軌道式港湾クレーン等）
- 港湾及びターミナルの機能的要件、建設工事の設計提案、建設計画とタイムスケジュール（里程標を含む）
- コンセッショネアーと港湾管理者（コンセッションスポンサー）の建設計画実施に関する権利と義務
- 人的資源の開発と港湾管理者が雇用する従前の被雇用者の雇用
- コンセッション区域内での実施が許される行為
- 港湾内供用区域への対等のアクセス
- 料金、ロイヤルティー、収入、カノン（賃貸料）の港湾管理者への支払い
- コンセッションの解除
- 土地、施設、機器のコンセッション期間終了後の引き渡し
- その他必要事項

通常、建設期間中コンセッショネアーと港湾管理者はそれぞれ独立した検査機関（者）を使い、全ての工事がコンセッション契約通りに行われているかどうかを認証する。

施設の返却時にはSPCは契約に示された基準に合致するようにしておかねばならない。従って、施設を検査し、欠陥の有無を検査するための条項が必要である。

表20はBOTを含むフルコンセッション契約書で取り扱われる重要なトピックを示している。実際のコンセッション契約書は7.3に示すように、コンセッションの背景やその国の慣例等を反映してこれらのいくつかの項目が省略されていたり、さ

らに詳細な規定を設けたりしているが、コンセッションが基本的には施設の所有を一旦コンセッショネアーに委ね、契約満期とともに政府もしくは港湾管理者へ移管するという基本的性格を反映して、権利・義務・資産の移転と返却の条件、手続きは必ず記載されている。また契約両当事者の建設、管理、運営、維持、移管の各段階における義務と権利は必須事項となっている。

表22 典型的なコンセッション契約で取り扱われる主要項目

定義	施設の貸付	設計・建設の手順	タリフ設定の自由	義務不履行による契約解除
オペレーターの指名	政府関係機関による許可行為	建設条件	コンセッション料	破産等
契約期間	施設損傷に対する債務	BOT契約の下での建設	安全・保安	調停
オペレーターの一般的権利と義務	政府機関による規則	ゼロ日	アクセス	コスト
港湾管理者の一般的権利と義務	現場へのアクセス	ドロップ・デッド日	登録の無い貨物とコンテナ	準拠法
実績要素	様々な条件	拡張事由	税	
権利・義務・資産の移転	建設維持	完成検査と引き渡し	情報通信	
雇用者（の移転）	BOT契約	施設の移転	保険及び保証	
不可抗力	BOT契約の下での投資	融資元の保険	契約解除と延長	
物品の逸失・損傷に対する債務	機能的・技術的設計	法令変更	継続するためのオプション	

7.2 ドラフティングのための法律知識

ドラフティングの必要性

契約書を網羅的、明確、完全なものとして作成しようとすると、契約書のドラフティングや交渉に時間がかかるかもしれない。このような契約書を作成するには、交渉の前に当事者がコンセッションまたは企業運営の条件を詳細に検討し、方針を決定しておくことが必要となる。こうすることで曖昧なままで契約交渉に臨むことをなくすことができる。契約書のドラフトの準備をするためには、周到なビジネスプラン（コンセッション計画書）を作成することが前提となる。これは将来の紛争を防止するのに役立つし、契約の交渉をする際に取り上げるべき事柄を、あらかじめ整理するのにも役立つ。

準拠法及び仲裁

　多くの国際取引では実務上、それぞれの契約にいずれかの国や州の法律が適用されることとなる。その契約に適用される法律、つまり、契約書の各条項の解釈や履行に関わる問題の判断の基準とし適用される法律のことを準拠法（Governing Law）または適用法（Applicable Law）と呼ぶ。一方法律には不動産取引や会社の設立・運営や雇用に関わる法律、環境規制、税法、外国為替管理・規正法、独占禁止法、特許法、刑法等その国での企業活動に当然に適用される法律もある。準拠法は契約当事者の取り決めで自由に選択することが可能である。例えば、日本企業とインドネシア企業との間で締結する契約の準拠法として、英国法やスイス法を準拠法に選択することも行われる場合があるが、これはお互いに相手方の国の法律がよくわからない場合に、自国法を主張し合う代わりに、双方がよく知っている国の法律を選択することにより、妥協するからであり、紛争解決のための仲裁地に第三国が選ばれることがあるのも同じ理屈による。

　国際的な取引契約についての当事者間の解釈の違いや紛争を解決する方法を、当事者間で合意して契約書に規定しておくことができる。通常、契約当事者のいずれか一方の国の仲裁に合意したり、中立的な第三国での仲裁に合意したりすることが多い。

　日本企業にとっては日本での仲裁に合意できる場合には、仲裁機関の候補として、国際商事仲裁協会（Japan Commercial Arbitration Association）がある。発展途上国などとの契約では、中立的な仲裁機関・仲裁規則として国際的によく知られているパリのI.C.C（International Chamber of Commerce：国際商業会議所）や国連国際商取引委員会（U.N.C.I.T.R.A.L）の仲裁規則がよく引用されている。契約をめぐる紛争で裁判所に訴えられても、その契約書に仲裁約款（Arbitration Clause）がある場合は、訴えられた当事者は仲裁約款を援用し、裁判でなく仲裁による解決を主張すれば、訴訟は却下される。これを妨訴抗弁という。

　仲裁約款の狙いは裁判を避けて仲裁により紛争を迅速に解決することにある。仲裁による裁定でもって最終という合意を確認しておけば、裁判によるレビューは行われない。仲裁は一審裁判所ではなく、一回限りの最終判断を下す機関である。つまり仲裁裁定に不服であっても、裁判所への不服申し立て、上告は認められない。国際取引で紛争を予防するためには、準拠法（Governing Law）と仲裁約款（Arbitration Clause）または管轄裁判所に合意し、契約書に明文で規定しておくことが賢明である。

仲裁裁定・判断が契約の相手方の国で執行できるかどうかについては、その国が仲裁条約（ニューヨーク条約等）加盟国がどうか、また民事訴訟法の関連規定や前例はどうかなどを調べることとなる。民事訴訟法の外国判決・仲裁裁定の執行に関わる関連規定とは、日本でいえば、民事訴訟法の第118条等である。

主権免責

港湾のコンセッション、インフラの整備等に関わる事業では国営企業、国家機関との折衝や契約、認可などが絡んでくる。このような事業で現地の国営企業、国家中央銀行、地方自治体等の特別な事業体との間で、契約解釈や履行をめぐる紛争が発生すると、相手方（国家機関等）が〈Sovereign Immunity〉（主権免責）をたてに通常の裁判手続き等を拒否する主張を行うことがある。国営企業といえども、外国の民間の企業と事業をし、契約を締結しながら、そのような主権免責の主張をすることができるのか？　このようなことを避けるため契約の明文規定で、国営企業側に、このような主権免責特権を放棄（Waive）してかかる主張を行わないことを確認させる条文をおくことが賢明である。

契約に関わる法律・条約・統一規則

国際契約に関わる法規には、準拠法の他に、その国の企業活動に当然に適用される強行法規や、広く採用されている統一規則などがある。港湾のコンセッションの場合は相手国において公共的施設として運営される場合が一般的であり、運営そのものに関わる多くの国内法に準拠せざるを得ない。

これら以外にコンセッションの受け手として、相手国に合弁企業を設立し、この企業と相手政府等の間でコンセッション契約を交わすという手法が一般的にとられている。このような場合、合弁事業基本契約では現地会社法、証券取引法、独占禁止法、国家の安全に関わる法律、税法、租税条約、民商法への配慮が重要となる。雇用契約では、採用、待遇、労働条件、就業規則、解雇等の各項目につき憲法・労働法の保護・規制に十分な注意を要する。また金利については、どの国も何らかの制限を規定していることが多い。

利息制限法のことを英語では"Usury Law"という。違反の場合の罰則が厳しいこともある。例えば融資契約に利息制限法に違反した高利の貸付金利を規定した場合、利息制限法で許される最高金利で利息を受け取れるとは限らない。国により、内貨と外貨の金利が驚くほど異なる場合もある。通貨により金利が異なる

のは通例であり、契約で通貨の種類を明確に規定しておくことが必要となる。

保証状や担保の有効性に関わる法律・制度（民商法）も各国によりなかなかわかりにくい。従って思わぬ反撃・抗弁を受けないため、あらかじめそのような反撃を防ぐ手立てを講じておくことが賢明である。

7.3　コンセッションの標準的手順と契約書の構成

コンセッションもⅠ章4に記述したように、既存施設の改良を含めたコンセッション、共同運営を前提としたもの、完全BOTによるコンセッションからインフラと上物を政府／管理者とコンセッショネアーが分担し合うコンセッションと様々な形態がある。ここではJICAのファイナンスによる場合に最も多く見られる、インフラの整備を政府／管理者が行い、機器・設備等上物の整備をコンセッショネアーが実施する場合を主体にコンセッション契約書の構成について検討する。

コンセッションスキームにより、施設を建設し、コンセッショネアーに権利・義務・施設を委譲し、ターミナルの運営を行わしめ、その代償としてコンセッション・フィーを徴収し、コンセッション期間の終了とともに、全ての施設・機器と同時に権利・義務を返還させるためには、契約から建設、移譲、運営、返還に至る全ての行為に関して、契約当事者間の義務と権利を明確にするとともに、契約の解除や義務不履行事由が発生した場合の措置、紛争が生じた場合の措置等想定されるあらゆる事態に対する原則を明らかにし関係者間で合意する必要がある。このようなプロジェクトに関わる事項で当事者間で合意された内容・措置を規定したものがコンセッション契約書である。

従って、コンセッション契約書を作成する前には、プロジェクトに関わるあらゆる事項を整理し、合意形成をはかる手続きが必要である。コンセッションスキームの主要なイベント・要合意事項を以下に示す。

コンセッションの基本的事項の取り決め
- コンセッション対象範囲とコンセッション期間の決定
- コンセッショネアーとしての会社登録、設立メンバー、発行済み株式／資本金引受比率、株式／資本金売却・譲渡の規制、会社設立後の設立母体からの権利・義務・債務の引継等
- コンセッショネアー／オペレーターと政府／港湾管理者の施設・機器・用

地の建設・調達・準備・維持補修等の分担範囲の決定
- マイルストーン（時間的里程標）(建設・調達着手日、引き渡し日、操業開始日、返還日等)
- 基本賃貸料、ロイヤルティー／コンセッション・フィーの水準と支払い方法
- 契約書、許可証、ライセンスの取得の義務と分担
- ファイナンシャル・クローズに関する取り決め

施設の建設、機器調達に関する取り決め
- 施設・機器の設計要件、承認・変更手続きの取り決め
- サイトのクリアランス、買収、整備等の義務と要件（範囲、期日、状態等）
- インフラ建設契約書の合意、瑕疵担保の共同名義の是非、建設業者とのクレーム処理基準、インフラ受け渡しの基準・方法
- 機器の仕様、契約書の合意、瑕疵担保、サプライヤーとのクレーム処理、設置機器の検査確認・承認基準・方法
- 施設・機器の維持・補修の基準と義務

ターミナルの管理・運営に関する取り決め
- 施設の使用及び競争に関する条件（最低利用水準と不履行の場合の措置、運営下請け条件、競合港湾での営業禁止措置、港湾諸規則遵守等）
- 管理者の運営基準、人員雇用基準等
- タリフ設定、料金設定の基準、合意手順等
- コンセッショネアーの義務（生産性維持、運営水準達成、立ち入り検査の受け入れ、保険証書提出、労働安全・保安等の維持、環境保全、利潤最大化のための競争環境維持、排他的使用禁止、マーケティング、年度別営業計画提出等）
- 政府／管理者の義務（運営ライセンスの許諾、ユーティリティー確保、外貨購入・使用・送金等の自由確保、土地賃貸契約の許諾、源泉徴収税の処理、その他税金控除義務、政府の不干渉、道路等アクセス使用の自由確保等）
- コンセッショネアーの会計処理・監査の方法と手順

プロジェクトの返還に関する取り決め
- 契約満期に伴うプロジェクトの返還対象物件、権利、義務等の取り決め
- 契約の満期に伴うプロジェクトの政府／管理者への返還方法と条件
- 抵当権・質権・科料・負債・担保権の抹消義務
- 返還の対価の算定方法

その他一般的取り決め
- 用語の定義と解釈
- 契約制約の前提条件
- 契約当事者の代表、その表明と保証
- 保証・保険
- 不可抗力自由と措置
- 法令変更に対する措置
- 不履行自由と措置
- 契約解除の要件とその効果
- 権利放棄の要件
- 通知の内容と手順・方法
- 準拠法と仲裁の基準と方法・手順
- 契約の最終性の要件
- 無効規定の分離可能性
- 秘密保持
- 支払い通貨
- その他

V. 入札手順とプロポーザル

1 入札手順

　港湾コンセッションの入札手順は一般的に図27に示す手順で実施される。

図27　コンセッション入札手順

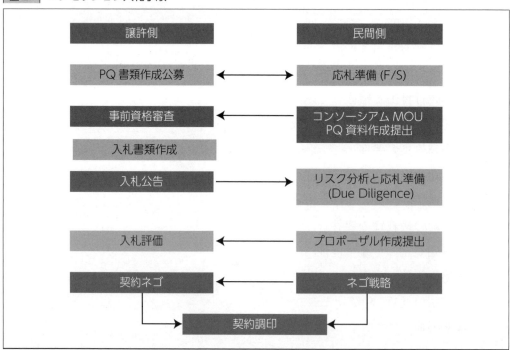

　譲許側の承認に必要な書類と内容は、原則、入札にあたってのコンセッショネアーに要求される資料・情報となるため、PPPプロジェクトの承認と入札手順について、インドで作成されているガイドラインを参考に引用した。

1.1　事前資格審査（PQ）

　譲許側でコンセッション計画が承認されると、入札公示が行われ、まず応札者の事前資格審査が行われる。このときに要求される事前資格審査基準の事例を次に示す。

Qualification Criteria	Required Forms/Documents
QC 1: Financial Capability – Turnover	**DQC 1: Audited Financial Statements**
The Prospective Bidder shall have an aggregate turnover equal to or greater than US$ 500 million or equivalent in cash of the three most recent full financial years.	The Prequalification Applicant, or if the Prospective Bidder is a Consortium/JV, each Consortium /JV member, shall provide audited financial statements, duly certified by a reputable certified public accountant, for the most recent three full financial years, including the consolidated balance sheet, income statement, statement of cash flows and the accompanying notes. The other financial requirements of Annex 7 must be completed.
QC 2: Financial Capability – Net Assets	**DQC 2: Audited Financial Statements**
The Prospective Bidder shall have net assets greater than US$ 100 million or equivalent at the end of the three most recent full financial years.	The Prequalification Applicant, or if the Prospective Bidder is a Consortium/JV, each Consortium /JV member, shall provide audited financial statements, duly certified by a reputable certified public accountant, for the most recent three full financial years, including the consolidated balance sheet, income statement, statement of cash flows and the accompanying notes. The other financial requirements of Annex 7 must be completed.
QC 3: Financial Capability – Annual Turnover and Net Asset of the Terminal Operating Company	**DQC 3: List of Projects**
The Prospective Bidder must be able to provide evidence of annual turnover of each terminal provided for QC 5 at least US$ 15 million and more with net asset of more than US$ 15 million.	The Prospective Bidder shall provide at least two relevant projects to demonstrate it satisfies the criteria. The following must be provided by the Prospective Bidder for each project. - Responses to information required in column 9 and 10 of Table 1 of Annex 5
QC 4: Financial Capability – Financing Scheme	**DQC 4: List of Projects**
The Prospective Bidder must be able to provide evidence of the successful raising of finance for more than US$ 15 million. Financial Close shall have taken place in the last 10 years.	The Prospective Bidder shall provide at least two relevant projects to demonstrate it satisfies the criteria. The following must be provided by the Prospective Bidder for each project. - Responses to information required in column 12 of Table 1 of Annex 5
QC 5: Technical Capability – Management & Operation of Terminal	**DQC 5: List of Projects**
The Prospective Bidder must be able to provide evidence of the management and operation of at least two container terminals under concession contract. Each terminal shall handle 250,000 TEUs/year or more and serving three different carriers or more. The terminals must have been managed and operated by the Prospective Bidder for a minimum period of 3 consecutive years within the last 10 years.	The Prospective Bidder shall provide relevant projects to demonstrate it satisfies the criteria. The following must be provided by the Prospective Bidder for each project. - Responses to information required in Table 1 of Annex 5 - Certificate of Satisfactory Execution or letter of reference from the relevant Client (Conceding Authority).

V. 入札手順とプロポーザル

QC 6: Competitive Position – General Competitiveness	DQC 6: List of Projects
The Prospective Bidder must be able to provide evidence of the management and operation of at least one (1) container terminal in ASEAN Region under concession contract for a minimum period of 3 consecutive years within the last 10 years. A terminal shall handle 250,000 TEUs/year or more and serving three different carriers or more.	The Prospective Bidder shall provide relevant projects to demonstrate it satisfies the criteria. The following must be provided by the Prospective Bidder for each project. - Responses to information required in Table 1 of Annex 5 - Certificate of Satisfactory Execution or letter of reference from the relevant Client (Conceding Authority).
QC 7: Anti – monopolistic Position	DQC 7: List of Terminal
No foreign member of Prospective Bidder must hold or have license to manage and operate container terminal more than 1/3 of the total capacity of container terminal in the SFEA (South Focal Economic Area of Vietnam)	The Prospective Bidder shall provide relevant information on container terminals in SFEA under operation or licensed to develop by one of the foreign member of the Consortium /JV which have more than 10% interest in the Consortium /JV with its nominal capacity of the terminal in Table 2 of ANNEX 1.
QC 8: Other Criteria 1	DQC 8: Affidavit
The Prequalification Applicant, or if the Prospective Bidder is a Consortium, each Consortium /JV member, shall not be subject to any bankruptcy or liquidation proceedings.	Annex 6
QC 9: Other Criteria 2	DQC 9: Affidavit
The Prequalification Applicant, or if the Prospective Bidder is a Consortium, each Consortium /JV member, shall not have been convicted of fraud, corruption, or money laundering.	Annex 6

1.2 入札評価

入札の評価は一般的に次のような観点で実施される。

Bid Evaluation Criteria		
Pass /Fail Item		P/F
1.	Credibility of Tender	
2.	Consistency of Bid	
3.	Financial Commitment	
Point Criteria		Full Mark
1.	Business Plan	70
1.1	Marketing Plan	15
1.2	Development Plan	10
1.3	Financial Plan	15
1.4	Management & Operation Plan	30
2.	Experience of Bidder	30
2.1	Financial Capacity	16
2.2	Technical Capacity	14
Total		100
3.	Financial Proposal	100

これらのうち比較的大きなウエイトを占めるのがビジネスプランの良否である。

V. 入札手順とプロポーザル

（参考：インドにおける PPP プロジェクト実施手順）

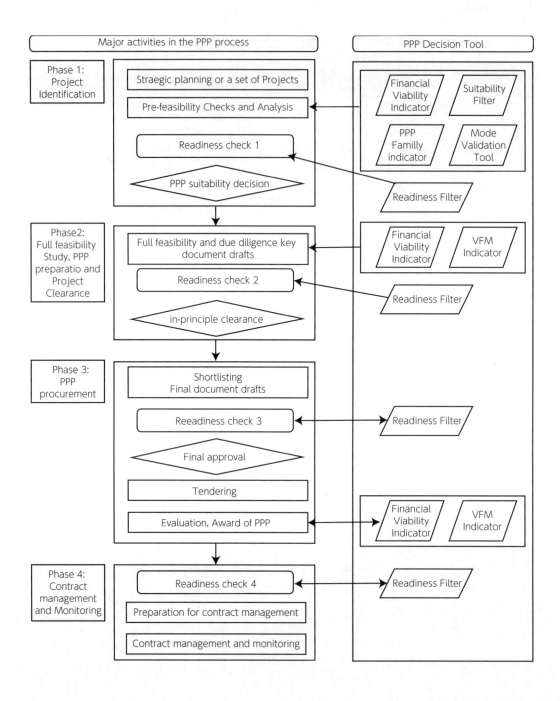

用語解説

FCL（Full Container Load）
　　コンテナ1個単位の貨物

LCL（Less than Container Load）
　　コンテナ1個に満たない少量貨物、混載貨物

Devanning
　　コンテナから貨物を取り出すこと、またはその作業。

CFS（Container Freight Station）
　　通常は、コンテナターミナルの一部に設置された荷さばき用の施設であり、貨物をコンテナに詰め、またはコンテナから取り出す作業を行う場所である。すなわち輸入の場合は、船会社によって積港でコンテナに詰められた小口貨物混載のコンテナを揚港の船からここへ移転して、コンテナから取り出して荷受人に引き渡す。輸出の場合は、船会社が小口貨物をここで受け取り仕向港ごとにコンテナに混載してマーシャリングへ移動して船に積む。このように船会社が小口混載コンテナから個々の貨物を取り出したり、小口貨物をコンテナに混載したりする上屋をいう。コンテナに貨物を詰める作業をVanningまたはStuffingと呼ぶ。コンテナから貨物を取り出す作業をDevanning、UnstuffingまたはStrippingと呼ぶ。

サービス・ポート（Service Port）
　　Service Portは、港湾管理者が港湾内の全てのサービスを自分で果たしてしまうものである。つまり、基本施設や機能施設の整備のみならず、荷役サービスも直接提供する。ここでは、民間企業は単に港湾の利用者として登場するだけである。

ツール・ポート（Tool Port）
　　Tool Portは、基本施設のみならずクレーン等の機能施設も、港湾管理者が整

備し、民間に貸し付ける。民間は自己の労働者を投入しターミナルの運営を行うものである。もちろん、これをLandlord Portの変形として見ることも可能である。

現実の港湾を見ていく場合には、当然、これらの類型がストレートに適用できるわけではない。多くの場合、これらの類型が混合したものである。例えば、ハンブルグ港は市が管理するLandlord Portであり、多くの埠頭を民間企業に貸し付けているが、と同時に市の子会社である港湾運送会社HHLAを通して、ターミナル運営を自ら行っている。その意味では、Service Portでもあり、その混合型であるといえる。

バース（船席）（Berth）

船席のことで、港内で荷役、旅客の乗降などを行うための岸壁、さん橋、ブイ、ドルフィン等の施設の船舶けい留場所をいう。

上屋（Transit Shed）

埠頭上に設置される貨物保管庫であり、倉庫が市場への出荷調整のために使用される機能を有しているのに対し、上屋は搬入された貨物を積み込む船別に仕分けし、船積みの準備のために一時保管されるためのものである。

クイック・ディスパッチ（Quick Dispatch）

港内での停泊時間の短縮を目的とする船舶の「速発」を意味する。これは、海運業、倉庫業、港運業等、港湾関連企業が協同して荷役所要時間を合理的に引き下げることにより、港湾を経由する貨物移動を活発にすることを主眼としたものであって、港湾企業における世界共通のモットーとなっている。

ガントリークレーン（Gantry Crane）

コンテナ専用荷役機械、橋型クレーンのことで、橋型桁と一定の間隔を置いて設けた2本の走行脚で支え、脚下部には軌条上を走行する車輪または舗道上を走行するタイヤを有し、橋型桁上部のトロリーを横行させて荷役を行うクレーンをいう。

ストラドルキャリア（Straddle Carrier）

クレーンによって船舶に積み卸しされるコンテナをコンテナヤードとの間で運搬するトラック。コンテナをヤードに多積みしたり、シャシに直接積み卸しできる。コンテナをまたいで、その両輪の間にかかえてヤード内を縦横に走行する。コンテナをまたいで（St-raddle）運ぶという意味から名付けられた。コンテナ3～4段積まで可能である。マトソン社のホノルル港ダイヤモンドヘッドターミナルで初めて採用された。

ランドロード・ポート（Landlord Port）

Landlord Portとは、「地主型港湾」と訳せるが、港湾管理者は航路、岸壁、埠頭など基本施設（インフラストラクチャー）を整備、提供し、民間企業がクレーン、倉庫など機能施設（スーパーストラクチャー）を整備するとともに、荷役サービスを提供する。このタイプは世界の港湾で最もよく見かけるものである。例えば、ヨーロッパでは、ロッテルダム港が港湾のインフラ施設をECTのような民間企業に貸し付け、その企業が必要な荷役機械や設備を整備、投入し、ターミナル運営を行うことが、極めて一般的である。

レベニュー・シェア（Revenue Share）

成功報酬型の取引形態の一つ。パートナーとの共同事業の場合、実際の収益に応じてパートナーの取り分が決まる。リース方式により民営化された港湾においては、ターミナルオペレーターは施設使用権／営業権を得る見返りとして、リース料を港湾管理者に対して支払う。この支払い形態の一つとしてリベニュー・シェア方式がある。リベニュー・シェア・リースは特定期間、固定資産の利用に対し変動額を支払う方式で、取扱貨物量に関係なく最低限の支払額は定められているが、最高額は定められていない。この特徴は、対価の最低額は存在するが、設定される最高額はないこと、最高対価は施設／ターミナルの容量が制約となるだけである。しかし港湾管理者にとって、最低保証額は初期投資の借入金の利子及び償却額を十分にカバーしないことがある。

雑貨（General Cargo）

特殊貨物に対応して用いられる言葉で、特別の荷扱いや積み付けを必要としない貨物の総称である。俗にジェネラルカーゴと呼称されるもので、各種の

形に荷造りされ、また荷造りされなくとも1個の独立した形状をしたもので、荷役に際しては、船側及び船主側が立合いのうえで検数して数量を確認する貨物をいう。このような性質上ジェネラルカーゴはコンテナ化適合貨物がほとんどである。

接岸料（Berthing Fee）、岸壁使用料（Wharfage）、ドック使用料（Dockage）

いずれも船舶から徴収する岸壁の占有時間に対する占有料で、通常 $/GT/hr の単位で船舶の大きさと占有時間で料金が決められる。岸壁使用料（Wharfage）は通常公共料金で船舶から徴収する部分と埠頭を通過する貨物に掛けられる部分（埠頭通貨料で貨物トン数に比例する）とに区別され、港湾管理者が徴収する料金である。コンセッション方式の場合はこれらの料金もオペレーターに徴収権を与えている場合が多い。

メガオペレーター（Mega Operator）

コンテナターミナルにおけるメガオペレーターといった場合、コンテナ取扱の規模が大きいオペレーター、あるいは世界的な規模で展開しているオペレーターといった視点で捉えることができる。しかしながら、オペレーター別のコンテナ取扱規模を把握するには、データ収集上の困難さに加え（ターミナル別の数字は秘匿されている場合が多く、積み上げが難しい）、ある港湾／ターミナルの運営に対していくつかのオペレーターが出資している場合、どのオペレーターがその管理運営権を有しているかを判断して振り分ける必要があること、また近年M&A（mergers and acquisitions）が頻繁に起こっていること等により、不確実性と困難を伴う。従って、ここでは一地域を越えて世界的にコンテナターミナルの運営（経営権を含む）を展開しているターミナルオペレーターをメガオペレーターと呼ぶこととする。

埠頭通貨料（Wharfage to Cargo）

埠頭上を通過する、荷揚げされた貨物及び荷積みされる貨物に課せられる料金で、埠頭建設費を回収する目的で貨物tあたりに課される料金。通常は公共料金で、港湾管理者が徴収するが、コンセッションの場合はオペレーターに徴収権を与えている場合が多い。

用語解説

ハブとフィーダー（Hub & Feeder）

コンテナターミナルは一般的に主要航路を往復するメイン航路船が寄港するハブ港とメイン航路船からより小型のフィーダー船に積み替えられフィーダー輸送されるフィーダー港で構成される。これは大型船の規模の経済を効率化するために船社が戦略として選定する。

かかるハブ港は別名トランシップメント港とも呼ばれる。

ヤード（Container Yard）

船積みに備えてコンテナを搬入、蔵置する、あるいはコンテナ船から取り卸ししたコンテナを蔵置、荷渡しする港頭地区の施設。シャシー方式62、トランステナー方式63、ストラドル・キャリアー方式64等コンテナの荷役方式の違いにより、レイアウトが大きく変わる。

オーバーパナマックス船（Over Panamax）

パナマ運河の通行制限を越える船

パナマックス船（Panamax）

船幅及び全長がパナマ運河の通行制限一杯の32.2m及び290m程度としたコンテナ船をパナマックス型コンテナ船と呼んでいる。4,000TEU積載の大型パナマックス船の満載喫水は13.5mで、3,000TEU積載のいわゆる第三世代パナマックス船のそれに比べて深く、パナマ運河通行の場合は部分積載の状態にする必要がある。

トランシップメント・ターミナル（Transshipment Terminal）

トランシップ：積荷港から荷卸し港まで、同一船舶で運送されずに、途中港で積み替えさせること。A国から積み出された貨物が、B国の港湾で他船に積み替えられてC国へ輸送される場合、この貨物をトランシップ貨物または、外貿フィーダー貨物という。

トランシップ貨物：本来貿易当事者国間で直接、貨物を輸送するのが常であるが、その輸送体制が整っていない場合や大型船の運行効率上ベースポートに貨物を集約化する等の理由から、一旦当該貨物を第三国に船卸しし、再度別の船舶に積み替えて仕向け地国の港へ輸送する貨物をいう。

フィーダーポート（Feeder Port）
寄港地に対する不寄港地で特定の船社や航路のコンテナ船が直接寄港せず、かつ当該船社が海上、陸上を問わずフィーダー（補完）輸送で一貫サービスをする港、また、最近ではハブ港と放射線状につないでいる港。

TEU（Twenty Feet Equivalent Unit）
コンテナの数量単位で、8'×8'×20'のコンテナを一単位として換算個数を計算する。例えば8'×8'×40'のコンテナは2TEUと換算する。

バース占有率（Berth Occupancy Rate）
バース利用可能時間に占める船舶の係船時間の割合。最適バース数を決定する理論としてしばしば待ち合わせ理論が利用されるが、これによるとバース占有率は $\rho = \lambda/(S\mu)$（λ は一日平均到着隻数、Sはバース数、$1/\mu$ は一隻平均在港日数）で定義される。待ち合わせ理論によると、複数バースで先着順バース指定の時は経済的に最適な占有率は0.7、単数バースまたは複数バース優先使用の時は0.5、コンテナターミナルのような専用使用の場合は0.4とされている。

コンテナヤード（Container Yard）
船社やその代理人がコンテナの受け渡しを行う施設。岸壁背後地。マーシャリングヤードとほとんど一体となっていて、その境界ははっきりしていないが、コンテナやシャーシの受け渡し、保管を行うところである。

フィーダーサービス（Feeder Service）
コンテナ船はその輸送効率を高めるために、特定の主要港湾にのみ寄港し、主要港湾以外で発生する貨物については、主要港湾で積替輸送を行っている。この場合の主要港湾と寄港しない港湾との間の内航船、自動車、鉄道などによるコンテナ貨物の支線輸送をいう。

パフォーマンス・ターゲット（Performance Target）
権利譲渡側（政府／公的港湾管理者）が借受側（コンセッショネアー）に課す「最低取扱量」であり、コンセッション契約書に明記される。パフォーマ

ンス・ターゲットを借受側が達成できない場合には、ペナルティーが科せられるのが通常である。

フォワーディング（Forwarding）

運送取扱いのことで、港湾では通常 ocean freight forwarder（海上貨物運送取扱人）が介在し、荷主から船舶への輸出入業務を代行している。これは forwarding agent（運送代理人、または海運貨物取扱業者（乙仲）等 freight forwarder とほとんど同じ意味で使われており、国によって、業務の範囲と呼び名が異なるため、明確な定義は行えない。

個々の荷主の委託を受けて貨物を本船に引き渡すのを業として行う者で日本では個品限定一般港湾運送事業者というが、強いてその業の内容を訳せば、shipping and landing cargo operator and forwarder となる。

オペレーターの資格（Qualifications of Operator）

ターミナルのオペレーションを行うためには多くの国で、その必要な資格が定められている。オペレーターの行う業務は、接岸作業（いわゆる綱取り）、船内荷役、埠頭上での荷さばき、保管、検数、検量から、場合によってはフォワーディング業務を行うケースも出てくる。日本ではこれらの業務を行うためにはいわゆる港運免許の取得が必要である。国によってはこれらの免許を取得できる者は海外資本は49％以下等の外資規制を行っている国もある。

TOC（Terminal Operation Company）

ターミナルにおけるオペレーションの一切を行う港湾作業事業者の免許を受けている業者をいう。

港湾におけるターミナルオペレーターとは、ターミナル諸施設を所有または借り受け、その運営により貨物荷役を始めとする様々なターミナルサービスを船社、荷主等に提供し、その代価を受け取ることによって成立しているビジネス主体である。従って、そもそもコンテナターミナルに限られた概念ではなく、通常の在来埠頭でもターミナルオペレーターは存在しうる。マレーシア Port Klang - West Port では、コンテナターミナルに加え在来埠頭もあわせた港湾運営を会社組織で行っているし、インドネシア Tanjung Priok 港では、多くの在来埠頭がターミナルオペレーターとしての stevedoring 会社

によって運営されている。

コンテナターミナルのオペレーターは、あるコンテナターミナルについて、ターミナル施設全体の運営を行っている主体と解される。当該主体としては、港湾全体の管理権を有する公的主体（いわゆる港湾管理者、国・自治体等政府関係機関もしくは国営企業等）との間で契約を介してターミナル運営を請け負っている者である場合と、港湾管理者が自らターミナル運営主体となっている場合（例えば日本の地方港に見られるコンテナターミナル）とがある。後者の場合、運営の一部分、例えば荷役自体はある港運業者に請け負わせているにしても、一般的にいわれるターミナルオペレーターとしての範疇には含めていないのが通常である。

しかしながら、シンガポールのPSAのように、Home Countryでは港湾管理者として自らコンテナターミナル運営主体となり、他港・他国ではコンテナターミナルの運営を請け負っているというケースもあり、この場合のPSAはターミナルオペレーターとしての範疇に含まれる。最近では、PSAも含め、ある特定のターミナルにとどまらず、複数のターミナルを運営、または運営に何らかの形で参画するなどいわば「ターミナル運営請負業」を営んでいる会社組織の伸長が著しい。

従って、一口にターミナルオペレーターといっても、ある特定のコンテナターミナルについてその運営を請け負っている主体という意味合いと、ターミナル運営請負業を営んでいる会社組織という意味合いの二通りあることに留意する必要がある。本調査でいう「ターミナルオペレーター」とは、調査趣旨に鑑み、「ターミナル運営請負業を営んでいる会社組織」を呼ぶこととし、「ある特定のコンテナターミナルについてその運営を請け負っている主体」については、「ターミナル運営主体」との呼称を用いて区別することとする。

PMB（Port Management Body）

港湾管理者の意味である。先進諸外国ではPort AuthorityがPMBの役割を担っている国が多い。

検数（Tally）・検量業務（Sworn Measure）

港では、港湾運送事業者と海上運送事業者すなわち、輸出人の代理人である海運貨物取扱業者と海上輸送人である積み込み本船との間の貨物の受け渡し

ではそれぞれ公認の検数事業者にこれを依頼することとなっている。また船積みまたは陸揚げに際し貨物の容積または重量の計算または証明をする事業を検量事業といい、日本ではこれら業務は港湾運送事業法により運輸大臣の免許制となっている。

港長（Harbor Master）

港湾に入出港をしたり、港内での船舶の航行に関し、航行安全上の指示を与えたり入出港の許可を与える組織の長で、我が国では海上保安署がこれにあたっている。

（以下の金融用語は日本政策投資銀行による金融用語集から引用している）

ファイナンシアル・クローズ（Financial Closing）

関係者双方による一連の財務契約が実施に移され、効力を発揮すること。コンセッション契約では、しばしば契約当事者間で投資分担が契約で定義され、この分担義務が完全に履行されること（施設・機器の建設・調達契約が実施されること）を確認することが必要であり、契約で示された様々な保険、ボンド等の付託証明書の受け渡し、納入機器の検査とコミッショニング証明書の発行等、これらの履行期日を定めるのが financial closing date である。

代位権（Rights of Subrogation）

（日本の場合）商法第662条によって、損害補償者（保険者）に付与されている権利。

損害保険契約に基づいて保険者が被保険者に対して保険金を支払ったときは、被保険者の有する権利のいくつかが保険者に移転することが法律によって規定されており、これを保険者の代位という。二重利得禁止の原則に基づく制度である。

アップフロントフィー（up-front fee）

ファイナンスのアレンジメントと参加検討の対価として、貸手金融団に支払われる手数料で、融資総額の一定比率で一括して支払われる。アレンジメントに対する対価と参加検討に対する対価の両方の側面を有するため、それぞ

れの機能に対応するフィーを区分して支払うケースもあるが、フィナンスアレンジを行う金融機関が一括の手数料として受け取り、シンジケート・ローンにおける参加銀行にも一定比率で配分するケースが一般的。

ウオーターフォール（Waterfall）

プロジェクトファイナンスやアセットファイナンスにおいて、対象プロジェクトが生み出したキャッシュは、各種費用、修繕、元利金支払いその他に充当されることになるが、それらの支払いの順序に優先劣後関係を付けたものをウオーターフォールと呼ぶ。ウオーターフォールに従った支払いを確実にするため、信託ないし銀行の口座（エスクロー勘定）による管理がなされることが多い。

介入権（Step-in right）

事業継続のために事業に介入する権利のこと。発注者（PPPの場合公共）による介入権と金融機関における介入権が想定される。

貸出前提条件（Conditions Precedent）

プロジェクトファイナンスやアセットファイナンスのローン契約においては、契約の調印後、規定された一定の条件が借入人によって成就されて初めて金融機関の貸出義務が発生するという構成になっており、この条件のことを貸出前提条件という。その主要な内容としては、貸出に関連する各種デューディリジェンス・関連契約の写などの重要書類の提出、事実の表明と保証の正確性、期限の利益喪失事由の不存在等がある。

クレジットエンハンスメント（Credit Enhancement：信用補完措置）

プロジェクトファイナンス、アセットファイナンスにおいて、案件の信用度を高めるための措置のこと。例として各種リザーブ（積立金）、ローンの優先劣後関係、保険の付保、クレジットデリバティブ、キャッシュデフィシェンシーサポート等がある。キャッシュフローの下ぶれリスクと、そのリスクによって生じうる最大損失額を算出し、各リスクに対応する信用補完措置を考案することが、ファイナンススキーム構築の基本的内容となる。

用語解説

シニアファイナンス

シニアファイナンスとは、通常他の資金より優先的に弁済され、投資リスクが低い資金である。日本で発行されている社債、金融機関から供給されている融資の多くがシニアファイナンスに該当する。

シニアローン（Senior Loan）

優先劣後関係資金調達構造について全額をプロラタ・パリパスとせず、元利金返済を優先するトランシェと劣後するトランシェとに分けることによって、金利は低いものの償還確実性の高いトランシェと償還確実性は低くなるが金利が高いトランシェを作り出し、投資家の様々なリスク・リターンプロファイルに対応させ、資金調達の円滑化を図る。一部のローンの劣後化は、シニアローン（優先ローン）に対する信用補完措置として機能する。

デューディリジェンス（Due Diligence）

融資団のために行われる、融資対象不動産についての詳細かつ多角的な調査のことをいう。SPCが発行する社債の信用度評価のために要請される建物状況調査、環境調査、法的調査、市場調査などがその主要なものである。

ノンリコース（Non-Recourse）

融資対象プロジェクトにつき、その返済を親会社の保証に依存（＝遡及）することなく、子会社であるSPCが当該事業から生み出す収益及びプロジェクト資産のみに依存することをいう。リミテッドリコースもほぼ同義である。プロジェクトファイナンスではステップインライト（介入権）を金融団が行使できるよう、事業会社が有する債権、契約上の地位、株式等は全て金融団が担保として取得する。

プロラタ（Pro Rata）

The same rateのラテン語であり、残高按分比例のこと。

メザニンファイナンス

メザニンファイナンスとは、従来銀行が取り組んできたシニアファイナンスより返済順位が下位にある資金のことをいう。メザニンとは中二階の意味。メ

ザニンファイナンスはややリスクが高い資金になるが、米国等幅広い投資家層を抱えるマーケットにおいては多様な資金供給手段の一つとして重要な役割を果たしており、シニアファイナンスより高く適切な金利水準を確保することによって、金融機関にとって投資が可能となっている。

Financial Close
借入人が貸出前に充足する必要のある貸出先行要件の全てをクリアーし、資金を引き出すこと。

Liquidated Damage
損害賠償

Withholding Tax
源泉税

Insurance Proceeds
保険受取金

Assignment
譲渡

Event of Default
契約不履行事由

Representation
表明・陳述

Warranty
保証

Covenant
契約条項

用語解説

Gross Negligence
　重大な過失

Misrepresentation
　虚偽の陳述

Willful Misconduct
　故意の不法行為

Material Adverse Effect
　重大な悪影響

Wind up
　解散

Liquidation
　精算

Expropriation
　強制収用

Termination for Convenience
　発注者の都合による契約解除

Escrow Account
　対象プロジェクトにかかわる出入金を第三者が管理する特定口座

Mortgage
　抵当

Lien
　担保

Encumbrance
　資産に関する制限

参考文献

1) World Bank Port Reform Toolkit First Edition
2) Public-Private Partnership Reference Guide Version 1.0 by World Bank Institute PPIAF
3) Global Container Terminal Operators Annual Report 2014 by Drewry
4) Decision No.21, 2012 Government of Vietnam
5) Presidential Regulation No.67／2005, Indonesia
6) Presidential Regulation No.42／2005, Indonesia
7) Shipping Law (UU Number 17／2008), Indonesia
8) Legislative Decree (LD) No.1021, Peru
9) Supreme Decree No.146-2008-EF, Peru
10) Supreme Decree No.059-96-PCM, Peru
11) Legislative Decree No.757, Peru
12) Asociaciones Publico-Privadas-APP-en Infraestructura en Colombia: Departament Nacional de Planeacion, Direccion de Infraestructura y Energia Sostenible, Febrero, 2013
13) Enabling Environment for Private Finance of Infrastructure: Proinvercion, Peru
14) PPP TOOLKIT for Improving PPP Decision-Making Processes; Ministry of Finance, Government of India
15) P3-VALUE: Orientation Guide December 2012; U.S. Department of Transportation, Federal Highway Administration
16) The EPEC PPP Guide; European Investment Bank 2015

黒田秀彦（株式会社いであ 顧問）
　京都大学大学院土木工学、ペンシルバニア大学地域科学大学院
　運輸省港湾局、総理府沖縄開発庁、国際協力事業団、（財）国際臨海開発研究センター
　株式会社 Ides

山田正穂（株式会社 Ides 調査役）
　武蔵工業大学土木
　東洋建設株式会社、（財）国際臨海開発研究センター、株式会社 Ides

宮脇信英（株式会社 Ides 交通部主任研究員）
　神戸大学大学院
　株式会社 Ides

港湾セクター PPP の理論と実践

発　行　日：2019年7月25日　初版第1刷発行
編　著　者：黒田 秀彦
著　　　者：山田 正穂　宮脇 信英
発　行　者：末森 満
発　行　所：株式会社 国際開発ジャーナル社
　　　　　　〒113-0034
　　　　　　東京都文京区湯島2-2-6　フジヤミウラビル8F
　　　　　　TEL　03-5615-9670　　FAX　03-5615-9671
　　　　　　URL　https://www.idj.co.jp/　E-mail　mail@idj.co.jp
発　売　所：丸善出版 株式会社
　　　　　　〒101-0051
　　　　　　東京都千代田区神田神保町2-17　神田神保町ビル6F
　　　　　　TEL　03-3512-3256　　FAX　03-3512-3270
　　　　　　URL　https://www.maruzen-publishing.co.jp/

デザイン・制作：株式会社 光邦

ISBN 978-4-87539-803-5 C0030

落丁・乱丁は株式会社国際開発ジャーナル社にお送りください。送料小社負担にてお取り換えいたします。本書の無断転載、複写および複製は固くお断りさせていただきます。